KB242799

해상보험증권과 협회적하약관

Marin Insurance Police &
Institute Cargo Clauses

해상보험증권과 협회적하약관

Marin Insurance Police & Institute Cargo Clauses

정 성 훈

머리말

우리가 공부하는 해상보험은 해상무역과 운송에 사용되는 일종의 보험으로 이해하기에 앞서 위험을 관리하기 위해 처음으로 생겨난 보험의 효시라는 데 의미가 있다.

근대적인 보험증권인 '로이즈보험증권(Lloyd's S.G Policy)'은 1779년에 영국의 '로이즈'에서 사용되기 시작하여 300년 이상을 통용되고 있다. 그 후 로이즈보험증권 양식의 개정에 대한 많은 논의와 요청에 따라 1982년에 영국의 행상보험시장에서 기존의 'S.G. 보험증권'을 대체하는 새로운 적하 보험증권 및 약관(ICC 1982)DMF 사용키로 하고 선박보험에 대해서도 1983년에 같은 신 약관을 시행하였다.

본서에서는 지금까지의 해상보험과 관련된 서적과 다른 형식을 취하고 있다. 기존의 교재에서 주로 설명하고 있는 영국 해상보험법(MIA 1906)의 조항 해설 및 해상보험관련 판례를 포함하고 있지 않다. 선박보험과 관련한 증권 및 약관도 배제하였다. 그러나 해상적하보험과 관련된 신·구 증권 및 약관의 해석에 집중하고 있다.

따라서 본서는 해상보험증권과 협회적하보험약관의 연혁을 개괄적으로 설명한 후, 신·구 영문 해상적하보험증권을 해부하여 살펴보고 있다. 그리고 신·구 협회적하약관 및 신·구 협회전쟁약관, 그리고 협회동맹파업·소요·폭동담보약관을 관찰하고 마지막으로 신 협회상품교역약관과 냉동식품, 석탄, 천연고무 등 신 협회국제상품별약관의 세부적 조항과 내용을 밝히고 있다.

  교과서적 설명과는 다름이 있기에 본서가 대학에서 교재로 사용되기에는
무리가 있다고 생각한다. 그럼에도 불구하고 해상적하보험에 대한 전문적인
탐구가 필요하다는 마음으로 본서를 준비하였다. 필요한 소수에게 도움이
되기를 희망한다.

  끝으로 본서의 출판을 결심하도록 도와준 (주)한국학술정보와 담당자 박
혜경 선생님께 감사드린다.

2006년 9월 새로운 한 학기를 맞이하며

저자 씀.

【 목 차 】

제1장 해상보험증권과 협회적하약관의 연혁

제1장 해상보험증권과 협회적하약관의 연혁

Ⅰ. 해상보험증권의 연혁

1. Lloyd's S. G. Policy

세계 최초의 해상보험증권은 1523년에 제정된 Florence시 조례부칙 보험증권(Ordinances of the City of Florence, 1523, Concerning Insurances Averages EC. Form of a Policy Prescribed to Insurers)이며, 이 증권양식은 1779년 Lloyd's S. G. Policy로 채택되었다.[1]

영국 최초의 보험증권은 1547년의 Santa Maria Di Vinetia호 증권이고 최초로 인쇄된 보험증권은 1680년의 Golden Fleece호 증권이었다. 1779년 1월 12일에 Lloyd's 보험업자 총회에서 과거 오랫동안 사용되고

---

1) R. H. Brown, *Marine Insurance Vol. 1-Principles and Basic Practice*, 5th Edition, Witherby & Co., Ltd., 1986, pp. 142-143.

있던 이들 증권양식을 Lloyd's의 정식 해상보험증권으로 채택하였다.

이 증권의 제정 이래 1981년 신해상보험증권(1982년)이 제정되기 전까지 다음과 같이 부분적으로 수정·보완되었다.

① 1850년 본문 약관의 모두문언(冒頭文言)인 "In the name of God, Amen"이 "Be it known that..."으로 수정되었다

② 1850년에 착인(錯印)이 찍혔다.

③ 1874년에 포기약관(Waiver Clause)이 추가되었다.

④ 1898년에 포획·나포부담보약관(F. C. & S. Clause), 전쟁부담보약관이 추가되었다.

⑤ 1906년 영국 해상보험법(Marine Insurance Act, 1906; MIA) 제1부칙에 채택됨으로써 표준양식이 되었고 Lloyd's S. G. Policy는 선박, 화물, 운송인 등의 모든 해상보험에 사용되었다. 이 증권은 S. G. Form이므로 화물용으로 사용되는 경우 선박관계문구를 삭제하고 사용되었다.

⑥ 1919년에 항해중절 부담보약관(Frustration Clause)을 난외약관으로 도입하였다.

⑦ 1937년에 국제해상보험연맹(IUMI)의 권고와 영국 국내법에 기초를 둔 협회위험약품약관(Institute Dangerous Drugs Clause)이 난외약관으로서 추가되었다.[2]

이상과 같이 Lloyd's S. G. Policy는 부분적으로 수정·보완되었지만 실질적인 내용에 있어서는 1779년에 Lloyd's 보험업자총회에서 승인된 보험증권의 양식과 동일하였다.

20세기 초부터 Lloyd's S. G. 증권 본문약관만으로는 다양화된 적하보험의 인수조건으로 불충분하여 1912년 8월 1일에 협회적하본문약관(분손부담보)〔Institute Cargo Clauses(FPA)〕, 이어서 1921년 6월 7일에 협

---

2) 加藤修, 最新國際貨物海上保險實務, 成山堂, 1987, pp. 78-79.

회적하약관(분손담보)〔Institute Cargo Clauses(WA)〕이 각각 제정되었다. 그리고 제2차대전 이후 1951년 1월 1일에 협회적하약관(전위험)〔Institute Cargo Clauses(All Risks)〕이 제정되었다.[3]

이상과 같은 역사를 가진 Lloyd's S. G. Policy에 대해서 1867년에 영국 조세법의 부대별표에 수록된 당시부터 불합리하고 난해한 중세영어를 그대로 보존하고 있는 본문약관을 법률에 의해서 정식으로 승인된 서식으로 인정하는 데에는 문제가 있다는 비판이 있었다. 뿐만 아니라 그 이후의 본문약관의 수정, 각종 약관의 도입, 제정 등에 따라 Lloyd's S. G. Policy 는 각종 적용약관을 열거한 단순한 그릇에 지나지 않는다는 혹평을 받을 정도로 그 본문약관의 내용은 형체만 남아서 현재에 이르고 있다.

그러나 본문약관이 이러한 비판을 받고 있고 그 대부분이 형체만 남아있지만 Lloyd's S. G. Policy의 일언일구에는 3,000여 개의 판례의 뒷받침이 있고 거기에다가 협회적하약관(Institute Cargo Clauses)과 일체가 되어 개개의 보험계약 당사자의 권리 및 의무를 규율하고 있기 때문에 이것을 대폭 개정하거나 전적으로 파기한다는 것은 약관작성의 기술상 어려운 일이었다.

오랜 기간 동안 영국의 로이드 보험업자(Lloyd's Underwriters)들은 Lloyd's S. G. Policy Form을 적하와 선박으로 구분하여 사용하였으며, 영국의 회사형태의 보험회사들은 런던보험업자협회(Institute of London Underwriters, ILU)가 제정한 ILU Companies' Combined Policy 를 사용하여 왔다. 이 Companies' Combined Policy를 원해 개인보험업자인 Lloyd's Underwriter가 사용한 양식 Lloyd's S. G. Policy를 선박용과 적하용으로 분리한 것이고 이 보험증권 양식의 모체는 MIA 제1 부칙에 규정된 Lloyd's S. G. Policy 양식이다. 적하용 보험증권은 청색, 선박용 보험증권은 백색으로 구분되어 사용되고 있고 우리나라는 영국의 회

---

3) R. H. Brown, *Analysis of Marine Insurance Clauses-BOOK ONS The Institute Cargo Clauses(1982)* −2nd Edition, London, Witherby & Co., Ltd., 1982, p.3.

사형태 보험회사들이 사용하고 있는 ILU Companies' Combined Policy 양식을 그대로 사용하고 있다.4)

2. 신 해상보험증권(1982)

UNCTAD(United Nations Conference on Trade and Development) 해운무역개발위원회는 1978년 11월 20일에 발표한 「해상보험-해상보험계약에 관한 법률 및 보험증권의 문제」라는 제목의 보고서에서 Lloyd's S. G. Policy 및 ILU의 협회적하약관(Institute Cargo Clauses; ICC)에 대하여 다음과 같이 평가하고 비판하였다.

UNCTAD 사무국이 세계 각국의 보험협회로부터 수집한 앙케트 조사에 의하면 선진제국의 약 70% 및 개도국의 약 80%가 영국의 해상보험증권 양식을 모방한 영문 해상 적하보험증권 및 런던보험업자협회(ILU) 제정의 협회적하약관(ICC) 등을 사용하고 있으며 또한 클레임에 대해서는 영국의 해상보험 및 관례에 따르고 있다는 것이 판명되었다. 해운위원회는 이러한 현상을 인식하고 그 보고서에서

(1) 영국 해상보험법, Lloyd's S. G. Policy Form, 협회적하약관 및 협회선박약관, 영국의 관례 등 영국식의 보험제도를 비판하고 (2) 새로운 국제해상보험법 및 국제적으로 통일된 표준해상보험약관의 제정을 위한 국제전문가회의의 개최를 주창하였다. 또한 이 보고서를 작성하는 데 있어서 노르웨이, 프랑스, 서독 등의 해상보험법 및 해상보험약관 등을 참고 자료로 이용하였다.5)

이 보고서가 가장 역점을 두고 비판하고 구체적인 제안을 열거한 사항은

---

4) Harold A. Turner, ACII 7th Edition Revised and Edited by Eric VC Alexander. *op. cit.*, p. 28.

5) Dennis Badger and Geoffrey Whitehead, 大谷孝一監譯 *op. cit.*, pp. 95-96.

Lloyd's S. G. Policy Form, 그 본문약관 및 1963년의 ICC(A/R WA, FPA)의 내용이었다. Lloyd's S. G. Policy 및 ICC에 관계된 제안을 살펴보면 다음과 같다.

(1) Lloyd's S. G. Policy에 대해 다음과 같은 점을 개정하여야 한다.

① 본문약관에서 전쟁위험담보의 문언을 삭제한다.

② 본문약관 중의 각종 위험조항(전기의 전쟁위험 이외의 담보위험)을 협회적하약관에 통합시킨다.

③ 담보방식을 전위험(All Risks)담보의 포괄적 위험담보방식으로 바꾸고 담보하지 않는 위험은 별도로 부담보위험으로 열거한다. 따라서 전위험(All Risks)담보 범위보다 적은 조건의 경우는 「전위험(All Risks)담보 – 부담보위험」의 방식으로 한다.

④ 담보위험, 기타 약관의 내용을 알기 쉽게 하기 위하여 규정문언을 알기 쉬운 영어로 바꾼다.

(2) 협회적하약관(ICC)의 FPA, WA의 각 제5조 담보위험조항을 간결 명료한 내용으로 바꾸고 이를 위한 표준지연손해담보 특별약관을 새로이 제정하여야 한다.6)

이상과 같은 UNCTAD 사무국의 보고서를 그 토의자료로 하여 1979년 6월에 UNCTAD 해운위원회의 국제해운 입법작업부회의가 개최되었다. 이 회의에서는 구체적인 문제를 다루기 전에 전제조건에 대하여 논의하였다. 즉 국제통일표준해상보험약관의 작성작업을 개시하는 데에는 찬성하지만 그 표준약관은 임의적용(non-mandatory)으로서 보험계약의 당사자를 구속하지 않는다는 선진국그룹의 주장과 강제규정으로 하려는 개도국의 주장이 대립하였지만 결국 선진국그룹의 주장대로 합의가 되었다.

이 UNCTAD의 해상보험에 관한 보고서 중에 명시된 비판의 결과로서 영국의 런던보험업자협회(ILU) 및 로이즈보험업자조합(Lloyd's Underw-

---

6) 加藤 修, *op. cit.*, pp. 82–83.

riters Association)은 상황을 검토하기 위하여 합동작업부회인 「공동화물위원회」(Joint Cargo Committee)」를 설치하고 해상보험증권과 협회적하약관의 개정작업을 의뢰하였다. 1981년 7월 1일에 새로 개정된 해상보험 증권인 New ILU Marine Policy Form과 New Lloyd's Marine Policy. 개정 적하보험약관인 ICC(A), ICC(B), ICC(C)의 초안을 작성하여 세계에 공포하였고 각국의 의견을 들어 수차에 걸친 손질 끝에 New ILU Marine Policy, New Lloyd's Marine Policy 및 5개의 기본 협회적하약관인 ICC(A), ICC(B), ICC(C), I.W.C.(Institute War Clauses), I.S.C.(Institute Strikes Clauses), 1개의 특별약관(Malicious Damage Clauses)이 확정되어 1982년 1월 1일자 서식이 되었다. 영국에서는 1983년 4월 1일부터 이 서식을 사용하고 있으며 우리나라도 1983년 3월 1일부터 구 해상보험증권과 함께 사용하고 있다.

3. 구 해상보험증권과
신 해상보험증권(1982년)의 비교

신·구 Lloyd's S. G. Policy를 비교하면 다음과 같다.

① 본문 약관 중에 중세영어로 표현되어 있는 담보위험조항이 증권의 표면에서 모두 자취를 감추었다.

② 현대의 보험계약에 있어서 이미 필요가 없게 된 제조항. 예컨대 선장명 기입사항. 기항정박(寄港碇泊)조항 등도 자취를 감추었다.

③ 종래의 협회적하약관(1963년 ICC)을 보완하고 있는 본문약관 중의 소급(遡及)담보조항("lost or not lost" clause), 손해방지조항("sue and labour" clause), 위부포기약관(委付抛棄約款, waiver clause) 등의 중요 조항은 영국 해상보험법 관련조문의 규정문언에 따라 현대영어로 고쳐져 알기 쉬운 영어로 신 협회적하약관(1982년 ICC)에

규정되었다.

④ 보험계약의 증거서류로서 불가결한 최소한도의 조항만을 남긴 간결한 내용의 증권이 되었다. 즉 보험조건(the terms and conditions of insurance)에 관한 조항은 모두 증권에서 자취를 감추고 약인조항(consideration clause), 타보험조항(other insurance clause), 선서조항(attestation clause), 영국재판관할조항(English jurisdiction clause)만이 남았다.[7]

⑤ 신 보험증권(1982년)에 계약내용을 집중 기재하는 스케줄(schedule) 방식이 채택되었다. New Lloyd's S. G. Policy 및 New ILU Companies' Policy의 양쪽 해상보험증권 양식에도 1페이지에는 전기 ④의 제 조항이 "Marine Policy"의 두서(頭書) 밑에 기재되어 있고 책임자의 서명이 기입되도록 되어 있다.

⑥ Policy Form은 「Be it known that...」으로 시작되는 고전적이고 난해한 표현에 의한 증권본문을 폐지하는 대신 본문의 일부를 필요에 따라 신 ICC에 포함시켰다.

구 해상보험증권 및 신 해상보험증권의 구성상의 차이를 대조하면 다음 표와 같다.

〈표 Ⅲ-1〉 신·구 해상보험증권 대조표

구해상보험증권(S. G. Form) 본문	신적하약관·해상보험증권(Marine Form)
1. 모두문언(冒頭文言)	삭제
2. 양도약관(Assignment Clause)	삭제(참고) MIA 제15, 50, 51조
3. 소급약관(Lost or not Lost Clause)	제11조
4. 선적항을 표시하는 조항	삭제 ┐
5. 보험의 목적을 표시하는 조항	삭제 │ 필요항목에 대해서는 별도로
6. 적재선박명을 표시하는 조항	삭제 │ 기재란이 있다.
7. 선장명 및 선박명에 관한 조항	삭제 ┘

---

7) *Ibid.*, p. 84.

8. 보험기간조항	삭제(참고) 제8조
9. 기항정박조항(Touch and Stay Clause)	삭제(참고) 제8조, 제10조
10. 평가액약관(Valuable Clause)	삭제(참고) 증권명의 "Valued at the same as Amount Insured"의 표시
11. 위험약관 (Perils Clause)	제1조
12. 손해방지조항(Sue and Labour Clause)	제16조
13. 포기약관(Waiver Clause)	제17조
14. 보험증권의 구속력에 관한 조항	삭제
15. 구속약관(Binding Clause)	⎫ 신 증권표면의 문언
16. 약인약관(Consideration Clause)	⎭
17. 면책율조항(Memorandum)	삭제(면책율의 적용 없음)
18. 준거법조항	제19조
19. 선서조항	신 증권표면의 문언
난외약관	신적하약관 · 증권
1. 포획·나포부담보약관(Free from Capture and Seizure Clause: F. C. & S Clause)	제6조
2. 동맹파업·소요·폭동부담보약관(F. S. R. & C. C. Clause)	제7조
3. 교사약관(膠砂約款: Grounding Clause)	삭제(참고) 제1조(B)조건, (C)조건
4. 타보험약관(Other Insurance Clause)	우리나라 신해상보험증권면에 표시삭제.
5. 손해통지약관(Claim Notice Clause)	적당한 약관의 삽입을 보험자에게 위임.
구적하약관	신적하약관
1. 운송약관(Transit Clause)	제8조(운송약관)
2. 운송계약종료약관(Termination of Adventure Clause)	제9조(운송계약종료약관)
3. 부선약관(Craft, & c. Clause)	삭제
4. 항해변경약관(Change of Voyage Clause)	제10조(항해변경약관)
5. 분손부담보약관(FPA Clause) 분손담보약관(WA Clause) 전위험담보약관(A / R Clause)	⎫ (참고) 제1조
6. 추정전손약관(Constructive Total Loss Clause)	제13조(추정전손약관)
7. 공동해손약관(General Average Clause)	제2조(공동해손약관)
8. 내항승인약관(Seaworthiness Admitted Clause)	제5조 불내항 및 부적합 면책약관 (Unseaworthiness and Unfitness Exclusion Clause)

9. 수탁자약관(Bailee Clause)	제16조 피보험자 의무약관(Duty of Assured Clause)
10. 보험이익불공여약관(Not to Inure Clause)	제19조(보험이익불공여약관)
11. 쌍방과실약관(Both to Blame Collision Clause)	제3조(쌍방과실충돌약관)
12. 포획·나포부담보약관(Free from Capture and Seizure, F. C. & S.) 난외약관 중복	제6조 전쟁면책약관(War Exclusion Clause)
13. 동맹파업·폭동·소요부담보약관(Free from Strikes, Riots. and Civil Commotions Clauses, F. S. R. & C C.) 난외약관 중복	제7조 동맹파업면책약관(Strikes Exclusion Clause)
14. 신속조치 약관(Reasonal Despatch Clause)	제18조(신속조치약관)
15. 주의사항(Note)	주의사항
신설규정	제4조 일반면책약관(General Exclusion Clause)
	제12조 계반비용약관(Forwarding Charges Clause)
	제14조 증액약관(Increased Value Clause)

자료: 東京海上火災保險株式會社 編, (4)貨物保險, 有斐閣, 1987, pp.62-63.

4. 신 해상보험증권이 협회적하약관(ICC)에 미친 영향

신 해상보험증권에서는 본문약관의 중심을 이루고 있었던 담보위험약관 및 기타 제조건약관이 모두 자취를 감추었다. 그 결과 1963년 협회적하약관(ICC)이 Lloyd's S. G Policy의 본문약관(및 난외약관) 및 영국 해상보험법의 양쪽의 토대 위에 입각한 이중구조의 약관이었던 데 반해 1982년 신 협회적하약관(ICC)은 영국 해상보험법에만 직접 입각한 약관으로 바뀌었다. 게다가 신 협회적하약관은 영국 해상보험법의 중요 규정을 흡수. 재록(再錄)하고 있다. 보험계약당사자, 특히 피보험자는 협회적하약관(ICC의 All Risks, WA, FPA)과 더불어 증권본문약관 및 영국 해상보험법을 함께

보지 않으면 보험계약상의 의무를 충분히 파악할 수 없다는 번거로움에서
벗어나게 되었다. 신 해상보험증권에서는 담보조건에 관한 모든 약관이 없
어지게 됨으로써 1982년 협회적하약관은 「자기완결성」(self-conclusive-
ness or self-sufficiency) 및 증권으로부터의 「독립성」을 갖게 되었다.[8]

신 협회전쟁약관(Institute War Clauses) 및 신 협회동맹파업약관(In-
stitute Strikes Clauses)에는 신 협회적하약관(ICC)의 (A), (B), (C)
중의 중요 약관(일반면책약관, 피보험이익약관, 피보험자의무약관 등)이 그
대로 재록 규정되어 있다. 이것은 전쟁위험, 동맹파업을 각각 단독 별개로
보험인수하는 데 대비하여 신약관의 내용을 자기완결성이 있는 것으로 개정
한 것을 뜻한다. 또한 구 협회전쟁약관 및 구 협회동맹파업약관은 어느 것
도 적하보험증권의 본문약관 및 난외약관에 입각하면서 협회적하약관과 병
용되는 것을 전제로 한 복잡한 약관으로 구성되어 있지만, 신 협회전쟁약관
및 신 협회동맹파업약관은 해상적하보험증권으로부터도 또한 협회적하약관
으로부터도 독립된 형식과 내용을 가진 약관으로 구성되어 있다.

신 협회적하약관에는 육상위험담보의 규정, 컨테이너에 관한 규정, 운송
인, 선주들의 경영파산에 관한 신용위험면책의 규정, 증액약관의 규정 등 새
로운 규정이 수용되어 있다. 이러한 새로운 규정은 신 협회적하약관이 단순
히 UNCTAD의 비판과 주장에 부응한 약관에 머무르지 않고 이것을 좋은
기회로 삼아 이제까지 현안이 되어온 containerization 및 국제복합운송
등의 국제운송혁신에의 대응, 세계 해상보험시장을 둘러싼 최근 변화에의
제대책 등도 적극적으로 약관에 수용한 결과이다.

---

8) *Ibid.*, pp. 84-85.

Ⅱ. 협회적하약관의 연혁

1. 구 협회적하약관(1963)

런던보험업자협회(Institute of London Underwriters: ILU)가 제정한 약관을 협회약관(Institute Clauses)이라고 부른다. 이 협회는 1884년 6월 5일에 발족되었고 런던의 주요 해상보험회사에 의하여 조직된 단체이다.

Lloyd's 보험업자들은 1909년에 별도로 Lloyd's Underwriters Association을 설치하여 런던보험업자협회와 각종의 협동위원회를 설치하여 공동보조를 취하고 있다.

런던보험업자협회의 「기술 및 약관위원회(Technical and Clauses Committee)」에서는 표준약관의 제정 및 개정업무를 수행하고 있다. 이 위원회는 1925년에 설립되었으며 "Lloyd's" 보험회사를 대표하는 underwriters 및 해손정산인(marine adjustors)으로 구성되어 있다. 이 위원회는 보험약관을 제정하거나 개정하는데 이 위원회가 제정한 약관이 협회약관으로 이 협회약관에는 화물의 종류마다 특유의 약관이 있으나 다수의 화물에 공통되며 정형적이고 기본적인 것으로는 Institute Cargo Clauses(WA), Institute Cargo Clauses(FPA) 및 Institute Cargo Clauses(A / R)가 있다.[9]

Institute Cargo Clauses FPA는 1983년 7월 17일 Lloyd's Underwriters의 총회가 채택한 표준분손부담보약관(FPA Clauses)을 런던보험자협회가 1912년 8월 1일에 채택함에 따라 최초의 협회적하약관(분손부담보)〔Institute Cargo Clauses(FPA)〕가 되었다. 협회적하약관(분손담보)〔Institute Cargo Clauses(WA)〕은 1921년 6월 7일에 채택되었

---

9) M. D. Chalmers and E. R. Hardy Ivamy, *Chalmers' Insurance Act* 1966, p. 178.

고 FPA보다 담보범위가 약간 넓다. 제2차대전 이후 보험자가 부담하는 위험이 확대되고 있는 세계 보험시장의 추세에 따라 런던보험자협회는 FPA 및 WA 약관보다 담보범위가 넓은 Institute Cargo Clauses(A/R)〔협회적하약관(전위험담보)〕를 1951년 1월 1일에 영국시장에 도입하였다.

이 ICC(FPA, WA, A/R)는 관계 법률의 제정 또는 개정 또는 사건의 판례에 따라 그 일부가 개정되거나 새로운 약관들이 삽입되었다. 개정내용들을 보면 다음과 같다.

1946년 2월 11일에 개정된 ICC(WA, FPA)의 이로약관(離路約款: Deviation Clause)이 1959년 3월 15일에 제정된 ICC(Extended Cover Clause)의 제1조에 삽입되고, 그 이후 1958년에 ICC(FPA, WA, A/R)의 제2조의 확장담보약관(Extended Cover Clause)에 삽입되었다. 1958년에 개정된 ICC(FPA, WA, All Risks)의 제1조 창고간약관(Warehouse to Warehouse Clause)에 대한 해석에 있어서 런던보험업계의 해석과는 다른 판결이[10] 내려짐으로써 Warehouse to Warehouse Clause의 개정을 비롯하여 ICC(FPA, WA, All Risks)가 대폭적으로 개정되어 1963년 1월 1일부터 시행되고 있다. 1963년 협회적하약관은 1982년 신 협회적하약관과 함께 우리나라를 비롯하여 세계 각국에서 현재 사용되고 있다.

2. 신 협회적하약관(1982)

제1절 제2항 신 해상보험증권(1982년)에서 설명한 바와 같이 UNCTAD에서 영국의 구 협회적하약관(1963년)이 이해하기 어렵고 중세영어로 작성되어 있어 보다 간결하고 쉬운 보험증권 및 협회적하약관을 작성해야 한다

---

10) 1960년의 Martin of London Ltd v. Russel 사건에서 ICC의 최종창고(final ware-house)의 의미에 대하여 런던보험업계의 해석과는 전적으로 다른 판결이 내려졌다.

는 비판이 일어나자 런던보험업자협회(ILU) 및 로이즈보험업자협회(LUA)는 신 협회적하약관(New institute Cargo Clauses)인 ICC(A) (B) (C)를 1982년에 제정하였다.

신 협회적하약관에는 5개의 기본적인 협회적하약관 ICC(A), ICC(B), ICC(C), I. W. C.(Institute War Clauses), I. S. C.(Institute Strikes Clauses), 1개의 특별약관(Malicious Damage Clause) 등으로 구성되어 있다.[11]

구 협회적하보험약관 전위험담보(ICC, A / R)가 신 ICC(A)로, 구 적하보험약관 분손담보(Institute Cargo Clause, WA)가 신 ICC(B)로, 구 적하보험약관 분손부담보약관(Institute Cargo Clause, FPA)이 신 ICC(C)로 각각 명칭이 변경·간소화되고, 그 내용도 획일성을 갖도록 정비되었다. 그러나 보험자의 보상범위나 기타의 담보에 대한 근본적인 조항들은 거의 변동이 없다.

신 적하보험약관(ICC)의 공식 명칭은 다음과 같다.

(1) Institute Cargo Clauses(A): A Clause

(2) Institute Cargo Clauses(B): B Clause

(3) Institute Cargo Clauses(C): C Clause

ICC(A) (B) (C)는 각각 19개 조항(소약관)으로 구성되어 있다.

구 적하보험약관(ICC)이 14개 조항으로 구성되어 있는 데 비하여 5개의 조항이 더 신설된 셈이다. 구 적하보험약관(ICC)에서 제5조(FPA, WA 및 A / R 담보약관)만 다르고 나머지 약관은 내용이 동일한 것과 마찬가지로 신 ICC에서도 제1조(Risks Clause)만 ICC(A) (B) (C)가 각각 다르고 제4조 일반면책약관만 제외하고 나머지 제2조부터 제19조까지 18개 조항은 내용이 동일하다. 구 ICC 제5조가 신 ICC의 제1조가 되었다.

---

11) R. H. Brown, *op. cit.*, p. 4.

3. 구 협회적하약관(1963년 ICC)
및 신 협회적하약관(1982년 ICC)의 비교

신 협회적하약관(1982년)은 구 협회적하약관(1963년)과는 여러 가지 점에서 상이하지만 보험계약의 실무측면에서 볼 때 다음과 같은 특징, 즉 차이점을 가지고 있다.

① 신 협회적하약관(ICC)은 해독하기 쉬운 규정형식과 「자기완결성」을 갖춘 약관으로 구성되어 있다.

구 ICC는 Lloyd's S. G. Policy의 내용과는 별도로 제정된 특별약관에 의거하여 적하품의 종류나 특성에 따라 담보범위를 확장 또는 제한할 수 있도록 구성되어 있다. 또한 구 ICC는 화물해상보험증권(S. G. Policy)의 본문약관, 1906년 영국 해상보험법 및 관례의 2중, 3중의 기반에 입각하고 있지만, 이들의 중요 사항이 구 ICC의 조항에 반드시 흡수 또는 규정되어 있지 않았다.

이로 인하여 피보험자(보험계약 신청자)는 구 ICC를 보는 것만으로는 당해 보험계약상의 권리, 의무를 충분히 파악할 수 없어 보험증권의 본문 약관이나 영국 해상보험법 등을 함께 보지 않으면 안 되었다. 이에 대하여 신 ICC는 보험증권의 본문약관으로부터 이탈하여 독립성을 갖추었고 영국해상보험법 중의 중요 규정을 각 관련조항 중에 흡수, 재록하여 관계 법률을 함께 보아야 하는 번잡성을 없애버렸다.

또한 구 ICC는 14개와 개별약관으로 구성되어 있으나 신 ICC(A) (B) (C)는 모두 19개의 개별약관으로 구성되어 있고 각 약관마다 명칭이 붙어 있으며 19개 약관을 8개의 그룹, 즉 (1)담보위험 (2)면책조항 (3)보험기간 (4)보험금청구 (5)보험이익 (6)손해경감 (7)지연방지 (8)법률 및 관례 등으로 분류하고 있다.

② 신 ICC는 열거위험담보주의와 열거책임주의를 채택하고 있다.

ICC(B)조건 및 (C)조건은 구체적인 담보위험을 각각 제1조에 열거하고 있으므로 구 ICC의 WA, FPA의 각 규정보다 이해하기 쉽다. 구 ICC도 기본적으로는 보험증권의 본문약관의 열거담보위험에 기초를 두고 있지만 신 ICC가 더욱 간결한 열거책임 및 열거위험주의를 채택하고 있다.

③ 신 ICC는 손해의 발생원인을 담보기준으로 하고 있다.

구 ICC는 WA, FPA 약관에서와 같이 손해의 형태를 담보의 기준으로 하고 있으나 신 ICC는 손해의 발생원인을 기준으로 담보여부를 규정하고 있다.

④ 신 ICC(C) 및 (B)는 구 ICC의 FPA 및 WA의 개념에서 탈피하고 있다.

구 ICC의 FPA 및 WA는 보험증권 본문상의 담보위험(특히 해상 고유의 위험, 기타)을 기초로 하면서 침몰, 좌초, 대화재 등의 특정 분손이 없는 한 FPA에서는 단독해손으로서의 분손을 담보하고 있지 않고 또한 WA에서는 일정률 이하의 소액을 담보하지 않음으로써 각각 보상범위에 차이를 두고 있다.12)

그러나 신 ICC에서는 보험증권의 본문약관에서 이탈함으로써 복잡하고 애매한 「해상 고유의 위험」의 개념이나 소손해면책의 규정을 폐지하고 이것에 기초를 둔 「특정분손」의 개념에서 탈피하고 있다. 즉 FPA에서는 특정분손(침몰, 좌초, 대화재 등의 발생을 전제로 함)만을 담보하고 통상의 분손을 담보하지 않고 WA에서는 통상의 분손도 담보한다는 원칙이 소멸되었다.

⑤ 신 ICC(B)조건 및 (C)조건과의 차이가 WA, FPA 와의 차이보다 크다.

선박, 부선에의 적재 또는 이것으로부터의 양하 중에 있어서 해수침몰(海水沈沒) 또는 낙하에 의한 1포장당 전손은 WA조건에는 물론 FPA조건에서도 담보되고 있는데 (C)조건에서는 담보되지 않는다.

또한 ICC(C)조건에서는 ICC(B)가 담보하는 선박, 부선, 선창, 운송용구, 컨테이너, 리프트밴 또는 보관소에 해수 또는 하천수의 유입이 부담보로 되어 있다. 이 밖에도 ICC(C)조건에서는 ICC(B)조건에서 담보하는 지진, 분화, 낙뢰 등의 위험이 부담보로 되어 있다. 그러나 구 ICC의

---

12) 加藤 修, 貿易保險の實務, 同文館, 1988, pp. 146-147.

FPA 및 WA의 실무상의 주요 차이점은 WA는 FPA가 담보하는 위험 이외에 풍랑으로 인해 발생한 단독해손을 한 가지 더 담보하는 것뿐이다.

⑥ 신 ICC(A) (B) (C)의 어느 조건에 있어서도 담보되는 위험에 의한 손해는 전손, 분손을 불문하고 보상되고 또한 소손해면책도 적용되지 않는다.

⑦ ICC(A) (B) (C)의 어느 조건에 있어서도 선주, 용선자, 기타의 지급불능 등에 기인한 손해는 보상되지 않는다는 것이 명기되어 있다.

⑧ ICC(B) 및 (C)조건에서는 방화, 고의의 침몰 등 악의에 의한 손해가 면책된다.

⑨ ICC(B) 및 (C) 조건에 육상 운송용구의 탈선, 전복이 담보위험으로서 명시되었다.

⑩ 신 ICC에는 계반비용(繼搬費用: forwarding charges) 및 증액보험에 관한 규정이 신설되었고 준거법의 규정이 약관의 조항으로서 규정되었다.

⑪ 신 ICC에서는 해적행위(piracy)가 해상위험이 되고 ICC(A)조건에서도 담보되지만 ICC(B)(C) 조건에서는 담보되지 않는다.

종래에 전쟁위험으로 취급되었던 「해적행위」는 신 ICC에서는 해상위험이 되었지만 ICC(B) (C)의 조건에서 담보하는 경우에는 별도로 Institute Malicious Damage Clause를 적용하여야 한다.

⑫ 신 ICC에는 최근의 국제물류의 변혁, 발전에 대응한 조항이 많이 규정되어 있다.

신 ICC에서는 ICC(B)조건의 제1조 제2항 제3호에서 컨테이너 또는 리프트밴(liftvan)에 해수, 호수 또는 하천수가 유입되어 입은 손해를 담보한다는 취지를 규정하고 있다.

또한 ICC(A) (B) (C)의 각 조건에 공통되는 제4조(일반면책조항)의 제3항에 있어서 컨테이너 또는 리프트밴을 「포장」으로 간주하고 컨테이너적입의 불완전 또는 부적합은 당해화물의 고유의 결함을 구성한다는 것을 규정하고 있다. 또한 제5조(불내항 및 부적합약관)의 제1항에서는 컨테이너나 리프트밴 화물의 안전운송에 있어서의 부적합에 대하여 피보험자 또는 그 사용인이 「알고 있는」(be privy to) 경우에는 보험자는 그 부적합으로 발생한 손해에 대하여 면책된다는 취지를 규정하고 있다.

보통의 경우 컨테이너는 ISO(International Standardization Organization : 국제표준화기구)의 규격에 의거한 대형의 외항 화물용 컨테이너를 말하고 리프트밴은 규격 외의 컨테이너 유사용기를 뜻한다.

또한 국제복합운송의 보급에 대응하는 조치로서 ICC(B)조건, (C)조건의 제1조(위험약관)에서 「육상운송용구의 전복 또는 탈선」을 명시하고 있다.13)

---

13) 東京海上火災保險株式會社, op. cit., p. 103.

제2장 구 영문 해상적하보험증권

제2장 구 영문
해상적하보험증권

Ⅰ. 구 영문 해상적하보험증권의 양식 및 구성

1. 구 영문 해상적하보험증권의 양식

해상보험증권(policy of marine insurance)이란 피보험자(insured), 보험자(underwriter; insurer), 피보험 목적물, 담보위험, 보험가액, 부보금액(보험금액), 위험의 시기와 종기, 피보험자에 대한 손해보상의 약속 등 보험계약의 내용을 상세하게 표시한 증서를 말한다.

보험증권은 보험계약 성립의 증거로서 보험자가 피보험자의 청구에 따라 발급하는 것으로서, 계약서도 유가증권도 아니고 단지 증거증권에 지나지 않지만 보통 배서(endorse) 및 인도에 의해서 양도한다. 보험증권은 환어음의 결제상 보통 2통 이상 작성된다. 오늘날 세계 각국에서 사용하고 있는 보험증권은 1779년에 영국의 로이즈에서 공식적으로 처음 사용하였던 보험증권(The S. G. Form)을 그대로 사용하거나, S. G. Form 보험증권의 일부를 수정하거나 첨가하여 사용하고 있다. 최근에 통일된 보험증권 양식은 다음과 같다.[1]

구 보험증권 양식

① Standard S. G. Policy Form, Hull(or freight) and Cargo
  〔표준 S. G. Form 보험증권, 선박(혹은 선임(船貨) 빛 적하(積荷)〕
② The Institute of London Underwriters, Companies' Combined Policy, Hull and Cargo(ILU 회사용 보험증권, 선박 및 적하)

2. 구 영문 해상적하보험증권의 구성

구 해상적하보험증권은 보험신청서에 기재된 사항 외에도 ①본문 ②이탤릭서체약관(書體約款) 및 ③난외 약관 등의 보통약관으로 구성되어 있으며 경우에 따라 특별약관이 추가된다.

보통약관은 보험자의 책임범위 및 기타 당사자의 권리·의무를 규정한 약관으로서 보험증권의 표면 하단에 기재되어 있고 어느 계약에나 적용되는 기본 약관이다. 이에 대해 특별약관은 보통약관에 기재되어 있지 않은 사항이나 보험자의 책임을 확장하는 사항을 규정한 약관으로서 보통약관을 추가·수정하기 위해서 사용된다. 보통 표면 여백에 특별약관을 타자하든가 고무도장을 찍든가 또는 적용 약관을 명기하여 이면(裏面)에 인쇄되어 있는 당해 약관을 적용하든가 혹은 그 약관이 인쇄되어 있는 slip을 보험증권에 첨부한다.

각 약관이 저촉(상충)되는 경우에는 수기(手記), 타자(type), 고무인, 첨부약관 또는 첨부를 대체하는 인쇄 약관의 순서로 각 특별약관이 본문 또는 이탤릭서체약관(이탤릭서체 약관은 본문보다 우선함)은 물론 난외약관보다도 우선하다.

본문(body)은 보험증권의 표면 우측 아래에 보통 글씨체로 인쇄되어 있는 가장 기본적인 약관이다. 여기에는 모두문언(冒頭文言), 양도, 소급, 보험기간, 기항정박, 보험평가액, 위험, 손해방지, 면책비율 등의 약관들이 있다.

이탤릭서체약관(italicized clause)은 표면 좌측 및 상단에 이탤릭서체

---

1) 錢昌 源, 표준무역실무, 무역연구원, 1996, pp. 418-420.

의 활자로 인쇄되어 있는 약관을 말한다. 여기에는 포획·나포부담보약관 (F. C. & S. Clause) 및 동맹파업·소요·폭동부담보약관(F. S. R. & C. C. Clause)이 있고 본문보다 우선하여 적용된다.

난외약관(marginal clause)은 증권의 표면 좌측 밑의 하반부분(下半部分); 종래에는 본문 및 이탤릭약관은 우측, 난외약관은 본문의 좌측란)에 일반적으로 자체(字體)로 인쇄된 여러 약관을 말하고, 일반적으로 교사약관 (grounding clause), 타보험약관(other insurance clause), 손해통지약관(claim notice clause)이 있으며 본문보다 우선하여 적용된다.

이밖에 보험증권 이면(裏面)에 있는 특별약관에는 ① 협회적하약관(Institute Cargo Clauses FPA, WA, A/R) ② 협회전쟁위험담보약관 (Institute War Clauses) ③ 협회동맹파업·소요·폭동담보약관(Institute S. R. C. C. Clauses) 등이 있다. 보험증권의 일자는 선하증권의 일자보다 이전의 일자이어야 한다는 것을 명심해야 한다.

(1) 필요사항 기재란(Schedule): 보험계약에 필요한 피보험자명, 보험 금액, 보험의 목적, 선박명, 항해보험지급지, 보험증권번호 등을 기재한다.

(2) 본문(Body): 본문을 구성하는 약관은 다음과 같다
   ① 모두문언(冒頭文言: be it known that)
   ② 양도약관(assignment clause)
   ③ 소급약관("Lost or not lost" clause)
   ④ 선적항을 표시하는 약관("at and from")
   ⑤ 보험의 목적을 표시하는 약관("upon goods and merchandise")
   ⑥ 적재선박을 표시하는 약관
   ⑦ 선장의 성명 및 선박의 명칭에 관한 약관
   ⑧ 보험기간약관(duration of risk clause)
   ⑨ 기항정박(奇港碇泊)약관("touch and stay" clause)

⑩ 보험평가액약관(valuation clause)

⑪ 위험약관(perils clause)

⑫ 손해방지약관(sue and labour clause)

⑬ 포기(抛棄)약관(waiver clause)

⑭ 보험증권의 구속력에 관한 약관(clause as to the binding effect of the policy)

⑮ 구속약관(binding clause)

⑯ 약인(約因)약관(consideration clause)

⑰ 면책비율약관(memorandum)

⑱ 준거법약관(governing clause)

(3) 이탤릭서체약관(Italicized Clause) : 본문의 밑에 있는 이탤릭체로 인쇄된 두 개의 약관을 이탤릭서체 약관이라 한다.

① 포획 · 나포부담보약관(free from capture and seizure clause ; F. C. & S. Clause)

② 촉뢰(觸雷)부담보약관

③ 항해중절부담보약관(frustration clause)

④ 동맹파업 · 소요 · 폭동부담보약관(free from strikes, riots, and civil commotions clause ; F. S. R. & C. C. Clause)

(4) 난외(欄外)약관(Marginal clause)

① 교사(膠沙)약관(grounding clause)

② 타보험약관(other insurance clause)

③ 손해통지약관(claim notice clause)

(5) 이면약관(裏面約款)

① 협회적하약관(Institute Cargo Clauses FPA, WA, A / R)

② 협회전쟁위험담보약관(Institute War Clauses)

③ 협회동맹파업 · 소요 · 폭동담보약관(Institute Strikes, Riots & Civil Commotions Clauses)

④ 협회기계수선약관(Institute Replacement Clause)

⑤ 라벨약관(Label Clause)

⑥ 협회위험약물약관(Institute Dangerous Drugs Clause)

⑦ 중요한 주의사항(Important)

(6) 해상보험증권 본문의 담보위험

① **열거위험(列擧危險):** 보험증권 표면(表面)의 여러 약관에 있어서 보험자가 담보하고 있는 위험약관(peril clause)에는 다음과 같이 기재되어 있다.

「해상고유의 위험, 군함, 화재, 외적(外敵), 해적, 도적, 강도, 투하, 포획면허장, 보복포획면허장, 습격, 나포(拿捕), 국적상황(國籍狀況) 혹은 성질을 불문하고 국왕, 군주, 인민의 억류, 선장 및 선원의 악행(惡行), 해당 화물이나 상품의 전부 또는 일부에 대한 손상, 파손 또는 손해를 발생시키는 모든 기타 위험, 멸실 및 불행이다」. 이들 열거위험은「해상 고유의 위험」및「해상 고유가 아닌 위험」으로 나누어지고 군함 이하는 모두「해상 고유가 아닌 위험」에 속하는 것으로 간주되는데, 이 위험약관에 열거된 위험 중 군함, 외적, 해적, 도적, 포획 면허장, 보복포획면허장, 습격, 해상에 있어서의 점유, 약탈, 강류(强留) 및 억류 등의 위험은 이탤릭서체에 의해서 면책되므로 결국 다음의 위험들이 열거위험에 속한다.

㉮ 해상 고유의 위험(perils of the sea)

  ㉠ 파선(破船) 또는 난파(難破)

  ㉡ 침몰

  ㉢ 좌초, 교사(膠砂), 촉초(touch and go)

    ㉣ 충돌

    ㉤ 풍파(風波)의 이상한 작용

    ㉥ 선박의 행방불명

  ㉯ 해상고유가 아닌 위험

    ㉠ 화재(fire)

    ㉡ 투하(jettisons)

    ㉢ 강도(theft)

    ㉣ 선장 및 선원의 악행(barratry of the master and mariners)

  ㉰ 이상의 열거위험 및 이와 같은 종류의 위험

② **비열거위험:** 열거위험에 해당되지 않는 것으로서 보험회사가 담보하지 않는 위험에는 다음과 같은 위험이 있다.

  ㉮ 피보험자의 고의적인 불법행위

    예컨대 보험금을 받기 위한 목적으로 고의로 화물을 풍파에 노출시켜 발생한 손해

  ㉯ 화물의 고유한 결함 혹은 성질

    예컨대 수피(獸皮), 피혁 등의 땀, 설탕의 밀염(密染), 금속물의 녹, 과실, 야채류의 부패 등 혹은 알코올, 술의 휘발.

  ㉰ 지연: 예컨대 항해의 지연으로 화물이 부패하거나 환율변동으로 가격이 하락한 경우의 손해.

  ㉱ 기타: 통상의 파손, 누손(漏損), 화물의 상처 혹은 혼적(混積), 화물 마찰, 도난, 불착(不着), 수량부족, 빗물, 담수, 쥐, 벌레의 피해.

영문 해상보험증권은 보험자가 부담하는 위험에 대해서 열거책임주의를 채택하고 있으므로 분손부담보(FPA) 또는 분손담보(WA)와 같은 조건을 선택한 경우 다음과 같은 손해가 발생하더라도 이것들이 해상 고유(海上固有)의 위험, 기타 보험증권에 열거된 위험에 기인한 것이 아니라면 보험자는 이것들을 보상하지 않는다.

이러한 경우 피보험자는 화물의 종류, 성질, 화물포장 및 기타 등을 고려하여 각 경우의 필요에 따라 그들 위험을 포괄적으로 담보하는 전위험담보(A/R) 조건으로 계약하든가, 특약을 맺어 이들 위험을 부가위험으로 추가 담보할 필요가 있다. 다음의 위험들은 피보험자가 특약을 맺어야 보험자가 담보한다.

ⓐ 도난·발하(拔荷)·불착 위험담보(Theft, Pilferage and Non-Delivery; TPND)

ⓑ 불착위험담보(Non-Delivery; ND)

ⓒ 부족위험담보(Shortage)

ⓓ 누손(漏損)담보(Leakage)

ⓔ 우·담수손담보(Rain and Fresh Water Damage)

ⓕ 파손담보(Breakage)

ⓖ 파손, 굴곡, 눌린 자국 손해담보(Breakage, Bending and Denting)

ⓗ 갈고리 손상담보(Hook)

ⓘ 못에 의한 손상담보(Nail)

ⓙ 할퀸 손상담보(Scratching)

ⓚ 마찰에 의한 손상담보(Chafing)

ⓛ 갈고리 손상, 진흙, 기름, 그리스, 산(酸), 다른 화물과의 접촉에 의한 손해담보(Hook, Mud, Oil, Grease, Acid, Contact with Other Cargo; H & C)

ⓜ 쥐 및 벌레 손상담보(Rats and Vermin)

ⓝ 곰팡이 손상담보(Mould and Mildew)

ⓞ 금속물의 녹에 의한 손상담보(Rust)

ⓟ 땀 및 열 증발 손해담보(Sweat and Heat)

ⓠ 오염담보(Contamination)

ⓡ 자연 발화담보(Spontaneous Combustion)

ⓢ 투하, 갑판위 유설 위험담보(Jettison and Washing Over Board)

Ⅱ. 구 영문해상적하보험증권의 본문약관

1. 모두문언(冒頭文言) 및 여백(餘白)

"Be it known that"는 「이하를 승인한다」 정도의 의미이다. 다음 여백에는 피보험자자신, 대리인 또는 보험중개인의 성명이 기재된다. 영국법에는 「타인을 위한 계약」은 인정되지 않으므로 피보험자에 대한 보험자의 개념은 없다.[2]

2. 양도약관(Assignment Clause)

as well in his or their own Name, as for and in the Names and Names of all and every other Person or Persons to whom the same do, may, or shall appertain, in part or in all, do make *Insurance*, and hereby cause himself or themselves, and them and every of them, to be *Insured*.

"……는 자기의 명의로서 또한 보험목적의 일부 또는 전부가 귀속하는, 귀속할지도 모르는, 또는 장차 귀속하게 되는 모든 사람을 위하여, 또는 모든 사람의 명의로서 보험계약을 체결하며, 자기와 상기한 모든 사람이 부보된 것으로 한다."

"As well in hisor……and every of them to be insured."에서 보험증권을 양도할 필요가 있을 때, 그 양도를 인정하는 것을 규정함과 동시에 혹자가 타인(本人)의 대리인으로서 본인이 손해 발생의 사실을 안 후에도 그

---

2) 葛城照三, 1981年版 英文積荷保險證券論, 早稻田大學出版部, 1981, pp. 24-26.

보험계약을 추인(追認)할 수 있음을 규정하고 있다. 해상적하보험에 있어서 매도인이 매수인의 대리인으로서 보험계약을 체결하는 일이 있으며, 또한 매수인이 직접 부보하는 일도 있다. 그리고 운송 중 적하가 전매되는 수가 있다. 따라서 양도계약은 대리계약을 인정하고, 또한 적하가 보험기간 중 전매되는 경우 보험계약상의 권리를 매수인에게 이전함을 인정하고 있다.[3]

3. 소급약관(遡及約款; Lost or not Lost Clause)

제4행 "Lost or not lost"라는 어구가 있는데, 이는 보험계약의 효력을 계약성립 이전으로 소급시키는 중요한 문언이다. 예컨대, 모 수입상이 FOB 조건으로 2월 1일 "런던"으로부터 상품을 매입한 경우, 그 상품이 2월 1일 런던에서 선적 출항하였다는 통지를 2월 5일에 접수하고, 2월 6일에 "Lost or not lost" 조건으로 해상보험회사에 부보하였으나 그 상품이 보험계약 성립 전인 2월 4일에 보험자가 부담하는 보험의 위험으로 멸실된 것이 후일 판명될 때에도 수입상은 해상보험회사로부터 손해를 보상받는다.

소급조건의 보험계약을 할 때에는 계약체결시 보험계약당사자가 손해 발생의 사실 또는 항해무사고종료의 사실을 알지 못함을 전제로 한다 손해가 이미 발생하였음을 피보험자 또는 대리인이 알고 보험자가 이를 알지 못하고 부보하였을 때에는 피보험자의 묵비(默秘) 또는 사기(詐欺)로서 보험자는 이 계약을 취소할 수 있다. 한편 보험의 목적물이 목적항에 무사히 도착되었음을 보험자가 알고 피보험자가 이를 알지 못하고 계약이 체결될 때에 피보험자는 그 계약을 취소하고 보험료의 반환을 청구할 수 있다.[4]

---

3) *Ibid*. pp. 29-30.
4) *Ibid*., pp. 35-36.

4. 선적항을 표시하는 약관

"at and from the port of"「……항으로부터……항까지」 여백에 선적항
으로서 Busan이라든가, 혹은 Incheon으로부터 Busan까지의 부선위험
(浮船危險)을 담보할 때에는 Busan including transit by lighter or
lighters from Incheon to Busan이라고 기재한다. 보험증권기재의 선
적에서 선적되지 않으면 보험자의 책임은 개시하지 않는다. 창고간약관 또
는 부선약관 특약으로서 선적전에 보험자의 책임이 개시한다.5)

5. 보험 목적물(Subject-Matter of Insurance)의 표시

Upon any kind of Goods and Merchandises, or Treasure and
also upon the Body. tackle, apparel, ordnance, munition
artillery, boat and other furniture.

"화물, 상품 또는 적재선박의 선체, 양하기구, 선구(船具), 병기(兵器),
군수품, 군용포, 보트 기타 의장(艦裝)에 관하여"

"Upon Goods and Merchandises, or Treasure"「화물, 상품 및
귀중품」: 보험목적의 구체적 명칭 및 수량, 하인(荷印) 등은 보험증권 중간
의 공백란에 기재되나 여기에는 협정보험가격만 기재하면 되는 것이며 반드
시 보험목적의 구체적 종류명칭은 기재하지 않아도 무방하다.6)

---

5) *Ibid.*, pp. 36-37.
6) *Ibid.*, p. 38.

6. 선박명(The Name of Ship or Vessel)의 표시

in the good Ship or Vessel called the……

「……호라고 칭하는 견실한 선박에 속하며 또한 그 선박에 적재된……」

여백에 적재선박명이 기재된다. 특정 선박에 피보험적하가 적재되지 않으면 보험자의 위험부담책임은 개시되지 않는다. 창고간약관, 부선약관(浮船約款)의 특약에 의하여 본 선적재전에 보험이 개시될 때에는 선박의 변경이라고 하는 위험의 변동이 생기며, 선박 변경의 때로부터 보험자는 위험부담책임이 면책된다. 변경된 선박이 특정 선박보다 우수선일 때에도 역시 같다. 또한 선박이 특정되면 관습상 환적(換積)을 계약상 인정하는 경우 이외에는 환적은 허용되지 않는다. 또한 환적을 허용하는 특약이 있을 경우에는 역시 같다.7)

7. 선장명(Name of Master)의 표시

Whereof is Master for this present Voyage, ……or whosoever else shall go for Master in the said Vessel, or by whatsoever other Name or Names the said Vessel, or the Master thereof, is or shall be named or called.

"본 항해에 대해서 ……을 선장으로 하고, 본 선장은 장래 다른 선장으로 대체되어도 무방하며, 또한 상기 선박 또는 그 선장은 상기와 다른 명칭 또는 명의로서 호칭되거나 또는 장래 호칭되어도 무방하다."

"Whereof is Master …… Shall be named or called.": this present voyage의 다음 여백은 선장 성명을 기재하는 장소이나 현재로서는 선장의

---

7) *Ibid.*, pp. 37-40.

성명은 전혀 기입할 수 없다. 선장 자격이 공적으로 결정되어 있으므로 선장이 누가 되든지 위험측정에는 관계없기 때문이다.[8]

8. 보험기간약관(Duration of Risk Clause)

(1) Duration of Cargo Policy

Beginning the Adventure upon the said Goods and Merchandises from the loading thereof on board the said Ship and so to continue and endure, until the said Goods and Merchandises shall be arrived at …… and until the same be there discharged and safely landed.

"상기 화물 및 상품에 대한 위험은 상기 선박에 선적될 때 개시되며, 선박의 정박 중 계속되고, 화물 및 상품을 적재한 선박이 항구에 도착할 때까지 계속되며, 그곳에서 하역하여 안전하게 양륙될 때까지 계속된다."

이 약관은 보험자 책임의 시종기(始終期)를 규정한 약관으로 arrived at 의 다음에 New York via Panama라든가, 기타 여러 가지 양식으로 도달항이 기입된다.

창고간약관이나 부선약관이 특약되지 않으면 이 약관에 의하여 보험자 책임이 시종(始終)하나 적하보험에 있어서는 통상 Institute Cargo Clauses 의 FPA, WA 및 All Risks 중 어느 것이든지 특약되며 거기에는 제1조에 창고약관이 있으므로 보험증권 본문의 보험기간약관으로는 보험자의 책임은 시종하지 않는다.

이 약관에 의하면 보험자의 책임은 보험증권기재의 선적항에 있어서 보험증권기재의 본선에 적하가 실제로 적재되었을 때 개시한다.

---

8) *Ibid.*, pp. 41-42.

적재(loading)라 함은 적하가 본선갑판상 또는 선창내에 하역됨을 말하며 본선에 적재하기 위하여 적하가 양하기로 인양되어 육지 또한 부선을 떠나도 아직 적재는 아니며, 따라서 보험자의 책임은 개시하지 않는다. 보험자의 책임은 적하가 보험증권기재의 도착항에서 하역되어 안전하게 양륙되었을 때 종료한다. 보험자 책임의 시기는 전기와 같이 적하가 실제로 본선에 적재된 때이며, 따라서 부선위험(浮船危險)은 보험자의 책임에 속하지 않는다.

보험자의 책임의 종료시기는 적하가 안전하게 양륙될 때이므로 적하의 양륙이 상관습에 따라 부선에 의하여 행하여질 때에는 부선위험은 보험자의 책임에 속한다. 또한 본선이 도착항에 도착 후 적하는 그 항구의 관습적 방법에 의하여 상당기간 내에 양륙되지 않을 때에는 보험자의 책임은 종료된다.9)

9. 기항정박약관
(奇港碇泊約款; Touch and Stay Clause)

And it shall be lawful for the said vessel, in this Voyage to proceed said to and touch and stay at any Ports or Places whatsoever(within the limits of the above Voyage) for necessary Provisions. Assistance or Repairs without prejudice to this Insurance.

"또한 본 선박과 색구(索具)가 본 항해에 있어서 필요한 식량, 구원 또는 수선을 위하여 본 항해의 한도 내에서 어떠한 항구 또는 장소를 향하여, 항해, 발항, 기항 또는 정박하는 것은 합법적이며 본 보험의 효력에 아무런 영향을 미치지 않는다."

이 약관은 일견(一見) 발항(發船), 기항 및 정박(捨泊)의 광범한 자유를

---

9) *Ibid.*, pp. 43-46.

인정하고 있는 것같이 간주되나, 무제한의 자유가 인정되고 있는 것은 아니며, 또한 항해의 변경이나 이로(離路: deviation)를 허용하는 것도 아니다. 보험증권기재의 도착항 이외의 항구를 향하여 발항함은 「타도착항에 향하고 있는 발항」이라고 하는 위험의 변동이 생기며, 항해의 통상 항로상에 없는 중간항에 기항하거나 또는 통상의 항로상에 있는 중간항이지만 지리적 또는 관습상의 순서 또는 보험증권지정의 순서로 기항하지 않을 때에는 이로(離路)라고 하는 위험의 변동이 생기며, 또 기항항에 부당하게 장기간 정박(碇泊)하면 항해 계속의 지연이라고 하는 위험의 변동이 생긴다. 따라서 이러한 위험변동이 생기면 그 이후 보험자의 위험책임은 면책된다. 이러한 위험변동이 있을 때 보험자의 위험부담책임을 계속하고자 할 때에는 특약이 필요하며, 이 특약의 대표적인 것이 Institute Cargo Clauses(FPA, WA or All Risks)의 제2조의 연장담보약관(extended cover clause)이다.[10]

10. 보험평가약관(Valuation Clause)

The said Goods and Merchandises, laden thereon, for so much as concerns the Assured by Agreement between the Assured and Assurers in this policy. and shall be valued at……

"본 화물 및 상품은 본 증권에 있어서 피보험자와 보험자 간의 합의에 의하여 피보험자에 관한 한 다음 금액으로 하고, 장차에도 동일한 금액으로 평가하는 것으로 한다."

공백란에 협정보험약관, 즉 보험평가 또는 협정가격이 기재된다. 이 공백란에는 실무상 보험목적의 명세가 기입된다. 보험가액이란 피보험자와 보험자 간에 있어서 협정한 피보험이익의 가격이고 보험계약을 체결할 때 또는

---

10) *Ibid*, pp. 47-48.

손해가 발생하기 전에 계약당사자가 임의로 협정한 보험가액을 협정보험가액이라 한다.

보험평가액은 현재 실제적으로는 희망이익을 적하의 소유자이익에 가산하기 위하여 송장금액(운임, 선적 및 보험의 비용을 포함하지 않을 때는 이를 포함함)에 약간의 희망 이익을 가산하는 것이 보통이다.11)

11. 위험약관(Perils Clause)

Touching the Adventures and Perils which we the assurers are contented to bear and to take upon us in this voyage, they are, of the Seas. Men-of-War, Fire Enemies, Pirates, Rovers, Thieves, Jettisons, Letters of Mart and Counter-mart, Surprisls, Taking at Sea, Arrests, Restraints and Detainments of all Kings, Princes and People, of what Nation, Condition, or Quality soever, Barratry of the Master and Mariners. and of all other Perils, Losses, and Misfortunes, that have or shall come to the Hurt, Detriment, or Damage of the said Goods and Merchandises, or any part thereof.

"본 보험자가 본 항해에 있어서 담보할 것을 약속하는 모험 및 위험에 관해서는 다음과 같다. 즉, 해상고유의 위험 도적, 강도, 투하, 포획면허장 및 보복포획면허장, 습격, 해상탈취, 국적상황, 또는 성질의 여하를 불문하고 모든 국왕, 군주 및 국민의 강류(强留), 억지(抑止) 및 억류(抑留), 선장 및 선원의 악행, 화물, 상품 또는 기타에 대하여 혹은 그들 일부에 대하여 손상, 파손 또는 손해를 발생케 했거나 또는 발생케 할 기타 일체의 위험과

---

11) *Ibid.*, pp. 49-50.

멸실 혹은 불행으로 한다."

이 위험약관은 피보험약관에 대하여 열거책임주의를 채택하여 이 약관에 기재된 위험만을 원칙으로 보험자에 의하여 부담된다.12)

12. 손해방지약관(Sue and Labour Clause)

And in case of any Loss or Misfortune, it shall be lawful to the Assured, his or their Factors, Servant and Assigns, to sue, labour, and travel for, in and about the Defence, Safeguard or Recovery of the said Goods and Merchandises, or any part thereof, without Prejudice to this *INSURANCE;* to the Charges whereof we. the assurers will contribute each one according to the Rate and Quantity of his Sum herein assured.

"또한 손해 혹은 재난이 발생한 경우에 피보험자와 그 대리인. 사용인 및 양수인이 본 화물 및 상품 등의 전부 또는 일부를 방비·보호 및 회복하기 위하여 조치를 추구하고 노력하여 사고지를 답사하는 것은 합법적이며, 본 보험의 효력에 영향을 미치지 않는다. 상기 비용은 보험자가 인수금액의 비율과 금액에 따라 각자 분담한다."

이 약관은 피보험자의 손해방지의 권리를 부여함과 동시에 그 비용을 보험자가 부담할 것을 정한 약관이다. 손해방지약관비용은 보험금액 전액이 보상되어도 보험자에 의하여 지급된다. 그 이유는 손해방지약관상의 약속은 보험계약과는 별개의 계약이며, 보험계약을 보충하는 계약이므로 그러하다.13)

---

12) *Ibid.,* pp. 54-55.
13) *Ibid.,* pp. 92-93.

13. 포기약관(抛棄約款; Waiver Clause)

And it is especially declared and agreed that no acts of the Insurer or Insured in recovering, saving, or preserving the property insured, shall be considered as a waiver of acceptance of abandonment.

"부보재산을 회복하거나, 구조 혹은 보존하기 위하여 보험자와 피보험자가 취하는 여하한 조치도 그것이 곧 위부의 포기나 혹은 수락으로 간주되지 않는 것을 특별히 선언하고 약속함."

영법(英法)에 있어서 위부는 계약으로서 위부의 성립에는 보험자의 승낙이 필요하다. 따라서 보험자가 피보험자의 위부의 통지를 거절하였을 때, 위부의 통지를 철회할 의사 없이 피보험자 재산의 회복, 구조 또는 보전을 위하여 피보험자가 각종 수단을 강구하였을 때, 이 수단을 강구한 것을 가지고 위부의 통지를 승낙할 의사 없이 피보험 재산의 회복, 구조 또는 보험을 위하여 각종 수단을 강구하였을 때는 이 수단을 강구한 것을 가지고 위부의 승낙으로 간주하지 않음을 규정하고 있다.[14]

14. 보험증권의 효력에 관한 약관
(The Effectiveness of Policy)

"And it is agreed by us, the insurers, that this writing or policy of Insurance shall be of as much Force and effect as the surest Writing or policy of Insurance herebefore made in London."

---

14) *Ibid.*, pp. 101–105.

"그리고 이 보험의 서면 또는 보험증권은 런던에서 작성된 가장 확실한 서면 혹은 증권과 동일한 효력을 갖는 것으로 본 보험자가 동의한다."

영문 policy에 전기의 약관이 삽입되어 있을 때에는 자국의 해상보험사업의 상태나, 신용정도를 모르는 외국인 피보험자에 대하여 영국 해상보험업자가 발행하는 policy와 동일한 효력을 갖는 확실한 policy임을 약속하므로 의의가 있다.[15]

15. 구속약관(拘束約款; Binding Clause)

And so we Assurers, are contented, and do hereby promise and bind ourselves, each one for his own part, our Heirs, Executors, and Goods to the Assured, their Executors, Administrators. and Assigns, for the true Performance of the Primises.

"그리하여 당……해상보험주식회사는 이상의 제사실에 만족하고 피보험자, 그 유언집행인, 재산관리인 또는 양수인에 대하여, 전기 제사항의 진정한 이행을 하는 것을 이에 약속하고 또한 그 진정한 이행에 대하여 당회사를 구속한다."

이것은 보험자가 보험증권상에 여러 가지 진술한 것에 대하여 책임을 가지고 이행한다는 것을 표명한 구속약관이고 또한 보험자의 손해보상의 약속을 표시한 약관이라는 것도 언급하고 있다. Lloyd's S. G. Policy에도 동일한 취지의 약관이 있지만 Lloyd's는 개인보험업자이므로 문장은 약간 다르다. 이 약관은 전항의 Clause the binding effect of the policy에 따라 해결해야 하지만, 결국은 MIA, 판례, 관습 및 사실인 관습에 따라 약속을 이행한다는 것을 말한다.

---

15) *Ibid.*, pp. 107-108.

16. 약인약관(Consideration Clause)

Confessing ourselves paid the consideration due unto us for this Assurance by the Assured, at and after the rate of...percent.

"이 보험에 대해 피보험자가 ……의 비율로 보험료를 지불했음을 확인함."

이 약관이 보험료 영수약관이다. "약인(約因)"이라 함은 계약당사자가 약속에 관하여 인수하는 권리, 이익, 손실 또는 이들의 약속을 말한다. 상기의 약인(consideration)은 보험료를 지칭한다.16)

17. 면책률 약관(Memorandum Clause)

N. B. Corn, Fish, Salt, Fruit, Flour, and Seed are warranted free from Average, unless General, or the Ship be stranded sunk or burnt; Sugar, Tobacco, Hemp, Flax, Hides and Skins are warranted free from Average under *Five percent* : and all other Goods also the Ship and Freight, are warranted free from Average under *Three percent*, unless General or the Ship be stranded, sunk or burnt.

"주의 …… 공동해손 혹은 선박이 좌초하거나, 침몰하거나 또는 불타버린 경우를 제외하고는 곡류, 어류, 염(鹽), 과실, 곡분 혹은 종자의 해손에 대하여 일체 담보하지 않으며, 사탕, 연초, 대마, 아마, 및 피혁에 대해서는 5% 미만 그리고 기타 모든 화물 또는 선박 및 운임에 대해서는 3% 미만의 해손을 담보하지 않음.

이 조항은 3개의 면책조항으로 되어 있다. 즉 제1조항은 단독해손부담보

---

16) *Ibid.*, p. 16.

조항으로서 곡류 …… 종자에 대하여는 적재선박이 침몰, 좌초, 대화재, 이재(罹災)의 경우 이외에는 보험자는 일체의 단독해손을 보상하지 않는다. 제2조항은 5% 조항으로서 사탕 …… 피혁에 대하여는 적재선박이 침몰, 좌초, 대화재, 이재(罹災)의 경우 이외에 5% 미만의 단독해손은 보험자가 보상하지 않으며 단독해손 5%에 달하거나 5%를 초과할 때에는 단독해손전액을 보험자가 보상한다. 제3조항은 3% 조항으로서 그 보상조건은 제3조항과 같다.[17]

18. 준거법약관(Governing Clause): proper law of contract Clause

"This Insurance is understood and agreed to be subject to English law and usage as to liability and settlement of any and all claims."

"이 보험은 일체의 보상청구에 대한 책임 및 그 결제에 관하여 영국의 법 및 관례에 의거한다는 것을 양해하고 또한 약속한다."

19. 이탤릭서체약관(Italicized Clause)

전항에서 기술(1~18)한 보험증권의 나본문(裸本文)이 종래는 보통보험약관에 해당되었으나, 현재는 보통 일반의 경우 「이탤릭서체약관」을 추가한 것으로서 보험약관의 표준으로 하고, 따라서 기본보험료도 나본문(裸本文)에 이탤릭서체약관을 추가한 제약관을 기초로 산정되어 있으므로' 현재는 이

---

17) *Ibid.*, pp. 113-122.

들 약관전부가 보통보험약관에 해당된다.

이탤릭서체약관은 포획·나포(拿補)부담보약관, 촉뢰부담보약관, 항해 중 절부담보약관 및 동맹파업·소요·폭동부담보약관으로 구성되어 있다.

(1) 포획·나포 부담보약관(Free from Capture and Seizure Clause; F. C. & S. Clause): "Warranted free of capture seizure, ······ or civil strife arising therefrom or piracy."

제1항은 주로 전쟁위험을 면책하는 것을 목적으로 한 조항이다. capture, seizure, arrest, restraint 및 detainment는 반드시 전쟁위험 때문에만 발생하는 것도 아니며, 평시위험으로서도 중요한 의미를 가지고 있다. 이 약관에는 "Consequence"란 단어가 있는데 이 "Consequence"란 말은 예측할 수 있는 위험의 종류의 간단한 표현으로서 "loss"를 지칭하지 않는다. 피보험화물 적재선박이 적의 포획 또는 나포를 피하기 위하여 도주함으로써 포화를 당하거나, 암야(暗夜)에 암초가 많은 해상에서 좌초를 확인하고도 도주함으로써 좌초한 경우는 Consequence of capture or seizure, or consequence of any attempt threat라고 할 수 있다

Consequence of hostilities or warlike operations의 의미는 광범위하며, 적의 군함, 잠수함, 항공기 등에 의한 보험목적의 멸실, 손상 등은 Consequence of hostilities가 된다. 전쟁 중 적을 경계하기 위하여 암야(暗夜)에 불을 켜지 않고 항해하는 두 선박이 충돌할 때 쌍방과실이든, 일방과실이든 그 충돌은 marine casualty로서 consequences of hostilities or warlike operations는 아니다. 이에 반하여 각종 군함 또는 군사적 행동에 종사하는 선박과 평화적 항해에 종사하는 선박이 충돌한 경우, 전자의 과실인 경우에는 그 충돌은 consequence of warlike operation이 된다.

제1항 중단의 규정인 "but this warranty ······ by or against a belligerent power"는 전쟁위험의 범위를 한정한 규정이다. 따라서 F.

C. & S. Clause는 이 항에서 황천, 화재, 타선박과 충돌 및 각종 기뢰, 폭뢰, 이외의 물체와 접촉으로 인한 손해가 직접 적대행위에 기인하여 야기되지 않는 한, 이를 Consequence of hostilities or warlike operations로부터 제외하기로 하였다. 이 규정으로 선박이 군사적 행동을 하고 있어도, marine risks의 policy로 담보하고 war risks의 policy로는 담보하지 않는다.

제2항은 내란, 혁명, 모반, 반란 등으로 인하여 생기는 사회적 또는 정치적 갈등상태 인 국내투쟁을 F. C. & S. Clause로 간주하여 보험자를 면책시키고 있다. 이는 국제법상으로는 전쟁이 아니나, 해상보험법상으로 전쟁으로 간주할 수 있으므로 F. C. & S. Clause로 취급함은 당연하다. 또 이 제2항은 해적행위도 면책으로 되어있다.

(2) 촉뢰부담보약관(Free from Mine and Torpedo Mine Clause): "Warranted free of loss or ······ as part of this policy"

(3) 항해중절부담보약관(Frustration Clause): "Warranted free of any attempting to usurp power."

이 약관은 제2항에서 보는 바와 같이 포획·나포 부담보약관이 말소되는 경우에 한하여 보험계약의 일부로서 효력을 갖는다. 왜냐하면 포획·나포 부담보약관에 의하여 「군주의 억지(抑止)」 등의 위험이 보험자에게 면책이 된다면 군주의 억지 등에 의한 항해의 중절(中絶)에 기인하는 하등의 구상(求償)도 일어나지 않기 때문이다.

(4) 동맹파업·소요·폭동부담보약관(Free from Strikes, Riots and Civil Commotions Clauses; F. S. R & C. C. Clauses): "Warranted free of loss or ······ riots or civil commotions."

20. 난외약관(Marginal Clauses)

(1) 분손부담보약관(FPA Clause): "Unless otherwise stated in writing …… period covered by the policy."

(2) 교사약관(Grounding Clause): "Grounding or stranding in the Suez, …… to have directly resulted therefrom"

수에즈 운하, 파나마 운하 혹은 기타 운하에서는 항해의 통상 경로로서 선저(船底)가 수저(水底)에 접촉하여 선박이 움직이지 않을 때가 있다. 이러한 경우에 보험증권본문의 면책률약관(Memorandum)이나, 협회적하약관(Institute Cargo Clauses)의 Average Clause에 의하여 단독해손부담보규정의 효과를 조각(阻却)하는 좌초로 간주한다면, 이러한 단독해손은 보험자의 부담에 귀착하게 된다. 그러나 이러한 장소에서의 좌초는 반드시 보험증권의 좌초라고는 할 수 없는 경우가 있다. 따라서 적용상 분쟁이 발생하게 되므로 보험자는 이러한 장소에서의 좌초는 보험증권상의 좌초로 간주하지 않음으로써 자기방위를 하는 동시에, 한편 좌초, 교사로 인하여 직접적으로 피보험화물에 물리적 손해가 발생하면 이에 대하여는 보험자가 보상한다고 규정하여 피보험자를 보호하고 있다.

(3) 「타보험」약관("Other Insurance" Clause): "This insurance does not cover …… not been effected."

이 약관은 이 보험계약이 타해상보험계약 또는 화재보험계약과 중복관계에 있을 때, 이 보험약관의 보험자가 제1순위의 보상책임을 부담하는 것을 면하기 위하여 설정한 것이다.

(4) 손해통지약관(Claim Notice Clause): "In the event of damage …… signed by Lloyd's Agent."

이 약관 중 "average"는 average 앞에 있는 damage와 함께 이 약관
의 취지에 가하여 고찰한다면 보험자가 보상하여야 할 손해이며, 또한 그
손해의 형태인 멸실, 파손 등의 상태가 검사가능한 것은 일체 포함되는 것
으로 간주한다.

(5) 인지첨부약관(Stamp Clause): "All policies made payable ……
Particularly drawn to this."

영국 국고수입을 도모하기 위하여 보험증권의 보험금액이 고액일수록 다
액의 수입인지를 첨부하도록 되어 있다.

제3장 신 영문 해상적하보험증권(1982)

제3장 신 영문 해상적하보험증권(1982)

Ⅰ. 신 영문 해상적하보험증권의 양식과 구성

우리나라가 사용하고 있는 신 영문 해상적하보험증권은 런던보험업자협회(Institute of London Underwriters)가 1982년에 제정하여 런던의 해상보험회사가 사용하는 New ILU Marine Insurance Policy Form인 New Companies' Combined Policy이다.

앞면의 수제(首題)에 "Marine Cargo Insurance Policy"라고 표시한 것은 보험증명서(certificate of Insurance)와의 구별을 명확히 하기 위한 것이다.

신 해상보험증권에서 종래의 구 증권의 본문약관에 해당되는 것은 (1)준거법조항, (2)타보험조항, (3)약인조항, (4)선서조항의 네 개 항뿐이다. 나머지 약관은 일부를 개정하여 신 협회적하약관(ICC)(A) (B) (C)에 포함시키고, 그 외 대부분의 보통약관은 삭제되었다. 따라서 신 해상보험증권은 반드시 신 ICC를 첨부하여야 해상보험증권으로서 효력을 가진다.[1]

앞면에는 갑판적약관(On-Deck Clause), 기계수선약관(Institute Replacement Clause) 및 Institute Classification Clause 등이, 그리고 뒷면에 ICC(A) (B) (C) 약관이 인쇄되어 있다. 그러나 신 협회적하약관(ICC)은 19개조로 구성되어 있고 구 협회적하약관(14개조)보다 규정조항이 길기 때문에 「중요」약관("important" Clause; 클레임적하약관)은 앞면의 왼쪽 여백에 인쇄되어 있다.2)

Ⅱ. 신 영문 해상적하보험증권의 약관

1. 준거법약관(Governing Clause)

Notwithstanding anything contained herein or attached hereto to the contrary, this insurance is understood and agreed to be subject to English law and practice only as to liability for and settlement of any and all claims.

"이 보험증권의 규정 또는 첨부된 어떠한 반대규정에도 불구하고 이 보험은 어떠한 모든 보상 청구에 대한 책임과 결제에 대해서 영국의 법률과 관례만 따를 것을 합의함."

신 협회적하약관(ICC)의 제19조(영국법 및 관례약관)는 「이 보험은 영국의 법률 및 관례에 준거한다」는 취지를 규정하고 있으므로 이 준거법 조항에서는 "only as to liability for……"라고 명시하여 클레임 청구에만 적용된다는 것을 특히 강조하고, 아울러 첫머리의 규정문언에 의하여 제19

---

1) E. R. Hardy Ivamy, *op. cit.*, pp. 104-105.
2) R. J. Lambeth, *op. cit.*, pp. 56-57.

조의 규정도 제한하고 있다.[3]

우리나라 표준 영문 해상적하보험증권에 있어서의 준거법은 모든 클레임에 대한 책임의 유무 및 클레임에 관한 한 영국의 법률, 관례에 의거하지만, 이 이외의 사항에 대하여서는 영국의 법률 및 관례에 의거하지 않는다.

이 규정이 있기 때문에 신 ICC의 제19조의 규정을 삭제 또는 수정하지 않고 증권 뒷면의 ICC 전문을 규정할 수가 있다. 또한 이 준거법 조항이 있기 때문에 우리나라 보험 회사가 발행하는 해상적하보험증권일지라도 영국의 해상보험제도의 뒷받침을 받아 국제적인 보편성을 가지면서 세계 각국에 유통시킬 수가 있다.

2. 타 보험약관(Other Insurance Clause)

This insurance does not cover any loss or damage to property which at the time of the happening of such loss or damage is insured by or would but for the existence of this Policy be insured by any fire or other insurance Policy or policies except in respect of any excess beyond the amount which would have been payable under the fire or other insurance policy or policies had this insurance not been effected.

"피보험재산의 멸실 또는 손상이 발생한 때에 그 피보험재산이 화재보험증권 또는 기타 보험증권에 의하여 보험에 가입된 경우, 또는 이 보험증권이 없었다면 화재보험증권 또는 기타 보험증권에 의하여 보험에 가입되었을 경우에는, 이 보험은 그러한 피보험재산의 일체의 멸실 또는 손상을 담보하

---

3) 葛城照三, *op. cit.*, p. 125.

지 아니함. 단, 이 보험이 가입되어 있지 않았다면 화재보험증권 또는 기타 보험증권에서 지급되었을 금액을 초과하는 금액에 관해서는 그러하지 아니함"

이 타 보험조항은 비 해상보험종목, 즉 화재보험증권에도 삽입되어 있고 종래의 구 해상보험증권의 난외약관에도 삽입되어 있다.

이 조항은 문언 그대로 이 보험증권에 의하여 담보되는 손해가 발생하였을 때에 그 손해가 화재보험증권이든 해상보험증권이든 불문하고 다른 보험증권에 의해서도 중복 담보되어 있거나 또는 이 보험증권이 없었다면 다른 보험증권에 의해서 담보되었을 경우에는 이 보험증권에서는 그 손해를 보상하지 않는다. 다만 다른 보험증권에 의하여 보상되어야 하는 금액을 공제하고 잔액에 대해서는 이 보험증권에 의하여 보상된다는 취지의 규정이므로 피보험자에 있어서는 중요한 규정이다. 이 조항은 이 보험계약이 다른 해상보험 또는 화재보험과 중복관계에 있는 경우, 이 보험증권의 보험자가 제1순위의 보상책임을 면하기 위하여 설정된 것이다.

화물이 운송약관(Transit Clause) 부가의 보험증권으로 보험에 부보된 경우 그 화물이 육상의 화재위험에 대하여 화재보험증권으로 담보되어 있는 일이 있다. 이러한 경우에는 해상보험과 화재보험이 중복관계에 있을 수 있다. MIA 제32조 2항에는 중복보험의 경우 피보험자는 보험증권에 반대의 특약이 있는 경우를 제외하고는 자기가 적당하다고 생각되는 순서에 따라 각 보험자에 지급을 청구할 수 있다고 규정되어 있고, 적어도 해상보험이 중복보험관계에 있는 한 각 보험자에게 연대책임이 있다는 것을 인정하고 있다. 그러나 이것은 보험증권에 반대의 특약이 없는 경우이므로 「타 보험」조항처럼 반대의 특약을 하면 이 규정은 적용되지 않는다. 그러나 영국의 관행에서는 이 조항을 관대하게 해석하여 피보험자에 대해 보험금을 지급한 보험자는 지급한 보험금을 보험금액의 비율로 안배하고 다른 보험자가 지급해야 할 보험금을 계산하여 다른 보험자로부터 회수한다.[4]

---

4) *Ibid.*, pp. 148–149.

3. 약인약관(Consideration Clause)

We, THE ○○○ INSURANCE CO., LTD hereby agree, in consideration of the payment to us by or on behalf of the Assured of the premium as arranged, to insure against loss damage liability or expense to the extent and in the manner herein provided.

"당 ○○○보험주식회사는 피보험자가 또는 그를 대신한 자가 정해진 보험료를 당회사에 지급함으로써 보험의 목적의 멸실·손상·책임 또는 비용을 본 보험증권에 규정된 비율과 방법으로 보상할 것에 합의함."

약인(consideration)이란 계약당사자가 약속에 관하여 받거나 주는 권리, 이익, 손실, 책임 또는 이들의 약속을 말한다. 모든 단순계약(simple contract)에 있어서 그것이 유효하기 위해서는 계약 중에 유가약인(有價的因 ; valuable consideration)을 규정하여야 한다. 해상보험계약에서 이 약인은 보험자에 대하여 보험료를 지급하는 것을 의미하고 보험자는 그 대상(代償)으로 위험을 부담하는 것, 즉 피보험위험의 발생에 의하여 손해가 발생하면 그 손해를 피보험자에게 보상하는 것을 약속한다. 약인이란 영미법에 있는 특유한 법제로서 「약속에 대한 대가(代價)」를 말한다.[5]

영국에서는 보험중개인(broker)제도가 있으며 해상보험계약이 보험중개인에 의해 피보험자를 위하여 체결되는 경우에는 보험료에 대해서 보험중개인이 보험자의 채무자가 된다는 원칙이 있다. 이 원칙은 보험증권상에 약인조항이 있든 없든 불문하고 우선 적용된다는 관습으로 되어 있다. 게다가 이 원칙의 정당성은 판례에 의해서도 확립되어 있다.[6]

따라서 이번의 우리나라 영문 해상적하보험증권을 제정할 때 첫머리 문언에 약인조항을 채용하였는데, 그 내용이 영국의 신 해상보험증권과 동일하더라도,

---

5) *Ibid.*, p. 110.

6) Universe Inc., Co. of Milane v. Merchant's Marine Insurance Co. [1897].

우리나라에는 보험중개인제도가 없고 또한 전술한 보험료에 관한 관례상의 원칙이 없으므로 우리나라에서 체결되는 보험계약에는 우리나라 상법이 적용된다.

영국처럼 보험중개인제도가 있는 미국의 경우를 보면 미국에는 전술한 바와 같은 보험료에 관한 영국의 관례는 없고 보험중개인을 통하여 체결된 보험계약에 있어서 약인조항이 보험증권에 삽입되어 있어도 피보험자는 보험자에게 보험료를 지급하는 의무가 있다는 판례가 있다.[7]

우리나라의 신 해상적하보험증권 중에 채용된 약인조항에 대해서는 보험계약 성립의 유효에 관한 보험료의 채권, 채무의 문제는 계약지법에 준거하여 우리나라의 법률 및 관례에 따라야 한다고 해석한다.

4. 선서약관(宣誓約款; Attestation Clause)

In witness whereof, I the Undersigned of THE ○○ INSUR-ANCE CO., LTD. on behalf of the said Company have subscribed *My* Name in the place specified as above to the policies, the issued numbers thereof being specified as above, of the same tenor and date, one of which being accomplished. the others to be void, as of the date specified as above.

"이에 본인, 즉 ○○보험주식회사의 아래 서명하는 동회사를 대신하여 상기장소에서 동일문언 및 일자의 보험증권에 서명하였음. 이 보험증권 중 한 통에 대하여 손해보상의무가 이행되었을 때에는 남은 보험증권은 그 효력을 상실하는 것으로 함."

이 선서조항은 종래의 구 해상보험증권의 동조항과 동일한 문언이고 이 조항의 끝부분에 보험회사의 담당책임자가 서명함으로써 보험인수의 증거가

---

7) Mannhein Insurance Co. v. Hollander [1901].

되고 보험증권의 효력이 발생한다는 것을 규정한 것이다.

우리나라 상법은 보험자는 보험계약자의 청구에 의하여 보험증권을 작성하여 보험계약자에게 교부해야 한다는 것을 규정하고 있다.8) 동시에 보험증권에 기재해야 하는 법정기재 사항과 보험자의 서명을 필요로 한다는 것을 규정하고 있다.9) 이 법정기재 사항은 보험의 목적, 보험사고의 성립, 보험금액, 보험료 및 그 지급방법, 보험기간의 시기 및 종기, 보험계약자의 성명, 상호, 보험계약의 연 월 일, 보험증권의 작성지 및 작성 연월일로 구성되어 있다.

이에 대하여 영국법에서는 해상보험계약을 해상보험증권으로 표시하고 증권이 계약의 존재를 입증하는 증거가 된다는 취지를 규정하고 있다.10) 증권상의 기재사항은 5개 항목으로 나누어 규정되어 있는데, 1959년 재정법(Finance Act, 1959)에 의거하여 「(1) 피보험자의 성명 또는 피보험자를 위하여 보험계약을 체결하는 자의 성명」만이 현재까지 존치되어 있다.11) 또한 보험증권은 보험자 자신에 의하거나 보험자 대리인에 의하여 서명되어야 하고, 보험자가 법인의 경우에는 법인의 인장 날인으로 서명에 대신할 수도 있다.12)

최근에 무역서식의 간소화, 합리화가 국제적으로 추진되고 있다. 예컨대 각종 운송증권의 서명에 대해서는 자필 사인 외에 기계에 의한 각종 방법도 인정하고 있다. Hamburg Rules의 UN 선하증권 조약이나 UN국제 물품복합운송조약 등의 관계조항도 자필 사인 이외에 기계에 의한 각종 방법을 규정하고 있다.

우리나라에서는 보험회사의 해상보험부서의 책임자가 서명하고 그 약관 끝 부분에 효력에 관하여 언급하고 있다.

영문 해상적하보험증권은 주로 외국무역품에 대하여 사용되고 있는데 원

---

 8) 상법 제640조.
 9) 상법 제666조.
10) MIA 제22조.
11) MIA 제23조.
12) MIA 제24조.

본 한 통만 발행되는 경우는 드물고 보통 두 통 또는 세 통이 발행된다. 따라서 그 한 통에 대하여 보험회사가 채무를 이행하였을 때에는 다른 보험증권은 무효가 되는 것을 이 조항에서는 규정하고 있다.

5. 스케줄(Schedule; 명세표)

우리나라는 1973년부터 사용되어 온 구 보험증권의 본문약관 윗부분에 계약의 중요 사항을 기재하게 하는 스케줄방식을 사용해 오고 있다. 1982년의 신 해상적하보험증권에서도 보험계약내용을 별도로 기재하는 Schedule방식을 도입하였다.

신 해상적하보험증권에 본문약관이 준거법약관, 타보험약관, 약인약관, 선서약관으로 구성되어 있고 기타 보험계약내용(선박명. 출항예정일, 보험목적물, 보험조건, 담보조건, 기타 중요사항)을 스케줄에 기재하도록 되어 있다. 우리나라의 신 해상보험증권의 윗부분도 스케줄방식으로 되어 있어 영국보험업자협회(ILU)가 작성한 신 보험증권의 스케줄은 별첨지로 사용하고 있다.

제4장 1963년 협회적하약관(구 ICC)

제4장　1963년
협회적하약관(구 ICC)

Ⅰ. Lloyd's S. G. Policy와 구 협회적하약관

구 협회적하약관(ICC)은 1912년에 제정된 이후 수차에 걸쳐 개정되었으며, 현재는 1963년 개정 ICC가 적용되고 있다. 무역업자들이 신 협회적하약관(1982년)에 익숙해질 때까지 상당한 기간동안 구 ICC는 신 ICC와 같이 사용될 것이다. 구 ICC는 Lloyd's S.G. Policy의 각 조항을 기본약관으로 하며, 구 ICC의 14개 개별약관이 S.G.Policy의 제 규정을 보완하는 역할을 한다. 그러나 실무상으로는 S.G.Policy의 본문 약관 및 난외약관보다는 구 ICC(1963년)가 우선한다. FPA(free from particular average ; 분손부담보) 및 WA(with average ; 분손담보)의 양 약관이 기본조건(the types of insurance)을 구성하고 화물의 종류나 성질 이외의 피보험이익의 종류나 운송방법 등에 따라 각종의 부가위험(extraneous risks or additional Risks)을 추가 담보한다. 또한 전손(全損 ; total loss only; TLO)의 조건은 극히 한정된 경우에만 적용될 뿐이다.[1]

전위험(all Risks) 담보조건은 우연히 발생하는 모든 손해를 담보하기 위하여 S.G.Policy에 열거된 위험을 확장하고 있다. 지연(遲延)에 근인(近因)하여 발생한 손해나 보험 목적물의 고유의 하자는 면책된다. 그 담보 내용은 단독해손 및 공동해손, 전손 및 분손을 모두 포함하고 있다. WA 보험증권의 Memorandum은 all Risks 약관하에서의 단독해손의 클레임에는 적용되지 않는다.

FPA 및 WA는 S G. Policy 본문에 열거된 위험을 확대하는 것은 아니다. S. G. Policy 본문에 포함되어 있지 않은 위험에 기인하는 클레임은 이 조건하에서는 일체 지급되지 않는다. 실무상 FPA 및 WA와의 유일한 차이는 황천(荒天), 즉 풍랑으로 인한 손해의 취급이다. WA약관은 황천 손해가 S. G. Policy의 Memorandum에 기재되어 있는 율 이상이면 그 손해를 담보한다. 그러나 FPA약관은 이러한 종류의 분손을 담보하지 않는다.[2]

II. 구 영문 적하보험증권 본문약관의 담보위험

영문적하보험증권이 보험증권(marine insurance policy)으로서 자격을 가지는 이유는 그 표면에 수세기 역사를 가진 중세영어의 「본문약관」 (body clauses)과 그것에 부수하는 난외약관(marginal clauses)이 기재되어 있기 때문이다. 보험증권의 생략 Form인 보험증명서(certificate of insurance)와의 구별도 본문약관의 유무에 따라 판단한다. 따라서 구

---

1) R. H. Brown, *Marine Insurance Vol.1-Principles & Basic Practice*, 5th Edition, Witherby & Co., Ltd., 1986. pp. 148-149.
2) *Ibid.*, p. 166.

적하보험증권에 대해서는 특히 Marine Cargo Policy(해상적하보험증권)의 heading(표제)이 없어도 보험증권의 자격에는 문제가 없다.

구 ICC(1963년)의 직접적인 토대를 이루고 있는 구 영문 적하보험증권의 본문약관의 담보위험조항에서는 (1) 해상고유의 위험(perils of the sea), (2) 화재(fire), (3) 강도(thieves), (4) 투하(jettison), (5) 선장 및 선원의 악행(惡行)(barratry of the master and mariners), (6) 해적(pirates), (7) 전쟁위험, (8) 전쟁과 관계가 없는 정부 또는 관헌(官憲)의 강류(强留), 역류 등의 8개 종류의 위험을 열거·담보하고 있다. 동시에 담보위험조항의 끝 부분의 동종제한(同種制限)의 규정에 의거하여 이들 8개 종류의 위험 및 동종류의 위험(all other perils)도 함께 담보하고 있다 또한 "all other perils"의 문언은 「기타 일체의 위험이라는 포괄문언(包括文言)을 의미하는 것이 아니고 「동종제한의 법칙」에 의하여 보험증권에 열거된 위험 및 동종류의 위험만을 포함하는 것으로 해석되고 있다」(MIA 부칙의 보험증권의 해석규칙 제12조).[3]

전기 8개 종류의 위험 중 (6), (7), (8)은 이탤릭서체약관(Italicized Clause)의 포획·나포 부담보약관(F.C. & S.Clause)에서 면책되고 있다. 또한 본문약관에 열거되어 있다. 않은 동맹파업(strikes)위험은 이탤릭서체 약관 중의 동맹파업·소요·폭동부담보약관(F.S.R. & C.C.Clause)에서 면책되어 있다.

(1) 해상 고유의 위험(perils of the sea)

침몰, 좌초, 난파, 충돌, 황천(荒天)에 의한 해수의 유입, 풍파 등을 뜻한다.

(2) 화재(fire)에 의한 손해

화물의 소실(燒失) 외에 그을음 등의 연기피해, 가열에 의한 변질, 소화

---

3) 加蘇 修. 最新國際貨物海上保險實務. 成山堂. 1987. pp. 71-72.

작업에 따른 누손(leakage) 등도 포함한다.

(3) 강도(theft)

폭력 또는 위협, 공갈에 의한 강탈에 상당하는 습격적 도적행위를 뜻한다. 발하(拔荷)나 절도 등은 포함하지 않는다.

(4) 투하(投荷: jettison)

적재화물, 선박저장품, 선박의 장치 등의 일부를 선박 밖으로 버리는 것을 뜻한다. 일반적으로 좌초 등의 해난(海難)을 당하였을 때 선체(船體)를 가볍게 하여 선박과 화물을 공동의 위험에서 구조하기 위하여 선장이 고의로 적재화물의 일부 등을 바다에 버리는 공동해손 희생손해의 일종에 상당하는 것이 많다.

(5) 선장 및 선원의 악행(barratry)

선박에 방화하거나, 선박 밑바닥에 구멍을 뚫어 선박을 침몰시키거나, 선박을 사기적으로 매각하거나, 행방불명되거나, 밀수 또는 절도 등을 하는 것을 뜻한다.

보험증권의 본문약관 중에는 Memorandum조항이 있으며 다음과 같이 화물별로 보상범위를 규정하고 있다.

「선박이 좌초, 침몰, 화재를 당하였을 경우 이외에는

ⓐ 곡류, 어류, 소금, 과실, 곡분(穀粉) 및 종자에 대해서는 단독해손을 담보하지 않는다.

ⓑ 설탕, 담배, 대마, 아마 및 피혁에 대해서는 5% 미만의 단독해손을 담보하지 않는다.

ⓒ 기타 모든 화물에 대해서는 3% 미만의 단독해손을 담보하지 않는다.」

전술한 단독해손(particular average)이란 하주가 단독으로 부담하는 분손(分損)을 뜻한다. 즉 전손(全損)으로서의 단독해손 및 공동해손(general average)에 대해서는 보상되지만, 이들 이외의 분손, 즉 단독해손 중의 분손에 대해서는 전술한 바와 같이 화물별로 보상의 범위가 다르게 규정되어 있다.

이 memorandum조항은 FPA 및 WA약관이 제정된 20세기 초보다 훨씬 이전에 본문약관에 삽입된 것이다. 당시에는 무역화물 중 주요 품목을 중심으로 보상범위를 규정하였고 이것이 WA약관 및 FPA약관의 담보위험조항의 원형(原形)을 구성하고 있다. 그 이유는 화물적재본선에 좌초(stranding), 침몰(sinking), 화재(burning)의 소위 S.S.B.의 주요 해난사고가 발생하면 단독해손으로서의 분손을 담보하거나 일정한 소손해면책 율의 적용을 제외하고 당해 분손의 전액을 담보하는 소위 FPA Warranty의 원칙이 규정되어 있기 때문이다.[4]

앞에서 설명한 것 외에도 본문약관 중의 제조항, 예컨대 손해방지약관(Sue and Labour Clause)이나 영국 해상보험법의 관련규정 및 런던보험시장에 있어서 관례 등에 의거하여 ①손해방지비용(sue and labour charges) ②특별비용(particular charges) ③공동해손 분담액(general average contribution) ④구조료(salvage charges) 및 부대비용(extra charges)도 보상(담보)된다.

---

4) Robert H Brown, *Dictionary of Marine Insurance Terms and Clauses*, 5th Edition Witherby & Co., Ltd., 1989, Memorandum p.M13.

Ⅲ. 구 협회적하약관
(구 ICC; FPA, WA, All Risks) 담보위험

1. 구 협회적하약관(분손부담보)
「Institute Cargo Clauses(FPA)」

(1) 개 요

일반적으로 FPA조건으로 불려지고 있으며, 분손(단독해손)은 원칙적으로 담보하지 않는 조건이고, WA 및 all Risk와 구별되는 약관이다. 그러나 FPA조건에는 보험자가 담보하지 않는 분손과 담보하는 분손이 있다는 것을 명심해야 한다. 이 조건에서는 좌초나 침몰 또는 화재가 발생하지 않는 한 분손(단독해손)은 담보하지 않는 것이 원칙이다. 그러나 보험회사 사이의 경쟁결과 보험자의 담보범위가 확대되어, ① 전손(全損), ② 하역(荷役) 또는 환적(換積) 작업 중에 발생한 적하품 한 개의 포장단위(package)의 전손, ③ 공동해손(general average), ④ 해난구조료 소송 및 손해방지비용(sue and labour expenses), ⑤ 본선 또는 부선의 침몰, 좌초, 모래접촉, 화재 또는 물 이외의 다른 물체(석유, 빙산, 향료 등)와의 접촉 및 충돌, 혼적(混積) 등으로 발생한 손해, 즉 유류와 혼적하였기 때문에 담배나 식품 등에 나쁜 냄새가 스며든 것 등의 손해는 보험자가 예외적으로 담보한다. 그러나 나쁜 기후로 파도에 의해서 발생한 해수손해(海水損害: sea water damage) 및 불가항력(force majeure)에 기인해서 발생한 분손은 보험자가 담보하지 않는다. 피난항에서 피보험자가 지급한 양륙비, 창고 보관료 및 반송에 드는 특별비용은 보험자가 담보한다.5)

---

5) The Chartered Insurance Institute Tuition Service, *Marine Insurance*, Wilmer
   Brothers Limited, 1975, pp. 220-221:

(2) 보험자가 보상하는 손해와 보상하지 않는 손해

구 협회적하약관 분손부담보(FPA)는 구 협회적하약관 분손담보(WA)와는 제5조를 제외하고는 모두 동일하다. 즉 제5조가 구 협회적하약관 분손부담보에 있어서는 「분손부담보약관」(Free from Particular Average Clause)[6]인 데 대하여 구 협회적하약관 분손담보(WA)에 있어서는 「분손담보약관」(With Average Clause)으로 되어 있고, 구 협회적하약관 전위험담보(All Risks)에 있어서는 「전위험약관」(all Risks Clause)으로 되어 있다. 제1조 내지 제4조, 제6조 내지 제14조 및 「주의사항」은 세 개의 약관이 공통이다.

협회적하약관(FPA)은 특별약관이므로 이 약관만으로는 보험자가 보상하

R. H. Brown. *Marine Insurance. Vol. 1-Principles & Basic Practice*, 5th Edition, Witherby & Co., Ltd., 1986. pp.164-167.

6) Warranted free from Particular Average unless the vessel or craft be stranded, sunk, or burnt, but notwithstanding this warranty the Underwriters are to pay the insured value of any package or packages which may be totally lost in loading, transhipment or discharge, also for any loss of or damage to the interest insured which may reasonably be attributed to fire, explosion, collision or contact of the vessel and / or craft and / or conveyance with any external substance(ice included) other than water, or to discharge of cargo at a port of distress, also to pay special charges for landing warehousing and forwarding if incurred at an intermediate port of call or refuge, for which Underwriters would be liable under the standard form of English Marine Policy with the institute Cargo Clauses(W. A.) attached.
This clause shall operate during the whole period covered by the Policy
제5조 분손부담보약관
　　선박 또는 부선이 좌초되거나 혹은 대화재를 입었을 경우 이때에는 단독해손을 담보하지 않음. 그러나 상기 면책조건에도 불구하고 보험자는 선적, 환적 혹은 양하 시에 전손이 되는 수가 있는 화물 포장 단위당의 보험금액을 보상하고 다시 화재, 폭발 선박간의 충돌 혹은 선박 및 / 또는 부선 및 / 또는 운송용구와 물 이외의 타 물체(얼음 포함)와의 접촉 혹은 조난항에서의 양하작업에 기인된다고 정당하게 간주될 수 있는 보험목적의 멸실 또는 손상에 대해서도 보상한다. 또한 중간의 기항항 혹은 피난항에서의 양하작업, 입고 및 계속운반을 위해 특별비용을 지출했을 경우, 만약 이들 특별비용이 협회적하약관(분손 담보)이 첨부된 표준 해상보험증권에 의거하여 이 보험자가 귀책해야 할 것이라면 그 특별비용까지도 보상함. 이 약관은 이 보험증권하에서 담보되는 전(全) 기간에 걸쳐서 적용되는 것으로 함.

는 손해가 어떠한 것인지 알 수 없다. 보험증권에 이 특별약관이 첨부되었을 경우에 비로소 보험계약조건상 보험자가 보상하는 손해와 보상하지 않는 손해를 알 수 있다.

협회적하약관(FPA)에서 보험자가 보상하는 손해와 보상하지 않는 손해는 다음과 같다.7)

A. 보험자가 보상하는 손해

① 현실전손 및 추정전손

② 적하품의 분할가능한 부분(apportionable part)의 전손, 즉 두 개 이상의 상이한 종류의 적하품이 개별평가되거나 또는 개별평가되지 않고 1통의 보험증권으로 보험에 부보되어 있는 경우에 있어서 어느 한 종류의 적하품 전부가 멸실되면 보험자는 멸실된 적하품의 보험금 전액을 보상한다.

③ 적재, 환적 또는 하역작업 중에 있어서의 포장 1개당 전손

④ 공동해손 희생손해

⑤ 공동해손비용

⑥ 공동해손 분담액

⑦ 구조료

⑧ 손해방지비용

⑨ 중간의 기항항(寄航港) 또는 피난지에 있어서의 양하(揚荷), 보관 및 계반(繼搬)을 위한 특별비용. 다만 협회적하약관(WA)첨부의 보험계약이라면 보험자의 부담으로 귀책(歸責)되는 경우에 한한다.

⑩ 선박 또는 부선이 좌초, 침몰 또는 대화재를 입었을 경우의 단독해손. 그 단독해손 및 좌초, 침몰 또는 대화재 등과의 사이에 인과관계(因果關係)의 유무를 불문(不問)한다.

---

7) 葛城照三. *op. cit.*, pp. 377-378.

⑪ 화재, 폭발, 선박간의 충돌, 선박, 부선 또는 기타의 운송용구와 물 이외의 타물체(얼음을 포함함)와의 충돌 또는 접촉에 기인되는 단독해손

⑫ 조난항(遭難港)에 있어서의 하역에 기인하는 단독해손. 다만 하역의 원인이 보험증권상 명문으로서 면책된 위험 또는 보험목적의 고유의 하자(瑕疵) 또는 성질인 경우에는 보험자는 그 하역에 기인된 손해에 대하여 책임을 지지 아니한다.

B. 보험자가 보상하지 않는 손해

① 전쟁위험으로 인한 손해, 다만 전쟁(전투행위, 군사적 행동 등)에 직접 기인되지 않고 또한 피보험화물 적재선박(충돌의 경우에는 충돌에 관련된 타 선박을 포함함)이 수행하고 있는 항해 또는 역무(役務)의 성질과 관계없이 발생하는 타 물체(다만 기뢰, 어뢰를 제외함)와의 충돌 또는 접촉, 좌초, 황천(荒天) 또는 화재에 기인된 손해를 제외한다.

② 해적에 기인한 손해

③ 동맹파업자, 직장폐쇄 노동자, 노동분쟁, 소요 또는 폭동에 가담한 자에 기인된 손해 및 동맹파업, 직장폐쇄, 노동분쟁, 소요 또는 폭동에 상당하는 인과관계가 있는 손해

④ 기타 전기「보험자가 부담하는 손해」에서 열거된 단독해손 이외의 단독해손

⑤ 피보험자의 나태(懶怠; default) 또는 비행(非行; misconduct)에 기인하는 손해

⑥ 보험자가 부담하는 위험에 기인하지 않는 부족인도(short-delivery), 즉 부족(shortage) 또는 불착(non-delivery)

⑦ 통상의 누손(漏損) 및 파손 또는 증발로 인한 중량의 감소와 같은 통상의 손해

⑧ 지연(遲延)으로 인한 손해

⑨ 보험목적의 고유의 하자 또는 성질로 인한 손해

⑩ 벌레(蟲), 쥐로 인한 손해

⑪ 담수(談水) 손해

⑫ 기타 피보험위험에 근인(近因)하지 않는 손해, 예컨대 증발(heating),[8] 적재의 불량, 소도(小盜) 및 감정손해(sentimental damage)[9]

2. 구 협회적하약관(분손담보) 「Institute Cargo Clauses(WA)」

(1) 개 요

이 조건은 WA의 조건으로 불려지고 있고 보험자가 보통의 항해에 있어서 입는 보통 해상손해의 전부를 담보하는 보험조건이다. 이 조건으로 보험을 부보하면 그 부보화물(付保貨物)에 관한 전손, 공동해손, 분손(단독해손)도 법률이나 보험약관에서 제외된 것 외에는 모두 보상받을 수 있다.

이 WA약관의 모든 조항과 내용은 제5조만 제외하고는 분손부담보약관(FPA)과 똑같다. WA약관의 5조[10]에서는 운송화물에 사전에 협정한 일

---

8) heating은 통상 ⑨에 속하지만 그렇지 않은 경우도 있다.

9) 다른 화물이 손상되었기 때문에 정품화물(正品貨物)도 손상되어 있지는 않는가 하는 염려에서 싸게 매각한 경우의 손해는 sentimental damage의 일례이다.

10) Warranted free from average under the percentage specified in the policy, unless general, or the vessel or craft be stranded, sunk or burnt, but notwithstanding this warranty the Underwriters are to pay the insured value of any package which may be totally lost in loading, transhipment or discharge, also for any loss of or damage to the interest insured which may reasonably be attributed to fire explosion collision or contact of the vessel and / or craft and / or conveyance with any external substance(ice included) other than water, or to discharge of cargo al a port of distress. This Clause shall operate during the whole period covered by the Policy.
제5조 분손담보약관
　　　분손은 그것이 공동해손이 성립되었을 때 혹은 선박 또는 부선이 좌초되거나 침몰되거나 또는 대화재를 입었을 경우를 제외하고는 담보증권에 기재된 비

정비율 이상의 분손이 발생한 경우, 보험자는 이것을 보상한다는 분손담보 의무를 규정하고 있다.

이 WA약관에서는 선적 또는 환적 중에 발생한 매 포장품(包裝品)의 전손에 대해서, 또 공동해손에 대해서도, 선박이 좌초, 침몰 또는 화재의 발생으로 입는 손해가 분손일지라도 보험자가 담보한다. 또 화재, 폭발 또는 선박의 충돌에 의한 분손이나 피난항에서 화물을 양륙하다가 발생한 합리적 보험목적물의 멸실 또는 손해도 보험자가 담보한다.

WA조건에서는 FPA조건에서 보험자가 담보하는 손해 외에도 악천후에 기인하여 발생한 분손(단독해손)도 추가해서 담보된다. 이 WA조건에서는 모든 분손을 담보하는 것이 아니고, Memorandum조항에 의거하여 일정비율 이하의 분손(단독해손)에 대해서는 보험자가 책임을 면책받고 있는데, 이 면책액(免責額)을 소손해면책(小損害免責: franchise)이라고 한다. WA 3%라고 약관에 기재되어 있으면 보험액 3% 미만의 분손에 대해서는 보험자가 면책된다. 손해가 협약한 면책률을 초과하면 면책률을 공제하고 보상하는 것이 아니라 손해전액을 보상한다. 다시 말해서 WA 3%로 협약한 경우, 손해가 4% 발생하면 1%를 보상받는 게 아니고 4% 전부를 보상 받는다. 그러나 WAIOP(With Average Irrespective of Percentage)조건으로 협약하면 면책률이 없으며 아무리 적은 분손이라도 보험자가 보상한다.[11]

현재에는 화물의 종류, 성질에 따라 극히 적은 경우에만 면책률을 적용하고, 많은 경우에는 면책률이 없는 WAIOP의 조건으로 부보한다.

율 미만일 경우에는 이를 담보치 않음. 그러나 상기 면책비율에 불구하고, 보험자는 선적, 환적, 혹은 양하시에 전손이 되는 수가 있는 화물 포장 단위당의 보험금액을 보상하고, 다시 화재, 폭발, 선박간의 충돌 혹은 선박 및/또는 부선 및/또는 운송용구와 물 이외의 타물체(얼음 포함)와의 접촉 혹은 조난항에서의 양하작업에 기인된다고 정당하게 간주될 수 있는 보험목적의 멸실 또는 손상에 대해서도 보상함. 이 약관은 본보험증권하에서 담보되는 전(全)기간에 걸쳐서 적용되는 것으로 함.

11) The Chartered Insurance Institute Tuition Service. *op. cit.*, pp. 222-223. R. H. Brown, *op. cit.*, pp. 168-169.

(2) 보험자가 보상하는 손해와 보상하지 않는 손해

구 협회적하약관(WA)은 특별약관으로서 보험증권 본문의 인쇄약관의 보충 또는 예외적용을 하는 것이므로 이 특별약관만으로는 보험자의 책임전부를 규제할 수 없다. 보험증권면의 인쇄약관과 구 협회적하약관(WA)을 종합하였을 경우 보험자가 보상하는 손해 및 보상하지 않는 손해는 다음과 같다.[12]

A. 보험자가 보상하는 손해

① 현실전손 및 추정전손

② 분할가능한 부분(apportionable)의 전손, 즉 종류를 달리하는 두 개 이상의 적하품이 개별평가 없이 또는 개별평가를 하여 1통의 보험증권으로 보험에 부보되어 있는 경우에 있어서 동일 종류의 적하품이 전부 멸실하였을 때에는 멸실한 적하품의 보험금액 전액을 보상한다.

③ 적재, 환적 또는 양하(揚荷)의 작업 중에 있어서 포장단위당 전손

④ 공동해손 희생손해

⑤ 공동해손비용

⑥ 공동해손 분담액

⑦ 구조료

⑧ 손해방지비용

⑨ 특별비용

⑩ 보험증권에 명시된 면책률에 달하였을 경우의 단독해손

⑪ 선박 또는 부선이 좌초, 침몰 또는 대화재를 입었을 경우의 단독해손 면책률의 적용이 없고 또한 그 단독해손과 좌초, 침몰 또는 대화재와의 사이의 인과관계의 유무를 불문한다.

⑫ 화재, 폭발, 선박 간의 충돌, 선박, 부선 기타의 운송용구 및 물 이외의 타 물체(얼음 포함)와의 충돌 또는 접촉에 기인하는 단독해

---

12) 葛城照三, *op. cit.*, pp. 368-370.

손 면책률의 적용은 없다.

⑬ 조난항(遭難港)에 있어서 하역에 기인하는 단독해손 면책률의 적용은 없다. 다만 하역의 원인이 보험증권의 명문으로서 면책된 위험 및 보험목적의 고유의 하자 또는 성질인 경우에는 보험자는 그 하역에 기인하는 손해에 대해서는 책임을 지지 않는다.

B. 보험자가 보상하지 않는 손해

① 전쟁위험으로 인한 손해, 다만 전쟁(전투행위, 군사행동 등)에 직접 기인하지 않고 또한 피보험화물적재선박(충돌의 경우에는 충돌에 관련된 타선박을 포함함)이 수행하고 있는 항해 또는 역무(役務)의 성질과 관계없이 발생하는 타물(다만 기뢰, 어뢰를 제외함)과의 충돌 또는 접촉, 좌초, 황천(荒天) 또는 화재에 기인하는 손해를 제외한다.

② 해적에 기인한 손해

③ 동맹파업자, 직장폐쇄노동자, 노동분쟁, 소요 또는 폭동에 가담한 자에 기인한 손해 및 동맹파업, 직장폐쇄, 노동분쟁, 소요 또는 폭동에 상당하는 인과관계가 있는 손해

④ 기타 전기 「보험자가 부담하는 손해」에 열거된 단독해손 이외의 단독해손, 즉 분할가능한 부분의 전손이 아니고 적재, 환적 또는 양하(揚荷)의 작업 중의 포장 단위당의 전손이 아니고, 선박 또는 부선이 좌초, 침몰 또는 대화재를 입었을 경우의 면책률에 달하는 손해가 아니고 선박간의 충돌, 화재, 폭발, 타물과의 충돌에 기인하는 단독해손이 아니고, 또는 조난항(遭難港)에 있어서의 하역에 기인하는 손해가 아닌 것.

⑤ 피보험자의 나태(default) 또는 비행(misconduct)에 기인하는 손해

⑥ 보험자가 부담하는 위험에 기인하지 않는 부족인도(short-delivery), 즉 부족(shortage) 또는 불착(non-delivery)

⑦ 통상의 누손(漏損) 및 파손 또는 증발에 의한 중량의 감소와 같은 통상의 손해

⑧ 지연에 근인(近因)하는 손해

⑨ 보험목적의 고유의 하자 또는 성질에 기인하는 손해

⑩ 벌레 및 쥐에 기인하는 손해

⑪ 담수손해(fresh water damage)

⑫ 기타 피보험위험에 근인(近因)하지 않는 손해, 증발(heating), 적재의 불량, 소도(小盜), 발하(拔荷) 등에 기인하는 손해 및 감정손해(sentimental damage)

3. 구 협회적하약관(전위험담보)
「Institute Cargo Clauses(All Risks; A/R)」

이 조건은 A/R로 불리고 있으며 구 협회적하약관(all Risks)의 제5조[13) all Risks 본 약관에는 "this insurance is against Risks……"로 규정되어 있다. 따라서 All Risks를 담보하지만 All Loss 내지 Damage를 담보하는 것은 아니다 즉 all Risks를 담보조건이라도 "외부적 사고"(external accident) 및 "우발적 사고"(fortuitous accident)가 가져

---

13) This insurance is against all risks of loss of or damage to the subject-matter insured but shall in no case be deemed. All Risks to extend to cover loss damage or expense proximately caused by delay or inherent vice or nature of the subject-matter insured. Claims recoverable hereunder shall be payable irrespective of percentage.
제5조 전위험담보약관
　　이 보험은 보험목적의 멸실 또는 손상의 모든 위험을 담보함. 그러나 여하한 경우에도 지연 또는 보험 목적물의 고유의 하자 혹은 성질을 근인으로 해서 생기는 멸실·손상 또는 비용까지도 확장담보하는 것으로 간주하여서는 안 됨. 이 보험에 의거 청구할 수 있는 보상금은 손해율의 다과에 관계없이 지급됨.

오는 「위험」에 의한 손해에 해당하지 않는 손해(화물의 멸실·손상 또는 비용)는 담보하지 않는다. 다시 말하면 FPA, WA조건의 경우에도 마찬가지이지만 비록 All Risks 담보라도 다음의 손해를 보상하지 않는다.[14]

① 화물 고유의 결함, 성질에 기인하는 멸실·손상 또는 비용

② 자연의 소모

③ 지연에 의한 손해

구 협회적하약관(All Risks)은 정형적 특별약관으로서 두 개의 의의를 가지고 있다. 첫째는 FPA 및 WA Clause와 마찬가지로 손해보상의 범위에 관한 특약의 성질을 가지고 있다는 것이다. 왜냐하면 FPA Clause에서는 원칙적으로 단독해손을 보상하지 않고 또한 WA Clause에서는 원칙적으로 단독해손을 보상하지만 소손해면책의 적용을 받는 데 대해, all Risks Clause에서는 소손해면책 없이 단독해손이 보상되기 때문이다. 둘째는 보험자의 담보위험의 확장에 관한 특약의 성질을 갖고 있다는 것이다. 이 둘째의 성질을 가지는 것이 All Risks Clause 제정 본래의 목적이다.

Institute Cargo Clauses(all Risks)는 문자 그대로 all risks 담보의 특약이 아니라는 것을 유의하여야 한다. 이 약관 제12조에는 F.C. & S. Clause(포획 나포 부담보약관)가 규정되어 있고 제13조에는 F.S.R. & C.C.Clause(동맹파업·소요, 폭동부담보약관)가 규정되어 있으므로 소위 전쟁위험(war risk), 동맹파업, 소요, 폭동의 위험은 여전히 면책되어 있다. 따라서 F.C. & S. Clause 및 F.S.R. & C.C. Clause 부가조건으로 기본적 보험요율을 산정하고 war risks나 strikes 등의 risks는 그 위험률의 사정에 따라 매우 상이하므로, 또 다시 별도의 특별약관과 사정에 따라 각기 상이한 할증보험료로서 보험자가 이것을 부담하기로 한 것이다.

Institute Cargo Clauses(All Risks)는 WA 및 FPA 와 제5조를 제외하고는 동일조항으로 구성되어 있다. Institute Cargo Clauses(All

---

14) The Chartered Insurance Institute Tuition Service, *op. cit.*, pp.222-223.
   R. H. Brown. *op. cit.*, pp. 169-178.

Risks)의 제5조는 all risks clause(전위험담보조항)으로 되어있다.[15]

4. FPA, WA 및 All Risks의 비교

FPA, WA 및 All Risks 조건의 담보위험, 보상의 범위 및 특약이 있는 경우에 담보 가능한 위험 및 어떠한 경우에도 면책되는 위험은 다음 표 Ⅲ-2, Ⅲ-3, Ⅲ-4와 같다.

〈표 Ⅲ-2〉 1963년 ICC FPA WA, all Risks의 담보위험 및 면책사항

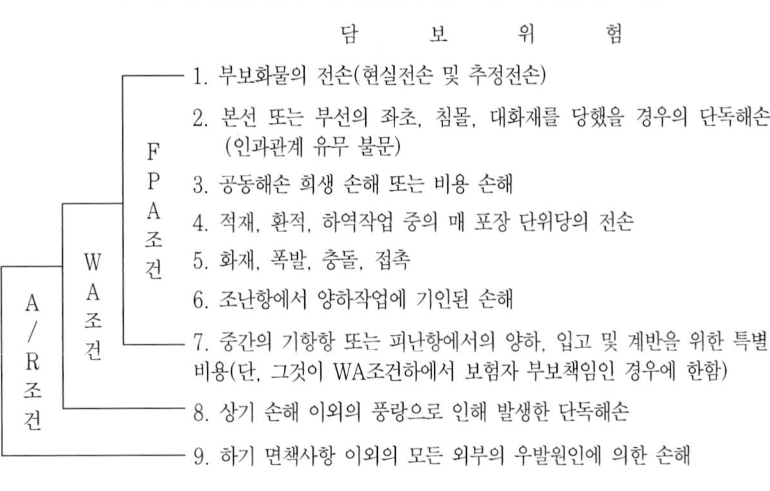

면 책 사 항

a. 피보험자의 고의적인 불법행위로 인한 일체의 손해

b. 부보화물의 고유의 결함, 성질, 지연으로 인한 손해

c. 위험의 요건을 구비치 않은 사유에 의한 손해, 즉 통상의 손해

d. 전쟁, 폭동, 파업 등에 기인한 손해

〈자료〉錢昌源, 辦調易實務, 日新社, 1991, p.429

---

15) 葛城照三, *op. cit.*, pp. 379-380.

〈표 Ⅲ-3〉 1963년 ICC FPA, WA, All Risks의 보상범위

사고의 종류 ＼ 조 건	A / R	WA	FPA
1. 화재, 폭발	○	○	○
2. 운송용구의 침몰	○	○	○
3. 운송용구의 좌초	○	○	○
4. 운송용구의 타 물체와의 충돌	○	○	○
5 운송용구의 탈선, 전복	○	○	○
6 운송용구의 추락	○	○	○
7. 파손, 곡손, 요손	○	●	●
8. 누설, 증발, 혼합	○	●	●
9. 도난, 분실, 불착	○	●	●
10 비, 눈, 한손(汗損)	○	●	●
11. 벌레, 쥐로 인한 손해	○	●	●
12 갈고리손, 또는 철손	○	●	●
13. 해수손, 오손(손해형태가 7~12 이외의 손해)	○	○	△
14. 전쟁, 촉뢰, 습격 나포 등	●	●	●
15. 동맹파업, 폭동, 소요	●	●	●
16. 원자력	※	※	※
17. 육상에 있는 동안의 지진, 분화	●	●	●
18. 검역 또는 관의 처분	※	※	※
19. 보험계약자, 피보험자 등의 고의, 중과실	×	×	×
20. 화물의 자연 소모, 고유의 하자 또는 성질	×	×	×
21. 포장 불완전	×	×	×
22. 운송의 지연	×	×	×

(주) ○: 전손, 분손 공히 보상됨

　　※: 보통약관상은 담보가 가능하나 현재는 인수되지 아니함

　　△: 분손은 보상하지 않음

　　●: 특약이 있는 경우에는 담보가능

　　×: 어떠한 경우에도 면책

〈자료〉 錢昌i源 *op. cit.*, p. 430

<표 Ⅲ-4> 해손의 종류

보험의 종류				손해의 종류	보삼범위의 내용	해손의 종류
보험조건 및 보상범위의 구분	A/R (전위험담보)	WA (분손담보)	FPA (분손부담보)	공동해손	• 공동해손 희생손해 • 공동해손 비용 • 공동해손 분담액(공동해손의 희생손해 및 비용손해에 대하여 피보험자가 분담하는 금액)	공동해손
				전 손	• 현실전손 • 추정전손	단독해손
				특정분손	• 침몰·좌초·대화재(S.S.B.)의 발생 • 충돌·폭발·화재 및 피난항에서의 양하에 합리적으로 기인하는 손해 • 적재·양하·환적중의 포장 단위당의 전손	
				비용손해	• 손해방지용, 기타 특별비용(피난항 등에서의 양하, 보관, 환적, 계반(繼搬) 등의 비용) • 구조비, 부대비용	
		소손해면책률의 적용이 있는 경우와 없는 경우		기타의 분손	특정분손 이외의 분손(조수누손, 파도누손, 홍수에 의한 누손, 유실손, 기타 황천(荒天)에 의한 분손)	
		화물의 성질, 고유의 결함, 운송의 지연 등은 면책		각종의 부가위험	• 각종 부가위험은 일괄 담보 • 소손해면책률의 적용은 없음.	

〈자료〉 加藤修. *op. cit.*, p. 77.

Ⅳ. 구 협회적하약관(FPA, WA, All Risks)의 공통약관

1. 제1조 운송약관(창고간약관포함)
「Transit Clause(incorporating Warehouse to Warehouse Clause)」

1. This insurance attaches from the time the goods leave the warehouse or place of storage at the place named in the policy for the commencement of the transit. continues during the ordinary course of transit and terminates either on delivery.

(a) to the Consignees' or other final warehouse or place of storage at the destination named in the policy.

(b) to any other warehouse or place of storage. whether prior to or at the destination named in the policy. which the Assured elect to use either

    (ⅰ) for storage other than in the ordinary course of transit.

        or

    (ⅱ) for allocation or distribution.

        or

(c) on the expiry of 60 days after completion of discharge overside of the goods hereby insured from the oversea vessel at the final port of discharge, whichever shall first occur.

If, after discharge overside from the oversea vessel at the

final port of discharge, but prior to termination of this insu-
rance, the goods are to be forwarded to a destination other
than that to which they are insured hereunder, this insurance
whilst remaining subject to termination as provided for above,
shall not extend beyond the commencement of transit to such
other destination.

This insurance shall remain in force(subject to termination
as provided for above and to the provisions of Clause 2 below)
during delay beyond the control of the Assured, any deviation,
forced discharge, reshipment or transshipment and during any
variation of the adventure arising from the exercise of a liberty
granted to shipowners or charterers under the contract of
affreightment, but shall in no case be deemed to extend to
cover loss damage or expense proximately caused by delay or
inherent vice or nature of the subject matter insured.

제1조 운송약관(창고간약관포함)

이 보험은 화물이 보험증권에 기재된 지역에서의 창고 또는 장치장에서
수송개시를 위하여 떠날 때부터 담보가 개시되고 통상의 운송과정 중에 계
속되며,

(a) 보험증권에 기재된 목적지에서 수하인 또는 기타 최종 창고 또는 보
관장소에 인도될 때이거나,

(b) 보험증권에 기재된 목적지나 또는 그 이전이거나를 불문하고 피보험
자가

(ⅰ) 통상의 운송과정을 벗어난 보관이나,

(ⅱ) 할당 또는 분배를 위하여 사용하고자 선택한 기타의 창고나 혹
은 보관장소에 인도될 때, 또는

(c) 최종 양하항에서 하역한 후 60일이 경과할 때,

중에서 어느 것이 먼저 발생하든 그때에 담보가 종료됨.

만약, 화물이 최종 양하항에서 외항선으로부터 양하작업 후, 그러나 본 보험기간의 만료 이전에 이 보험증권하에서 담보된 목적지 이외의 곳으로 운송되는 경우에는 이 보험은 전항에서 규정된 보험종료의 조건에 따라 계속되나, 그러한 목적지를 향해서 운송을 개시할 때 종료됨.

이 보험은 피보험자가 지연, 이로, 부득이한 양하, 재선적, 환적 및 해상 운송계약에 의거, 선주나 용선자에게 부여된 자유재량권의 행사결과로 생기는 위험의 변경기간 중(상기의 본 조항에서 규정된 보험종료의 조건 및 제2조의 규정에 따라) 유효하게 계속됨. 그러나 여하한 경우에도 지연 또는 보험목적물이 고유의 하자 혹은 성질을 근인으로 해서 생기는 멸실, 손상 또는 비용까지도 확장담보하는 것으로 간주하여서는 안 됨.

1963년 1월 1일에 개정된 구 협회적하약관(FPA) 제1조의 운송약관(Transit Clause)은 1958년에 개정되었던 구 약관 제1조의 Warehouse to Warehouse Clause(창고간약관), 동 제2조의 Extended Cover Clause (확장담보약관) 및 동 제3조의 Termination of Adventure Clause (운송종료약관) b항을 각각 개정한 끝에 1개 조항으로 묶어서 그 명칭을 변경한 것이다. 구 약관의 내용을 살펴보면 Transit Clause란 명칭이 합당한 것이지만 Warehouse to Warehouse Clause란 약관명칭은 다년간 해상보험업계 및 무역업계에서 사용되어 왔으며, 은행에서도 신용장에 Warehouse to Warehouse Clause가 부가된 보험조건으로 부보할 것을 요구하고 있기 때문에 그 약관의 명칭을 살리기 위하여 그 약관명을 Transit Clause (incorporating Warehouse to Warehouse Clause)로 하였다.[16]

보험증권 표면의 Body Clauses는 보험자의 책임은 화물이 본선에 적재되었을 때(from the loading thereof on board the said ship)로부

---

16) 葛城照三, *op. cit.*, pp. 270-271.

터 개시하여 화물이 목적지에 안전하게 양륙되었을 때(until the same be there discharged and safely landed)에 종료된다는 취지를 규정하고 있는데, 이러한 보험기간은 피보험자의 실제의 수요에 적합하지 않기 때문에 Warehouse to Warehouse(W/W Clause)가 최초의 특약으로서 그리고 그 이후에는 항구적으로 구 협회적하약관(ICC)에 삽입되었으며 다시 구 ICC(1963년 1월 1일자 개정)에서는 제1조 Transit Clause 중에 흡수통합되어 현재에 이르고 있다.

따라서 운송약관은 보험증권본문의 보험기간의 시종기간(始終期間)을 연장하는 동시에 일정한 위험의 변경을 허용하는 약관이다. 전술한 바와 같이 보험증권본문의 보험기간약관(Duration of Risk Clause)에 의하면 피보험자는 화물의 출하지로부터 선적항까지 그리고 양하항(揚荷港)으로부터 화물의 최종 목적지까지 사이의 육로 및/또는 하천, 호수의 운송위험에 대해 별도의 보험계약을 체결하지 않으면 안 된다. 그렇게 되면 2중 3중의 절차를 밟아야 하므로 이러한 번거로움을 피하기 위하여 운송약관의 원형의 일부인 창고간약관이 제정된 것이다.

운송약관은 보험기간의 시기(始期)를 「화물이 본 보험증권에 기재된 지역의 창고 또는 보관소를 운송개시를 위해 떠날 때」라고 규정하고 있다. 보험자의 책임이 개시되는 장소는 보험증권에 기재된 지역의 창고 또는 보관장소이므로 보험증권에 기재된 지역 이외의 창고 또는 보관장소 되지 않는다. 보험자의 책임이 개시되는 반출은 피보험운송의 개시를 위한 것이어야 한다. 피보험화물이 창고를 떠남으로써 보험자의 책임이 개시한 후에는 보험자의 책임은 피보험화물의 통상의 운송과정 중(during the ordinary course of transit)에 있는 동안 계속된다.

(a) 보험증권에 기재된 목적지에서 수하인(consignee) 또는 기타 최종 창고에 인도될 때이거나 (b) 보험증권에 기재된 목적지 도착이나 또는 그 이전이거나를 불문하고 피보험자가 (ⅰ) 통상의 운송과정을 벗어난 보관이나 (ⅱ) 할당 또는 분배를 위하여 사용하고자 선택한 기타의 창고나 혹은 보관

장소에 인도할 때 (c) 또는 최종 양하항에서 하역한 후 60일 경과할 때 중에서 어느 것이 먼저 발생하든 그때에 담보가 종료된다. 우리나라는 수입화물에 대하여 60일을 10일로 수정하여 사용하고 있다. 우리나라의 「10일간 운송약관」은 보세창고나 기타 중간창고에 입고한 후 10일간이면 충분하다고 보기 때문에 기간을 10일로 제한한 것이다. 그러나 우리나라에서도 이 10일을 60일까지로 연장하기 위해서는 "Risk After Discharge Clause"를 첨부하여야 한다.

2. 제2조 운송종료약관
(Termination of Adventure Clause)

2. If owing to circumstances beyond the control of the Assured either the contract of affreightment is terminated at a port or place other than the destination named therein or the adventure is otherwise terminated before delivery of the goods as provided for in Clause 1 above, then, subject to prompt notice being given to Underwriters and to an additional premium if required, this insurance shall remain in force until either.

 (i) the goods are sold and delivered at such port or place, or, unless otherwise specially agreed, until the expiry of 60 days after completion of discharge overside of the goods hereby insured from the oversea vessel at such port or place, whichever shall first occur,

or, (ii) if the goods are forwarded within the said period
of 60 days (or any agreed extension thereof) to the
destination named in the policy or to any other
destination, until terminated in accordance with the
provisions of Clause 1 above.

제2조 운송종료약관

피보험자가 좌우할 수 없는 사정에 의하여, 해상운송계약이 그 계약서에
기재된 목적지 이외의 항구 또는 지역에서 종료되거나 또는 기타의 사정으
로 제1조에서 규정된 화물의 인도 이전에 운송이 종료되었을 경우에는 지체
없이 그 취지를 보험자에게 통지하고, 또한 청구를 받으면 추가보험료를 지
급할 것을 조건으로 하여

（ⅰ） 화물이 상기의 항구 또는 지역에서 매각된 후 인도되거나 또는
별도의 합의가 없는 한, 그러한 항구 또는 지역에서 외항선으로
부터의 양하작업완료 후 60일이 경과되거나, 그 중의 어느 한쪽
이 먼저 발생할 때 또는

（ⅱ） 만약, 화물이 상기 60일의 기간（또는 합의하에 60일의 기간을 연
장한 기간） 내에 보험증권에 기재된 목적지 또는 기타의 목적지로
계속 운반될 경우에는 상기 제1조의 규정에 따라 보험이 종료될
때까지 이 보험은 유효하게 존속됨.

이 약관은 해상화물운송계약상 선주(船主) 또는 용선자(傭船者)에게 부
여된 자유재량권(liberty)의 행사여부를 불문하고 피보험자가 처치할 수 없
는 사정으로 인하여 해상화물운송계약(contract of affreightment)이 운
송도중에 종료되었을 경우, 또는 적출지 → 선적항 → 양하항(揚荷港) → 목적
지의 전 운송사업(adventure)이 그 과정의 중도에서 종료되었을 경우 피
보험자 보호의 방법을 규정한 것이다.

피보험자가 처치 또는 좌우할 수 없는 이유로 화물의 운송이 목적지 이외의 항구(港口) 또는 지역에서 종료되거나 최종창고에 화물이 인도되기 이전에 운송이 종료되는 일이 있다. 이것은 곧 선주 또는 용선자의 자유재량권 행사에 의한 해상운송계약의 종료나 관헌(官憲)의 처분 등이 이것에 해당한다.

이러한 경우 보험은 원칙적으로 종료되는데, 이 제2조의 규정에 의하여 피보험자가 (a) 운송종료 후 지체 없이 그 취지를 보험회사에 통지하고 (subject to prompt notice being given to underwriters), 또는 (b) 보험자의 요구가 있으면 그것에 따라 소정의 할증보험료를 지급하는 (subject to an additional premium if required) 두 개의 조건을 충족시키면 일정기간 보험은 계속 담보(this insurance shall remain in force)된다. 이 일정기간은 다음과 같은 내용으로 되어 있다.

(a) 운송종료항(지)에 양하후 60일 이내에 피보험자가 화물을 매각처분하는 경우에는 화물이 그 매수인에게 인도될 때까지 보험은 계속된다.

(b) 전기(a)의 경우에 피보험자가 화물을 매각처분하지 않을 때에는 특히 별도의 특약이 없는 한, 양하 후 60일 이내의 기간까지 보험은 계속된다.

(c) 매각처분되지 않은 채로 본선 양하 후 60일 이내에 대체선(代替船) 기타의 방법으로 목적항(지)까지 계속 운반되는 경우에는 전기 제1조 운송약관(Transit Clause)의 규정에 의하여 계속 담보된다.[17]

3. 제3조 부선약관(Craft & C. Clause)

3. Including transit by craft raft or lighter to or from the vessel. Each craft raft or lighter to be deemed a separate

---

17) *Ibid.*, pp. 304-306.

insurance. The Assured are not to be prejudiced by any agreement exempting lightermen from liability.

제3조 부선약관

본선까지 및 본선으로부터의 부선 및 뗏목(彼)에 의한 운송을 포함함. 각 부선 및 뗏목은 각기 별도로 부보된 것으로 간주함. 피보험자는 부선운송인의 책임을 면제하는 계약에 의하여도 자기의 권리를 침해받지 않음.

제1항은 본선까지의 또는 본선으로부터의 부선, 뗏목(craft, raft or lighter)에 의한 운송 중에도 담보한다는 취지를 규정하고 있다.

제2항은 나누어서 운송되는 각 부선 한 척마다 별도로 보험이 부보되어 있다는(Each craft raft or lighter to be deemed a separate insurance) 취지를 규정하고 있다. 따라서 부선 한 척마다 전손이 발생하였는지 여부, 또는 면책률(franchise or excess)에 달하는 손해가 발생하였는지 여부를 판정하는 데 있어서 피보험자에게 유리하다.

제3항은 피보험자가 부선운송인의 배상책임을 면제·경감하는 특약을 맺고 이것을 보험자에게 고지(告知)하지 않아도 보험계약상 특히 불이익이 되지 않는다는 취지를 규정하고 있다. 보험자는 피보험자에게 보험금을 지급한 경우, 보험자는 손해를 발생시킨 시점에 존재하고 있던 피보험자의 보험의 목적(subject-matter insured), 즉 화물에 대한 권리를 보험대위(subrogation)하므로 피보험자가 체결하는 부선운송계약상의 운송인의 배상책임의 내용은 보험대위권(保險代位權)의 행사에 있어서 중요하다 그러나 부선운송인이 제시하는 운송조건을 그대로[18] 수락하지 않으면 피보험자인 하주는 운송서비스의 이용에 지장을 받으므로 이 규정으로서 부선운송에 관한 피보험자의 입장을 보호하는 것이다.

---

18) *Ibid.*, pp. 308-311.

4. 제4조 항해변경약관(Change of Voyage Clause)

4. Held covered at a premium to be arranged in case of change of voyage or of any omission or error in the description of the interest vessel or voyage.

제4조 항해변경약관
항해의 변경이 생기는 경우 혹은 보험의 목적, 선박 또는 항해에 관한 기재상의 탈루나 오기가 생기는 경우에는 추후 협정되어야 할 추가보험료에 의하여 담보가 계속됨.

항해변경(change of voyage)이란 보험증권 또는 보험증명서에 기재되어 있는 목적항을 위험개시 후에 선주(船主) 또는 선장이 임의로 변경할 수 있다는 것을 말한다. change of voyage는 위험의 변동이므로 그 변경의 결의가 표명되었을 시점에서 보험은 종료된다. 그러나 운송인에게 화물을 일단 위탁한 후에는 피보험자는 자기의 화물에 대해서 지배권을 갖지 못하는 입장에 있으므로 추후 협정되어야 할 추가보험료를 지급하는 것을 조건으로 보험이 계속한다(held covered at a premium to be arranged in case of voyage)는 취지를 규정하고 있다.

또한 change of voyage의 경우 외에 피보험이익(Insurable Interest), 적재선박(vessel) 또는 항해 등의 명세에 대하여 탈루나 오기(any omission or error in the description of the interest, vessel or voyage)가 있는 경우에도 위험의 변동의 경우에 준하여 추후 협정되어야 할 보험료를 지급하는 것을 조건으로 보험이 계속한다는 취지를 규정하고 있다.[19]

---

19) *Ibid.*, pp.313-323.

5. 제5조 FPA, WA 및 all Risks 담보약관(Average Clause)

앞 Ⅲ절 참조

6. 제6조 추정전손약관 (Constructive Total Loss Clause)

6. No claim for Constructive Total Loss shall be recoverable hereunder unless the goods are reasonably abandoned either on account of their actual total loss appearing to be unavoidable or because the cost of recovering, reconditioning and forwarding the goods to the destination to which they are insured would exceed their value on arrival.

제6조 추정전손약관

추정전손에 대한 보험금청구는 화물의 현실전손이 불가피하다고 생각될 때, 또는 화물을 회복시켜 거기에 손질을 하고 그것을 담보 목적지까지 계속 운반하는 데 소요되는 비용이 그 목적지에 도착했을 때, 화물의 가액을 초과할 것 같기 때문에 화물을 정당하게 위부하지 않는 한, 이 보험증권에서는 보상되지 않음.

추정전손의 의미에 대하여 1906년 영국 해상보험법 제60조에서는 화물의 추정전손은 화물의 현설전손이 불가피하다고 생각될 때, 또는 비용을 지급한 후에 있어서의 화물의 가액(價額)을 초과할 비용을 지급하지 않으면 화물의 현실전손을 면할 수가 없기 때문에 화물을 정당하게 유기(遺棄)하는 경우에 추정전손의 발생이 인정된다고 규정하고 있다. 특히 피보험자가 화물의 점유권을 뺏기고 그 화물을 회수할 가능성이 없거나, 또는 그 화물을 회수하는 비용이 회수하였을 때 화물의 가액을 초과할 가능성이 있을 때, 또는 화물의 손상의 경우에는 그 손상을 손질하는 비용 및 화물을 그 목적지까지 운송하는 비용을 합산한 것이 도착 시에 있어서 화물의 가액을 초과할 가능성이 있을 때에는 추정전손의 발생을 인정한다. 따라서 이 추정전손조항은 전기의 영국해상보험법(MIA) 제60조의 추정전손의 규정의 적용을 재확인한 것이다.

7. 제7조 공동해손약관(General Average Clause)

7. General Average and Salvage Charges payable according to Foreign Statement or to Yolk-Antwerp Rules if in accordance with the contract of affreightment.

제7조 공동해손약관

공동해손 및 구조비는 외국에서 작성된 정산서에 의거하거나, 또는 해상화물운송계약에 규정되어 있으면 「York-Antwerp」규칙에 의거 정산됨.

공동해손이 되는 손해 및 비용, 구조료 및 이것들의 분담액 등의 계산은 국가에 따라 반드시 동일하지는 않다. 영국에서는 보험증권에 특약이 없는 한 피보험위험의 발생으로 인한 영국법상의 공동해손손해 및 피보험자의 공동해손분담액은 보험자가 보상한다. 그러나 공동해손은 실제로는 선하증권 또는 용선계약서에 명시된 준거법에 의하여 정산(精算)된다. 따라서 운송계약서에 명시된 준거법에 의하여 정산된 공동해손손해, 구조료, 분담액 등이 영국법에 준거한 것과 다르다는 이유로서 보험자의 보상책임의 유무(有無) 및 보상책임액에 분쟁이 있다는 것은 해상보험거래의 원활한 운영을 방해한다. 따라서 운송관계에 있어서 준거하는 법규상의 공동해손 및 구조료의 취급과 보험증권상의 공동해손 및 구조료의 취급을 동일하게 하려는 것이 이 공동해손약관이다.

운송관계에 있어서 준거하는 공동해손법은 국가에 따라 다르며, 따라서 선박의 목적지를 달리함으로써 공동해손의 항목 및 그 정산(精算)이 다르게 된다. 그러므로 운송관계에서 준거하는 외국의 공동해손법에 따라 정당하게 정산된 공동해손이 영국법에 준거하여 정산된 공동해손과 다른 경우에는 외국의 공동해손법에 따라 정산된 것이 영국 해상보험자를 구속하는가의 여부에 대하여 영국의 판례에는 두 가지가 있다.[20] 따라서 영국해상보험업계에서는 외국의 법률에 따라 공동해손이 정산되었을 경우, 보험자는 이에 따른다는 약관을 보험증권에 삽입하여 분쟁을 피하고 있다. York-Antwerp규칙이 해상화물운송계약서 및 해상보험증권에서 일반적으로 채택되고 있는 오늘날에 있어서 외국 공동해손약관이 실제 적용되는 일은 극히 드물다. 1950년 York-Antwerp규칙이 일반적으로 적용되고 있다.[21]

8. 제8조 내항성(耐航性) 승인약관
(Seaworthiness Admitted Clause)

8. The seaworthiness of the vessel as between the Assured and Underwriters is hereby admitted.

In the event of loss the Assured's right of recovery hereunder shall not be prejudiced by the fact that the loss may have

---

20) 구속을 받는다고 판결된 사건은 Newman v. Cazalet; Walpole v. Ewer[1789]이고 구속을 받지 않는다고 판결된 사건은 Power v. Whitmore[1815]이다.
21) R. H. Brown. *op. cit.*, pp. 228–228.

been attributable to the wrongful act or misconduct of the shipowners or their servants, committed without the privity of the Assured.

제8조 내항성 승인약관

피보험자와 보험자와의 사이에서는 선박이 내항성 있는 것으로 인정함. 손해가 발생했을 때 이 보험증권에 의한 보상청구권은 그 손해가 피보험자의 관여없이 행하여진 선주 또는 그 사용인의 불법행위나 비행에 기인될지도 모른다는 사실 때문에 침해받지는 않음.

제1항의 규정은 위험개시시에 선박의 내항성(耐航性) 유무를 불문하고 선박이 내항성이 있다고 인정하는 것으로서 보험자가 이 승인에 의해 선박의 불내항을 이유로 보험책임을 부정하는 항변(抗辯)을 저지받는다. 물론 이 승인은 보험자와 피보험자 사이의 보험계약의 내용을 제한하는 데 지나지 않으므로 보험자는 피보험자에게 보상한 경우에는 선하증권 또는 용선계약에 의거하여 피보험자가 운송인에 대하여 가지는 구상권(求償權)을 보험자가 대위하게 된다.

제2항의 규정은 선주 또는 사용인의 손해를 야기시킨 불법행위 또는 비행(非行)에 있어서 만약에 그 손해가 이러한 불법행위 또는 비행이 없었다면 보험증권에 의거하여 보상받을 수 있는 손해인 경우에는 선의의 피보험자의 보험금청구권은 침해받지 않는다는 것이다.

선장 및 선원의 불법행위 및 비행은 이 약관이 없이도 위험약관에 열거된 위험 중의 하나이므로 당연히 피보험자는 보험보호를 받게 된다. 따라서 이 약관에서 문제가 되는 선주의 사용인은 선장 및 선원 이외의 사용인이다.[22]

---

22) Robert H. Brown, *Dictionmy of Marine Insurance Terms gnd Clauses*, Fifth Edition, Witherby & Co., Ltd., 1989. Seaworthiness, p. S11.

9. 제9조 수탁자약관(Bailee Clause)

9. It is the duty of the Assured and their Agents, in all cases, to take such measures as may be reasonable for the purpose of averting or minimising a loss to ensure that all rights against carriers, bailees or other third parties are properly preserved and exercised.

제9조 수탁자약관

모든 경우에 손해의 방지 및 경감을 위해 적절한 조치를 취하고, 또한 운송인, 수탁자 또는 기타 제3자를 상대로 한 모든 권리를 확보해 놓는 것은 피보험자 및 그 대리인의 의무임.

피보험위험이 발생한 경우 또는 그 발생을 피하기 어려운 경우, 이로 인한 손해의 방지 또는 경감을 위하여 필요하다고 인정되는 모든 조치를 취하는 것 및 보험자의 부담으로 귀착되어야 하는 손해가 운송인, 수탁자(예: 부두 하역업자, 창고업자) 또는 기타 제3자의 고의 또는 과실에 기인하여 발생한 피보험위험에 기인할 때에는 이들에 대한 손해배상청구권을 적당하게 보존하고 또 행사할 수 있도록 확보하는 것을 피보험자 및 그 대리인의 의무로 한 것이다.

따라서 수탁자약관은 만약의 경우를 대비하여 1906년 해상보험법 제78조 제4항의 규정을 그대로 재현하여 피보험자 및 그 대리인에게 그의 의무로서 손해방지행위를 할 것을 요구하고 있다.[23]

---

23) *Ibid.*, p. B2.

10. 제10조 보험이익
불공여약관(Not to Inure Clause)

10. This insurance shall not inure to the benefit of the carrier or other bailee.

제10조 보험이익 불공여약관

이 보험은 운송인 및 기타의 수탁자에게 유리하게 이용되어서는 안 됨.

이 약관은 운송인, 기타 수탁자의 고의 또는 과실에 의하여 피보험위험이 발생하고 그 피보험위험에 근인(近因)하여 손해가 발생한 경우, 손해를 보상한 보험자가 대위(代位)에 의하여 취득한 이들 제3자에 대한 청구권의 보존을 목적으로 하는 약관이며 피보험자에 대하여 별도의 의무나 권리를 부여하는 것이 아니다.[24]

11. 제11조 쌍방과실충돌약관
(“Both to Blame Collision” Clause)

11. ·This insurance is extended to indemnify the Assured against such proportion of liability under the contract of affreightment “Both to Blame Collision” Clause as is in respect of a loss recoverable hereunder.

In the event of any claim by shipowners under the said Clause the Assured agree to notify the Underwriters who

---

24) *Ibid.*, p.N25; The Chartered Insurance Institute Tuition Service, *op. cit.*, pp. 232-233.

shall have the right, at their own cost and expense, to defend the Assured against such Claim.

제11조 쌍방과실충돌약관

이 보험에서는 손해보상의 범위를 확장하여 해상화물운송계약 「쌍방과실충돌」 약관에 의한 피보험자의 부담액 중 본 보험증권에서 보상을 받을 수 있는 손해에 관한 부분을 지급해 줌.

상기 약관에 의거 선주로부터 청구를 받았을 경우에는, 피보험자는 그 취지를 보험자에게 통지할 것을 약속함. 보험자는 자가의 비용으로 선주의 청구에 대하여 피보험자를 보호할 권리를 가짐

적재선박이 타선박과 쌍방과실(both to blame)에 의해 충돌하여 적하품에 손해를 준 경우의 손해배상에 관하여 선하증권에는 Both to Blame Collision Clause가 삽입되어 있다. 선하증권의 Both to Blame Collision Clause에 의거한 피보험자의 부담액 중 보험증권에 의하여 보상을 받을 수 있는 손해에 관한 부분을 피보험자에게 보상한다는 약관이다.

그러나 선박이 충돌로 적하품에 손해가 발생한 경우에 실무취급상 대부분의 경우 피보험자(하주)는 보험회사에 구상(求償)하여 전액보상을 받고 선박회사의 구상은 보험회사에 위임하므로 이 약관이 적용되는 예는 극히 드물다.[25]

12. 제12조 포획・나포부담보약관(Free from Capture and Seizure Clause; F.C. & S. Clause)

12. Warranted free of capture, seizure, arrest, restraint or

---

25) *Ibid.*, p. B15.

detainment, and the consequences thereof or of any attempt threat ; also from the consequences of hostilities or warlike operations, whether there be a declaration of war or not ; but this warranty shall not exclude collision, contact with any fixed or floating object(other than a mine or torpedo), stranding, heavy weather or fire unless caused directly(and independently of the nature of the voyage or service which the vessel concerned or, in the case of a collision any other vessel involved therein, is performing) by a hostile act by or against a belligerent power; and for the propose of this warranty "power" includes any authority maintaining naval, military or air, forces in association with a power.

Further warranted free from the consequences of civil war, revolution, rebellion, insurrection, or civil strife arising therefrom, or piracy, Should Clauses No. 12 be deleted; the relevant current Institute War Clauses shall be deemed to form part of this Insurance.

제12조 포획, 나포부담보약관

포획, 나포, 강류, 억지 또는 억류와 이러한 행위의 결과 또는 이러한 행위를 하고자 기도한 결과를 담보하지 않음. 또한 선전포고의 유무에 관계없이 적대행위 또는 군사적 행동의 결과를 담보하지 않음. 그러나 본 면책약관은 교전국에 의하여 혹은 교전국에 대하여 행해진 적대행위로 인하여 직접(또한 당해 선박 또는 충돌의 경우에 있어서는 충돌에 관련된 타선박이 수행하고 있었던 항해의 임무 또는 성질과는 관계없이) 발생되지 않는 한, 고정 혹은 부유물체(기뢰 또는 어뢰는 제외)와의 충돌 또는 접촉, 좌초, 황천 또는 화재를 면책하는 것은 아님. 또한 본 면책약관에 관한 한, 「국가」

라고 하는 것은 어느 국가와 제휴하고 해군, 육군 또는 공군을 보유하고 있는 모든 정권이 포함됨. 또한 내란, 혁명, 모반, 반란 또는 이로 인해서 생기는 국내투쟁의 결과와 해적행위를 담보하지 않음.

만약, 제12조가 말소되었을 경우에는 적하보험용의 현행 협회전쟁약관이 이 보험의 일부를 구성하는 것으로 간주함.

보험자는 보험증권본문 중의 위험약관으로 담보를 약속한 전쟁위험전반을 면책하고 있는 약관으로서 단순히 포획·나포만의 부담보에 한정하지 않는다. 이 약관의 「고딕」부분에 명시되어 있는 바와 같이 이 약관을 삭제함으로써 자동적으로 전쟁위험을 담보하는 구 협회전쟁약관(Institute War Clause)이 효력을 발생한다. 즉 전쟁위험담보를 특약하면 이 약관에서 삭제된 전쟁위험이 담보된다.26) 1982년 협회적하약관(ICC)에는 제6조에 전쟁면책약관(War Exclusion Clause)이 있고, 전쟁위험을 면책하고 있다. 전쟁위험을 담보하기 위해서는 특약을 맺어 구 협회전쟁약관(Institute War Clause)이나 신 협회전쟁약관(New Institute War Clause)을 이용하여야 한다.

13. 제13조 동맹파업·폭동·소요부담보약관
(Free from Strikes, Riots and Civil Commotions Clause; F.S.R. & C.C. Clause)

13. Warranted free of loss or damage

(a) caused by strikers, locked-out workmen, or persons taking part in labour disturbances, riots or civil commotions;

(b) resulting from strikes, lock-outs, Labour disturbances, riots or civil commotions.

---

26) 葛城照三. *op. cit.*, pp. 363-364.

Should Clause No 13 be deleted, the relevant current Institute Strikes Riots and Civil Commotions Clauses shall be deemed to form part of this Insurance.

제13조 동맹파업·폭동소요부담보약관
하기 사유로 인한 멸실이나 손상을 담보하지 않음
(a) 동맹파업자, 직장폐쇄를 당한 직공, 또는 노동분쟁, 폭동 또는 소요에 가담한 자에 의하여 발생한 것.
(b) 동맹파업, 직장폐쇄, 노동분쟁, 폭동 또는 소요의 결과로 생긴 것.
　만약, 제13조가 말소되었을 경우에는 적하보험용의 현행 협회동맹파업·폭동소요약관이 이 보험의 일부를 구성하는 것으로 간주함.

　1911년, 1912년에 걸쳐서 구미 각국에서는 동맹파업 및 기타 노동쟁의가 빈번히 발생하였으며, 항만에 있어서 하역노동자 등의 노동쟁의는 하역불능이나 항해의 지연을 가져와 선박 및 적하품에 손해를 줄 가능성을 증대시켰다.
　적하보험에 있어서는 보험업자의 담보위험이 특약에 의하여 장소적으로 확장되어 보험증권에 운송약관(Transit Clause) 또는 창고간약관(Warehouse to Warehouse Clause)이 삽입되거나 선적전 및 또는 양륙후의 육상위험을 보험자에게 부담시키는 조항이 삽입된 결과 동맹파업 또는 기타에 기인한 적하품의 손해의 기회는 더욱 증가하였다. 따라서 런던 보험업자협회(ILU)는 보험업자가 이러한 손해에 대하여 보상해야 한다는 주장이 있을 것을 우려하고 자기방위를 위하여 동맹파업·소요·폭동부담보약관을 창안하여 1963년 구 협회적하약관의 각 제13조에 규정하고 있다. 이 약관에 의하면 동맹파업자의 방화에 의한 적하품의 전소(全燒)나 동맹파업할 때 화물관리의 불충분에 의한 손해, 파괴, 절도의 손해 등은 보험자가 면책된다. 따라서 이들 동맹파업 등에 의한 손해를 담보하는 경우에는 이 약관을 삭제함으로써 동맹파업 등의 담보에 대해 특별히 제정되어 있는 협회약관인 협회동맹파업, 소요, 폭동담보약관(Institute Strikes, Riots and Civil Commotions Clauses)이 적용된다. 1982년 신 협회적하약관(ICC)에서는 제7조에 동일한 동맹파업면책약관(Strikes Exclusion Clause)을 규정하고 있는데, 새로이 「테러리스트」(terrorist) 또는 정치적 동기에서 행동하는 자에 의한 손해가 면책되어 있다.[27]

14. 제14조 신속조치약관
(Reasonable Despatch Clause)

14. It is a condition of this insurance that the Assured shall act with reasonable despatch in all circumstances within their control.

제14조 선속조치약관

피보험자는 자기가 좌우할 수 있는 모든 여건하에서는 가능한 한, 신속하게 행동하는 것이 이 보험의 조건임.

이미 설명한 바와 같이 이로(離路), 지연, 항해의 변경 등 여러 가지 위험의 변동이 발생하여도 거의 무제한으로 피보험자를 보호하여 보험을 계속시키고 있기 때문에, 예컨대 해상화물운송계약이 중단되어 중간항에서 화물이 양륙된 경우, 피보험자가 무관심하게 화물을 방치하면 보험자는 대단히 어려운 입장에 서게 된다. 따라서 피보험자가 스스로 조치할 수 있는 한 신속하게 행동하여 화물을 조치할 것을 요구한 것이 이 약관이다. 이 약관은

---

27) R. H. Brown *Marine Insurance Vol. 1-Practice & Basic Practice*, 5th Edition, Witherby & Co., Ltd., 1986. pp. 172-173.

피보험자가 가능한 한 신속한 조치를 취하는 것을 보험계약의 「조건」으로 하고 있는데, 이 조건은 정지조건(停止條件; condition precedent) 이어서 이것을 위반하면 보험자는 이 위반시부터 위험부담이 면책되는 것으로 해석한다.[28]

15. 유의사항(Note)

NOTE- It is necessary for the Assured when they become aware of an event which is "held covered" under this insurance to give prompt notice to Underwriters and the right to such cover is dependent upon compliance with this obligation.

※유의사항; 피보험자가 이 보험에 의거 「담보의 계속을 받는」 사유의 발생을 알았을 때에는 지체 없이 그 요지를 보험자에게 통지함을 요하며, 담보를 계속 받을 수 있는 권리는 이 의무의 이행여부에 달려있다.

위험의 변동이 발생하였을 경우에는 원칙적으로는 피보험자는 보험 보호를 상실하게 되나 구 협회적하약관 제1조 3항 연장담보약관, 제2조 운송종료약관, 제4조 항해변경약관에서는 위험의 변동이 있었음에도 불구하고 보험 보호를 계속한다는 취지를 규정하고 있다. 보험자로서는 특히 보험 보호를 계속하는 사정이 발생하였을 때에는 보험경영상 이것을 알아 둘 필요가 있다. 또한 경우에 따라서는 할증보험료의 추정을 확보하기 위하여 피보험자가 전술한 사정을 알았을 때에는 지체 없이 이것을 보험자에 통지하여야

---

28) Robert H Brown, *Dictionary of Marine Insurance Terms and Clauses*, Fifth Edition, Witherby & Co., Ltd., 1989, Reasonable Despatch Clause, p.Rs.

하며, 이 통지를 게을리하였을 때에는 담보계속의 청구권을 피보험자에게 부여할 수 없다는 것을 규정한 것이 「유의사항」(Note)이다.[29]

---

29) 葛城照三, *op. cit.*, pp. 366-367.

제5장 구 협회전쟁약관(적하) 및 구 협회동맹파업·소요·폭동담보약관

제5장 구 협회전쟁약관(적하) 및 구 협회동맹파업·소요·폭동담보약관

I. 구 협회전쟁약관(적하) [Institute War Clauses(Cargo)]

구 협회전쟁약관에서는 제1조에 담보위험, 제2조에 면책사항을 규정하고 있다. 여기에서는 담보위험 및 일부의 중요한 면책사항만을 해설한다. 기타의 부분은 해상보험증권용 약관을 참조하기 바란다. 구 협회전쟁약관 및 다음 절에서 다루는 구 협회동맹파업·소요·폭동약관은 각각 한 가지 종류만 있고 담보위험에 의한 손해는 면책률의 적용없이 보상된다.

1. 담보위험(제1조)[1]

1. 이 보험증권은 다음의 위험을 담보함.

1.1. 다음의 약관에 의하여 영국의 표준해상보험증권에서 제외된 위험, "포획, 나포, 강류, 억지 또는 억류와 이러한 행위의 결과 또는 이러한 행위를 하고자 기도한 결과를 담보하지 않음.

또한 선전포고의 유무에 관계없이 적대행위 또는 군사적 행동의 결과를 담보하지 않음. 그러나 본 면책약관은 교전국에 의하여 또는 교전국에 대하여 행해진 적대행위에 의거, 직접(또한 당해선박 또는 충돌의 경우에는 충돌에 관련된 타선박이 수행하고 있었던 항해의

---

1) 1. This insurance covers

  1.1. The risks excluded from the Standard Form of English Marine Policy by the clause "Warranted free of capture, seizure, arrest restraint or detainment, and the consequences thereof or of any attempt thereat; also from the consequences of hostilities or warlike operations, whether there be a declaration of war or not; but this warranty shall not exclude collision, contact with any fixed or floating object(other than a mine or torpedo), stranding heavy weather or fire unless caused directly(and independently of the nature of the voyage or service which the vessel concerned or, in the case of a collision any other vessel involved therein, is performing) by a hostile act by or against a belligerent power; and for the purpose of this warranty 'power' includes any authority maintaining naval, military or air forces in association with a power.

Further warranted free from the consequences of civil war, revolution, rebellion, insurrection or civil strife arising therefrom, or piracy."

  1.2. loss of or damage to the interest insured caused by

  1.2.1 hostilities, warlike operations, civil war, revolution, rebellion, insurrection or civil strife arising therefrom

  1.2.2 mines, torpedoes, bombs or other engines of war

  1.3 general average and salvage charges incurred for the purpose of avoiding, or in connection with the avoidance of, loss by a peril insured against by these clauses. General average and salvage charges payable according to Foreign Statement or to York-Antwerp Rules if in accordance with the contract of affreightment.

임무 또는 성질에 관계없이) 발생되지 않는 한 고정 또는 부유물체(기뢰 또는 어뢰는 제외)와의 충돌 또는 접촉, 좌초, 황천 또는 화재를 면책하는 것은 아님 또한 이 면책약관에 관한 한, "국가"라고 하는 것은 어느 국가와 제휴하고 해군, 육군 또는 공군을 보유하고 있는 모든 정권이 포함됨. 또한 내란, 혁명, 모반, 반란 또는 이로 인하여 생기는 국내투쟁의 결과와 해적행위를 담보하지 않음"

1.2. 다음의 위험으로 인하여 발생한 피보험목적의 멸실 또는 손상.

1.2.1. 적대 행위, 군사적 행동, 내란, 혁명, 모반, 반란 또는 이로 인하여 발생하는 국내투쟁

1.2.2. 기뢰, 어뢰, 폭탄 또는 기타 병기

1.3. 본 약관상 담보하는 위험에 의한 멸실의 회피 또는 회피와 관련하여 발생한 공동해손 및 구조비용은 외국에서 작성된 정산서에 의하거나 또는 운송 계약서에 그렇게 규정되어 있으면 요크 엔트워프 규칙에 따라 정산됨.

위의 규정방법은 복잡하며, 1.1에 있어서는 난외약관 중의 포획·나포면책조항에 의하여 증권본문의 위험사항으로부터 제외된 위험을 부활담보 하는 것을 규정하고 있다. 이것만으로는 원래부터 위험약관에 열거되어 있는 위험이 부활되는 것뿐이고 난외의 면책약관중의 위험을 모두 담보 위험에 전가시키는 효과는 없다. 따라서 1.2에 다시 이들 위험을 담보위험으로서 명지하게 된 것이다.

여기에서는 증권본문위험조항 중의 전쟁위험, 난외약관의 면책위험 및 전쟁약관의 담보위험을 관련시키면서 설명하기로 한다.

"men-of-war"(군함) 및 "enemies"(외적)는 MIA 제3조의 해상위험의 정의(여기에서 말하는 해상위험은 "maritime perils"이고 해상보험에서 담보되는 위험의 뜻. 전쟁 위험에 대응하는 해상위험(marine risks)보다 넓은 뜻)에 있어서 "war perils"란 말로 대응시키고 있는 바와 같이 전항에 의

한 적대행위 또는 군사행동 및 적국(敵國)의 행위에 의한 사고를 가리킨다. 위의 두 개는 난외약관과 동일한 말은 아니지만 "hostilities or warlike operations"로서 일단 면책된 다음 전쟁약관에서 담보하게 된다.

"pirates"(해적)는 자기의 목적을 위하여 무차별로 약탈을 행하는 자를 말한다. 현재에도 동남아 등에서 해적 활동이 있다는 보고가 있다. MIA 해석규칙 제8조에 해적은 폭동을 일으키고 여객 및 해안으로부터 선박을 습격하는 폭도를 포함한다고 규정하고 있다. rover는 북아프리카의 회교도의 해적을 말하는 옛날 말이다. 해적은 전쟁위험이 아니지만 S.G. Policy에 있어서는 전쟁위험과 같이 취급되어 난외약관에서 일단 면책되고 협회약관에서 부활한다.

"letters of mart and counter mart"(포획면허장 및 보복포획면허장)도 고어(古語)라고 말할 수 있으며 군주(君主)가 자기 국민에게 다른 나라 선박 등의 포획을 면허하여 발급한 서장(書狀) 및 그 나라가 보복으로 발급한 것과 같은 서장을 말한다. 현재에는 의미가 없는 위험이다.

"surprisal"(습격), "taking at sea(해상에 있어서 점유탈취)는 MIA 제3조의 해상위험의 정의에 있어서 "capture"(포획), "seizure"(나포)와 바꿔질 수 있는 것으로서 후자의 2개는 전자의 2개를 각각 현대어로 바꾼 것이라고 볼 수 있다.[2]

포획은 국제법상의 포획을 의미하지만 선전(宣戰)을 포고하고 있는 국가에 의한 정규의 포획만이 아니고 불법적인 포획도 포함된다. 나포(拿捕)란 합법적인 관헌(官憲)에 의하든가 또는 압도적인 실력에 의해서 강제적으로 점유를 탈취하는 행위를 포함하는 것이므로 외국의 관세법위반으로 인한 압수 등도 포함된다. 따라서 전쟁위험에 한정되지 않지만 전쟁위험에 관하여는 포획 및 나포와는 어느 정도 중복되는 개념이다. 포획 및 나포는 난외약관에서 면책되고 전쟁약관에서 부활된다.

"arrests, restraint, and detaimnents of all kings, princes and

---

2) 東京海上保險株式會社 *op. cit.*, pp. 72-73.

people, of what nation. condition, or quality soever"(국적, 상황, 성질의 여하를 불문하고 모든 국왕, 군주 및 인민의 강류, 억지 및 억류)는 모두 관헌의 행위에 관한 위험이고 이 세 가지 차이의 유무는 미묘하지만, 임검수사(臨檢搜査)를 위하여 선박이 정선(停船)을 명령받거나 또는 가장 가까운 항구에 연행되거나, 선박 또는 적하품이 봉쇄(blockade), 출항금지(embargo) 또는 검역(quarantine) 등을 위하여 항내에 정박하거나, 기타 선박 또는 적하품에 직접 압력을 가하고 있지 않지만 의도한 항해의 수행이 법률 또는 명령에 의하여 제한된 상태가 이러한 위험에 포함된다. 이들 위험에 대해서는 관헌에 의한 이러한 조치에 저항하거나 연행된 선박, 적하품이 결과적으로 포획되는 단계에 이르지 않는 한 선박, 적하품에 직접적인 물적 손해는 발생하지 않는다는 공통점이 인정된다. 따라서 적하품의 항해 보험에서는 항해의 상실 또는 중절(loss or frustration of voyage)(항해의 일시적 중단은 포함하지 않음)이 있었을 때에는 추정전손이 성립한다는 것이 오래전부터 인정되고 있다. 따라서 이들 위험에 대해서는 항해중절에 의한 추정전손이 성립하는 경우가 나올 수가 있는데, 이점에 대해서는 난외약관에서 면책된 이들 위험을 부활하고 있는 협회전쟁약관 제2조 2.1의 항해중절담보의 규정에 유의해야 한다.[3]

2. 면책사항(제2조)[4]

2. 이 보험증권은 다음의 위험을 보상하지 않음.

---

3) The Chartered Insurance Institute Tuition Service, *op. cit.*, p.234.
4) 2. this insurance excludes
    2.1 any claim based upon loss of or frustration of, the Insured voyage or adventure caused by arrests restraints or, detainments of Kings Princes Peoples Usurpers or persons attempting to usurp Power
    2.2 loss damage or expense arising from any hostile use of any weapon of

2.1   국왕, 군주, 인민, 국권찬탈자 또는 찬탈을 기도하는 자에 의한 강
      류, 억지 또는 억류로 인하여 발생하는 피보험항해 및 모험의 중지
      또는 중절에 기인하는 여하한 보상청구.

2.2   원자력 또는 핵의 분열 및/또는 융합이나 기타 이와 유사한 반응
      또는 그 물질을 응용하는 어떠한 종류의 무기를 적의를 가지고 사
      용함으로 인하여 발생하는 멸실, 손상, 또는 비용.

2.3   영국표준해상보험증권과 이 증권상의(1.1에 기술한 바와 같이) 포
      획 등, 면책약관에 의해 담보되는 멸실 또는 손상

2.4   지연, 고유의 하자 또는 시장의 상실을 근인으로 하여 발생하는 멸
      실이나 손상, 또는 지연으로 인하여 발생하는 비용에 대한 보상청
      구. 단, 영국의 법률 및 관례에 비추어 요크 엔트워프 규칙에 따라
      원칙적으로 보상받을 수 있는 비용에 대해서는 그러하지 아니함.

이 면책규정이 있기 때문에 군주(君主)의 억지(抑止)에 의한 항해중절로
서 추정전손이 있었더라도 전쟁위험에서 보상되지 않는다. 결국 군주의 억
지의 위험은 항해의 중절에서 다시 진전된 단계에 진입하여 적하품의 물리
적 멸실·손상이나 적하품이 압수되어 점유를 뺏기지 않는 한 보험금 청구
로 이어지지 않는다. 또한 이러한 단계에 진입하면 항해중절부담보의 규정
은 적용되지 않는다. 다만 물리적 멸실·손상에 대해서는 지연, 고유의 결함,
성질에 의한 손해가 면책된다는 것은 전쟁위험에 대해서도 마찬가지이다.

---

war employing atomic or nuclear fission and/or fusion or other like
reaction or radio-active force or matter

2.3 loss ol damage covered by the Standard Form of English Marine Policy
with the Free of Capture etc. Clause(as quoted in 1.1. above) inserted
therein

2.4 loss ol damage proximately caused by delay inherent vice or loss of
market, or any claim for expenses arising from delay except such exp-
enses as would be recoverable in principle in English law and practice
under York-Antwerp Rules.

MIA 해석규칙 제10조에는 다음과 같은 규정이 있다.

제10조 군주의 억지(抑止)

「국왕, 군주 및 인민의 강류, 기타(arrest etc., of kings, princes, and people)라는 문언은 정치상 또는 행정상의 행위를 가리키며 소요 또는 통상의 소송절차에 기인하여 발생한 손해는 포함하지 않는다.」

다음은 보험증권 본문의 담보위험, 난외의 면책위험 및 협회전쟁약관에 있어서 담보위험의 관계를 대응시켜 비교해 보면 다음과 같다.[5]

〈표 Ⅲ-5〉 보험증권의 담보위험, 면책위험 및 협회전쟁약관의 비교

증권본문위험약관	난외면책약관	협회전쟁약관
군함 외적 포획면허장 등	적대행위, 군사적 행동의 면책, 내란, 혁명 등의 면책	적대행위, 군사적 행동 등 내란, 혁명 등. 기회 어뢰 등을 증권본문보다 넓게 담보
해적, rovers 습격	해적행위의 면책	좌기(左記)를 부활담보 좌기를 부활담보
해상에 있어서 점유 탈취	포획, 나포의 면책	
군주의 억지	억지 등의 면책	좌기를 부활담보하거나, 항해중절담보의 규정이 적용된다.

---

5) 東京海上火災保險株式會社 *op. cit.*, p. 74.

II. 구 협회동맹파업·소요·폭동담보약관 (Institute Strikes Riots and Civil Commotions Clauses)

구 협회적하약관(1963년)에서는 동맹파업·소요·폭동(S.R.C.C.) 위험은 제13조 동맹파업·소요·폭동부담보약관(F.S.R. & C.C. Clause)에 의하여 면책된다. 즉 동 조문은 다음의 멸실 또는 손상의 부담보를 명시하고 있다. (1) 동맹파업자(strikes), 직장폐쇄노동자(locked-out workmen), 또는 노동소요(labour disturbances) 또는 폭동에 가담한 자로 인하여 발생하는 멸실 또는 손상, (2) 동맹파업(strikes), 직장폐쇄(locked-dout), 노동소요(riots) 또는 폭동(civil commotions)으로 발생한 멸실 또는 손상

전기의 면책위험을 담보할 필요가 있는 경우에는 특약으로 부활담보하여야 한다. 이 특약이 구 협회동맹파업 소요·폭동약관(Institute Strikes Riots and Civil Commotions Clause)이다. 이 약관은 8개 조항 및 주의규정으로 구성되어 있다.[6]

1. 담보위험(제1조)[7]

제1조 이 보험은 다음의 자들로 인하여 발생한 피보험목적물의 멸실 또는 손상을 담보함.

---

6) The Charted Insurance Institute Tuition Service *op. cit.*, p. 241.
7) 1 This insurance covers loss of or damage to the property hereby Insured caused by
   (a) strikers locked_out workmen. or persons taking part in labour disturbances riots or civil commotions;
   (b) persons acting maliciously.

(a) 동맹파업자, 직장이 폐쇄된 상태에 있는 직공 또는 노동분쟁, 폭동, 소요에 가담한 자.

(b) 악의의 행동을 하는 자.

이 담보위험은 난외약관의 동맹파업 등 면책약관에 대응하고 있지만, 동맹파업위험은 원래 보험증권본문의 위험약관에 열거되어 있지 않고 동맹파업 등을 원인으로 열거위험이 발생한 경우에 이것을 면책하는 취지이다. 따라서 이것을 부활담보하는 경우의 규정방법도 전쟁위험의 경우처럼 복잡하지 않고 단순히 담보위험만을 열거하고 있다.

이 약관에서 담보되는 위험은 동맹파업자 등에 의한 적극적인 가해행위(加害行爲)이지 동맹파업 등의 상황에서 발생하는 손해를 보상하는 것은 아니다. 폭동, 소요에 대해서는 전쟁위험인 내란, 혁명 등과의 구별이 곤란한 경우도 있을 수 있다. 악의(惡意)를 가지고 행동하는 자에 의한 손해도 이 약관하에서 보상되지만 단순한 절도는 피해자에 대한 악의가 아니고 사욕을 위해서 행하여진 것이므로 악의의 손해에는 포함되지 않는다.

2. 면책사항(제2조)[8]

제2조 다음의 사항을 담보하지 않음.

---

8) 2 Warranted free of
   (i) loss or damage proximately caused by
      (a) delay, inherent vice or nature of the property hereby insured;
      (b) the absence shortage or withholding of labour of any description whatsoever during any strike lock-out, labour disturbance; riot or civil commotion;
   (ii) any claim for expenses arising from delay except such expenses as would be recoverable in principle in English law and practice under York-Antwerp Rules; 1974;
   (iii) loss or damage caused by hostilities warlike operations civil war, or by

(ⅰ) 다음의 사유에 근인하여 발생된 멸실 또는 손상.

    (a) 지연 피보험목적물의 고유의 하자 또는 성질

    (b) 동맹파업, 직장폐쇄, 노동분쟁, 폭동 또는 소요기간 중의 모든 종류의 노동력의 결핍, 부족 또는 공급방해

(ⅱ) 지연으로 인하여 발생한 비용 다만, 영국의 법률 및 관습에 비추어 1974년 「York-Antwerp」규칙에 따라 원칙적으로 회수할 수 있는 비용에 대하여는 그러하지 아니함.

(ⅲ) 적대 행위, 군사적 행동, 내란에 따른 혁명, 모반, 반란이나 또는 이로 인해 발생하는 국내투쟁에 따른 멸실 또는 이로 인해 발생하는 국내투쟁에 따른 멸실 또는 손상.

Ⅲ. 구 협회도난·발하(拔荷)·불착약관(보험가액) [Institute Theft, Pilferage and Non-Delivery Clause(Insured Valued)]

1. 개 요

theft는 「은밀한 절도」로 번역하여 포장 꾸러미에서 몰래 훔치는 것을 말하고, pilferage는 「좀도둑」 또는 「발하」(拔荷)로 번역하며 포장 꾸러미의 내용물 일부가 빠져나가는 것을 말한다. non-delivery는 「불착」으로 번역하여 포장 꾸러미마다의 부족물을 말한다.

그러나 그 원인은 도난의 경우도 있고 운송인의 착오 인도와 같은 상업과실

---

revolution rebellion insurrection or civil strife arising therefrom.

의 경우도 있다. 구 영문 보험증권 중의 위험약관에서는 강도(thieves), 해적(pirates), 표도(漂盜; rovers)의 위험을 보험자에게 담보하고 있는데, 전기의 은밀한 절도(theft), 좀도둑, 발하(pilferage) 및 불착(non delivery) 등의 위험은 담보하고 있지 않다. 따라서 피보험자는 FPA, WA조건의 경우 이 위험을 특약으로 담보하고 있고 그 특약을 구 협회 도난·발하·불착약관(Institute Theft, Pilferage and Non-Delivery Clause: TPND Clause)이라고 한다. 신 협회적하약관(1982년)(B)(C)에서도 절도, 좀도둑, 발하 및 불착은 FPA 및 WA조건처럼 담보되지 않는다. 그러나 선 협회적하약관(ICC)(A)에서는 All Risks 조건과 같이 담보된다.[9]

2. 약관의 내용

협회 도난 발하·불착약관(보험가액)

(a) 이 보험증권은 손해율에 관계없이 도난 및 / 또는 발하의 위험을 담보할 것을 동의한다.

이 보험증권상의 위험이 종료되는 날로부터 10일 이내에 검사 통지를 보험자 대리인에게 하지 않는 한 손실에 대한 책임을 지지 않는다.

(b) 이 보험증권은 화물의 가액으로 인하여 운송계약상 선주나 기타 운송자의 책임이 제한, 감소, 면책되어 있는 화물의 포장 전체의 불착 위험을 담보하는 데 동의한다.

보험자는 그 손실에 대하여 지급한 한도까지(만일 회복하는 데 비용을 요한다면 이 비용을 제외하고) 운송인 또는 다른 사람들로부터 회복된 전액의 소유권을 가진다.

---

9) Robert H. Brown, *Dictionary of Marine Insurance Terms and Clauses*, Fifth Edition, Witherby & Co., Ltd., 1989, Theft, Pilferage and Non-Delivery Clause, p. T10.

INSTITUTE THEFT, PILFERAGE
AND NON-DELIVERY(INSURED VALUE) CLAUSE

(a) It is hereby agreed that this Policy covers the risk of Theft and / or Pilferage irrespective of percentage. No liability for loss to attach hereto unless notice of surrey has been given to Underwriters' Agents Within 10 days of the expiry of risk under the Policy.

(b) It is hereby agreed that Policy covers the risk of Non-Delivery of an entire package for which the liability of the Shipowner or other Carrier is limited, reduced or negative by the Contract of Carriage by reason of the value of the goods.

Underwriters to be entitled to any amount recovered from the Carriers or others in respect of such losses(less cost of recovery if any) up to the amount paid by them in respect of the loss.

Ⅳ. 구 보험증권의 이면에 인쇄된 기타 약관

우리나라의 해상보험회사가 사용하는 구영문적하보험증권의 이변에 인쇄된 제약관에는 Institute Cargo Clauses(WA, FPA or All Risks)(1963년 1월 1일), Institute War Clauses(Cargo)(1980년 3월 1일) 및 Institute Strikes Riots and Civil Commotions Clauses(1963년 1월 1일) 외에 Institute Replacement Clause(1983년 1월 1일), Institute Dangerous Drugs Clause 및 Duty Clause(1969년 3월 1일) 등이 있다.

1. 구 협회기계수선약관
(Institute Replacement Clause)

Institute Replacement Clause(1983년 1월 1일)는 기계류에 대한 적하보험계약을 체결하는 경우에 사용되는 약관으로서 수입 기계류가 손상될 경우 보험금액을 한도로 수리비 또는 대체비 전액을 보상해 주는 약관을 말한다.

이 약관에서는 손상 부분에 대한 수리비 또는 대체비용에 대해서 책임을 제한하고 있으므로 보험자로서는 피보험자가 부당하게 강제 매각하려는 것을 방지할 수 있고 피보험자로서는 원래의 기능을 발휘하지 못한다는 이유로서 전손보험금을 청구하지 않아도 된다. 대체품에 추가 납부된 관세는 관세담보약관(Duty Clause)을 체결하였을 경우에만 지급될 수 있다.10)

이 약관의 내용은 다음과 같다.

협회기계수선약관

이 보험계약으로 담보하는 위험으로 기인하여 부보된 기계의 일부, 혹은 수개의 부분품에 멸실이나 혹은 손상이 발생할 경우에 보상금액은 상기한 기계의 일부 혹은 수개 부분품의 재수선 비용이나 혹은 수리비용에 만약 지불하였다면, 그에 대한 운반 및 재조립비용을 합산한 금액을 초과하지 않는다. 단 관세에 있어서는 보험금액에 대한 관세 전액이 포함된 경우에 한해서만 추가관세를 지불함으로써 발생한 손해까지도 보상한다.

어떠한 경우에도 보험자의 보상책임은 전체기계의 보험가액을 초과하지 않는다.

INSTITUTE REPLACEMENT CLAUSE

In the event of loss or damage to any part or parts of an insured machine caused by a peril covered by the Policy the Sum recoverable shall not exceed the cost of replacement or repair of

---

10) *Ibid.*, Replacement Clause p. R15.

such part or parts plus charges for forwarding and refitting, if incurred but excluding duty unless the full duty is included in the amount insured, in which case loss, if any, sustained by payment of additional duty shall also be recoverable.

Provided always that in no case shall the liability of Underwriters exceed the insured value of the complete machine.

2. 구 협회위험약품약관
(Institute Dangerous Drugs Clause)

이 약관은 조문 내용대로 1961년의 마약에 관한 단일조약 및 기타 국제조약의 적용을 받는 아편, 대마 등의 위험약품에 대해서는 그 운송이 수입국 또는 수출국에 의해서 허가되고 있고 또한 운송경로가 관례적인 경로인 경우에만 보험자는 손해보상의 책임을 진다는 것을 규정하고 있다. 보험자의 위험약품에 관한 관심이 합법적인 운송에 한한다는 것을 확보하기 위하여 이 약관이 모든 적하보험증권에 첨부된다. 이 약관은 보험증권에 필요한 허가서 없이 선적된 약품 또는 관례상의 경로 이외의 경로에 의해서 선적된 약품에 대한 모든 보험금청구를 보상하지 않는다고 규정하고 있다.

이 약관의 내용은 다음과 같다.11)

협회위험약품약관12)

이 보험증권하에서 보상청구는 아편 및 기타 위험약품 등에 관한 제 국제

---

11) *Ibid*, Dangerous Drugs Clause p.D12.
12) INSTITUTE DANGEROUS DRUGS CLAUSE
It is understood and agreed that no claim under this Policy Will be paid in respect of drugs to which the various International Conventions relating to Opium and other dangerous drugs apply unless.

협약이 적용되는 약품들에 대하여 다음의 경우를 제외하고는 보상하지 않을 것을 확약함.

(1) 이러한 약품은 명백히 보험증권상에 고지되어야 하며, 반출국과 반입국의 국명이 보험증권상에 특히 기재되어야 함.

(2) 멸실의 증명은 이러한 약품의 반입국정부가 발행한 것으로서, 그 적송품의 수입을 그 정부가 승인하였음을 명기한 허가서, 증명서 또는 인정서 혹은 위에 대신하여 이러한 약품의 반출국정부가 발행한 것으로서, 명시된 목적지까지 적송품의 수출을 그 정부가 승인하였음을 명기한 허가서, 증명서, 또는 인정서가 수반되어야 함.

(3) 그 약품의 운송경로는 통상적이며 관례적인 것이어야 함.

(1) the drugs shall be expressly declared as such in the policy and the name of the country from which, and the name of the country to which they are consigned shall be specifically stated in the policy
and

(2) the proof of loss is accompained either by a licence, certificate or authorization issued by the Government of the country to which the drugs are consigned showing that the importation of the consignment into that country has been approved by that Government, or, alternatively, by a licence certificate or authorization issued by the Government of the country from which the drugs are consigned showing that the export of the consignm-

ent to the destination stated has been approved by that Government;

and

(3) the route by which the drugs were conveyed was usual and customary.

제6장 1982년 신 협회적하약관(신 ICC)

제6장 1982년
신 협회적하약관(신 ICC)

Ⅰ. 신 ICC의 구성

　신 협회적하약관(ICC)의 ICC(A), ICC(B) 및 ICC(C)는 각각 19개 조항으로 구성되어 있으며, 담보위험을 열거한 제1조 위험약관(Risks Clause) 및 담보하지 아니하는 일반적인 면책사항을 열거한 제4조 일반면책약관(General Exclusion Clause)을 제외한 나머지 17개 조항은 모두 동일문언의 약관이다. 명칭은 다음과 같다.

제1조 위험약관(risks clause)

「담보위험」

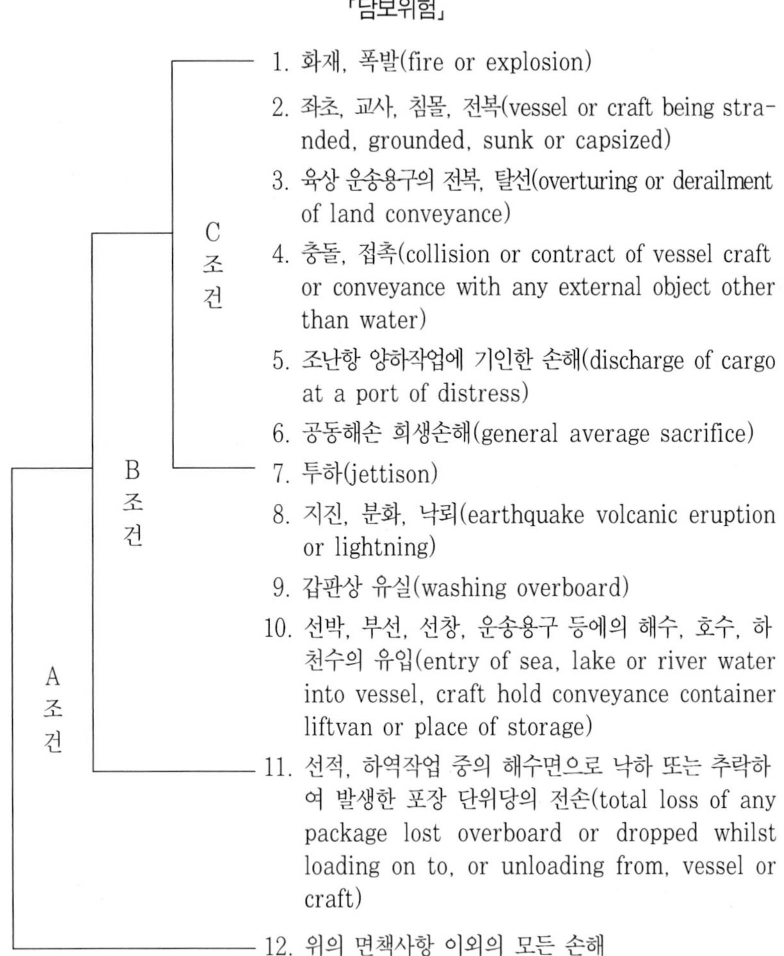

제2조 공동해손 약관(general average clause)

공동해손과 구조료 산정의 준거법을 명시

제3조 쌍방과실 충돌약관(both to blame collision clause)
  선박충돌의 경우에 쌍방과실이 있을 때 하주의 권리문제에 관한 규정

제4조 일반면책약관(general exclusion clause)
  담보하지 아니하는 일반적인 면책사항 열거

제5조 불내항 및 부적합 면책약관(unseaworthiness and unfitness exclusion clause)
  피보험자가 알고 있지 않는 한 선박의 불내항은 보험자의 면책 사항이 아님을 규정

제6조 전쟁면책약관(war exclusion clause)
  전쟁위험의 구체적인 경우를 열거하여 면책임을 규정

제7조 동맹파업면책약관(strikes exclusion clause)
  동맹파업의 구체적인 경우를 열거하여 면책임을 규정

제8조 운송약관(transit clause)
  보험계약 효력의 시기(始期)와 종기(終期)를 규정

제9조 운송계약종료약관(termination of contract of carriage clause)
  피보험자가 좌우할 수 없는 사정으로 인해 해상화물 운송계약 이 운송 도중에서 종료되었을 경우 피보험자 보호방법을 규정

제10조 항해변경약관(change of voyage)
  위험 개시 후 목적지가 변경된 경우에 추후 협정될 조건과 추가보험료에 의해 계속 담보됨

제11조 피보험이익약관(insurable interest clause)

피보험자는 손해발생시 피보험목적물에 관해 피보험 이익을 가지고 있어야 함

제12조 계반(繼搬)비용약관(forwarding charges clause)

실무상 담보되던 계반비용의 담보를 명문화함

제13조 추정전손약관(constructive total loss clause)

추정전손으로 인정되는 경우를 규정

제14조 증액약관(increased value clause)

증액보험이 체결된 경우의 보험금액과 비례보상에 관해 규정

제15조 보험이익불공여약관(not to inure clause)

손해를 보상받은 피보험자가 대위(代位)에 의해 취득한 제3자에 대한 구상권(求償權)의 보존을 목적으로 한 규정

제16조 피보험자의무약관(duty of assured clause)

피보험자 및 그 대리인의 손해방지 의무 규정

제17조 포기약관(waiver clause)

피보험 목적물의 구조 및 보호는 위부(委付)의 포기 또는 수락이 아님

제18조 신속조치약관(reasonable despatch clause)

피보험자에게 가능한 한 신속한 행동을 요구하는 규정

제19조 영국법률 및 관례약관(English law and practice clause)
　　　준거법을 명기

유의사항(Note): 계속 담보를 받는 사유의 발생을 알았을 때에는 지체 없
　　　이 통지를 해야 하는 피보험자의 의무 규정

한편 1982년 협회적하약관(신 ICC)은 Lloyd's S.G. Policy의 본문약
관의 일부 조항을 수용하고 MIA의 주요 조항을 재록하고 있는 것 외에 종
래 없었던 신설 조항도 규정하고 있어 19개 조항으로 증가하고 있다.

협회적하약관[Institute Cargo Clauses(A), (B), (C)]의 조항대비표(ICC)

신 약 관			구 약 관				신설
구분	조항	약 관 명	조항	동일	표현 변경	내용 변경	
담보 위험	1	Risks Cl. (A) (위험약관)	5	*			
	1	Risks Cl. (B) 및 (C)	5			*	
	2	General Average Cl. (공동해손약관)	7		*		
	3	"Both to Blame Collision" Cl. (쌍방과실충돌약관)	11	*			
면책 조항	4	General Exclusion(일반면책약관)	—				*
	5	Unseaworthiness and Unfitness Exclusion Cl.(불내항 및 부적합 면책약관)	8			*	
	6	War Exclusion Cl. (전쟁 면책약관)	12			*	
	7	Strikes Exclusion Cl. (동맹파업 면책약관)	13			*	
보험 기간	8	Transit Cl. (운송약관)	1	*			
	9	Termination of Contract of Carriage Cl. (운송계약 종료약관)	2			*	
	10	Change of Voyage Cl. (항해변경약관)	4			*	
보험 금청 구	11	Insurable Interest Cl. (피보험이익약관)	—				*
	12	Forwarding Change Cl. (계반비용약관)	—				*
	13	Constructive Total Loss Cl. (추정전손약관)	6	*			
	14	Increased Value Cl.(증액약관)	—				*
보험 이익	15	Not to Inure Cl. (보험이익 불공여약관)	10	*			

신 약 관			구 약 관				신설
구분	조항	약 관 명	조항	동일	표현 변경	내용 변경	
손해 경감	16	Duty of Assured Cl. (피보험자 의무약관)	0		*		
	17	Waiver Cl. (포기약관)	–				*
지연 방지	18	Reasonable Despatch Cl. (신속조치 약관)	14	*			
법률 및 관례	19	English Law and Practice Cl. (영국 법률 및 관례 약관)	–				*
		Note(유의사항)		*			
		N.B.: 구 ICC 약관 중 제3조 부선약관 (Craft & c. Clause)은 완전 삭제되었음					

(주) 1) 신 ICC 제1조(Risks Clause)는 구 ICC 제5조에 해당한다.
　　 2) 신 ICC는 제1조(Risks Clause) 조항의 내용만 다르고 제2조부터 제19조까지는 내용이 동일하다.
　　　 신 ICC(A)와 ICC(B), (C)와는 약간 다르다.
　　 3) 구 ICC는 14개 조항으로 구성되어 있으나 신 ICC는 19개 조항으로 구성되어 있다.

Ⅱ. 신 ICC의 담보위험약관(제1조)

1. 신 ICC(A)

　신 ICC(A)는 A Clause라고도 부르며, 19개 조항(소약관)으로 구성되어 있고, 다시 8개의 그룹으로 묶어 배열함으로써 새로운 체계를 갖추고 있다. 신 ICC(A)와 구 ICC(A/R)와 비교하면서 ICC(A)의 주요 내용을 설명하기로 한다.

　(1) 신 ICC(A)의 제1조 위험약관(Risks Clause)은 구 ICC의 제5조(A/R Clause)의 내용과 유사하나 약관의 명칭은 변경되었다.

　(2) 구 ICC(A/R)에서는 면책약관이 제5조, 제12조 및 제13조에 나누어

져 규정되어 있으나 신 ICC(A)는 면책위험을 구체적으로 열거하였고, 각종의 면책위험(exclusion)에 관한 조항을 통합하여 제4조(일반면책위험 약관), 제5조(전쟁위험면책약관), 제6조(동맹파업면책약관)에 연속적으로 배열하였다.

신 ICC(A)의 담보위험은 제1조(위험약관: Risks Clause), 제2조(공동해손약관: General Average Clause) 및 제3조(쌍방과실충돌약관: "Both to Blame Collision" Clause)에 규정되어 있다.[1]

신 ICC(A)의 제1조 약관 명칭에는 특히 "All Risks"가 붙어있지 않다. 제1조의 약관명도 후술하는 신 ICC(B), (C) 약관과 마찬가지로 단순히 "Risks clause"(위험약관)로 되어 있다. 1963년 협회적하약관(구 ICC)의 All Risks Clause에 대해서는 「모든 위험 및 손해를 담보하고 있는 것 같은 오해를 준다」는 UNCTAD 사무국 보고서의 비판도 있었지만 1982년 협회적하약관(신 ICC)에서는 제1조의 첫머리에 다음과 같이 규정하고 있다.[2]

RISKS COVERED

1. This insurance covers all risks of loss of or damage to the subjectmatter insured except as provided in Clauses 4, 5, 6 and 7 below.

담보위험

1. 이 보험은 보험의 목적의 멸실 또는 손상의 모든 위험을 담보함. 단, 하기 제4조, 제5조, 제6조 및 제7조에 규정한 위험은 제외함.

여기에서 말하는 all risks(모든 위험) 중에는 Lloyd's S.G. Policy의 본문 약관이나 MIA에서 담보하고 있는 각종 위험이나 비용손해 이외에 각

---

1) 공동해손약관 및 쌍방과실충돌약관은 Ⅳ. 1982년 협회적하약관(신 ICC)의 (A), (B) 및 (C) 약관의 공동약관에서 설명한다.
2) Robert H. Brown, *Dictionary of Marine Insurance Terms and Clauses*, Fifth Edition, Witherby & Co., Ltd., 1989, Institute Cargo Clause A, p. 121.

종 부가위험이 포함되어 있다. 예컨대 고의(故意)의 선박침몰(scuttling), 악의적 행위(惡意的 行爲)에 기인한 손해(malicious damage), 황천(荒天)에 의한 손해(damages caused by heavy weather), 하이잭킹(hijacking), 해적 행위(piracy), 방화(arson), 절도(theft), 발하(pilferage) 등이 포함된다.3) 또한 신 ICC(1982년)에서는 면책사항(Exclusions)의 표제하에 제4조(일반면책약관), 제5조(불내항 및 부적합 면책약관), 제6조(전쟁면책약관), 제7조(동맹파업면책약관)가 있고 이들 면책약관은 어느 것이나 우선 적용되므로 제1조의 규정 말미에 「다만 하기 제4, 5, 6조 및 7조의 면책약관에 규정된 위험을 제외한다」는 취지가 명시되어 있다. 따라서 구 ICC(1963년)의 All Risks 담보약관의 경우와 마찬가지로 지연이나 화물 고유의 결함, 성질 등이 면책될 뿐 아니라 종래는 MIA의 당해 규정에 맡겨진 약관상의 규정도 제4조 이하에 규정되어 있다.4)

2. 신 ICC(B) 및 (C)

신 ICC(B)약관 및 (C) 약관은 담보위험 열거방식(named perils)으로 되어 있다. 구 ICC(1963년)의 경우는 Lloyd's S.G. Policy의 본문약관의 열거위험을 FPA warranty에 의해서 「특정분손」 및 「기타 분손」으로 구별하고 각 보상의 범위에 일정한 규제를 설정하는 복잡한 약관구성으로 되어 있다. 이에 대하여 신 ICC(B) 및 (C)의 각 약관의 제1조는 각각 열거되어 있는 위험에 인과관계(因果關係)를 가진 손해를 분손(分損), 전손(全損)의 구별없이 또는 소손해면책(franchise)의 규제없이 담보한다는 점에서 구 ICC의 WA, FPA의 각 약관 제5조와는 근본적으로 다르다. 다음과 같이 신 ICC(B) 및 (C)의 담보의 수(數)의 차이가 구 ICC의

---

3) *Ibid.*, Institute Cargo Clause A. pp. 121-122.
4) 加藤 修, 最新國際貨物海上保險實務, 成山堂, 1987, p. 98.

WA, FPA의 보상범위의 차보다도 약간 확대되어 있다는 점에서도 신 ICC(1982년)의 특징이 있다. 이 점에 대해서는 구 ICC의 WA 및 FPA의 차(差)가 적다는 점을 반성하여 신 ICC(1982년)에서는 ICC(B)와 (C)의 차를 확대하였다.[5]

(FOR USE ONLY WITH THE NEW MARINE POLICY FORM)
INSTITUTE CARGO CLAUSES(B)

RISKS COVERED

1. This insurance covers, except as provided in Clauses 4, 5, 6 and 7 below,

1.1 loss of or damage to the subject-matter insured reasonably attributable to

1.1.1 fire or explosion

1.1.2 vessel or craft being stranded grounded sunk or capsized

1.1.3 overturning or derailment of land conveyance

1.1.4 collision or contact of vessel craft or conveyance with any external object other than water

1.1.5 discharge of cargo at a port of distress

1.1.6 earthquake volcanic eruption or lightning

1.2 loss of or damage to the subject-matter insured caused by

1.2.1 general average sacrifice

---

5) R. H. Brown **Analysis of Marine Insurance Clauses—BOOK ONE The Institute Cargo Clauses(1982)**—2nd Edition, Witherby & Co., Ltd., 1982, pp. 7-8.

1.2.2 jettison or washing overboard

1.2.3 entry of sea lake or river water into vessel craft hold conveyance container liftvan or place of storage,

1.3 total loss of any package lost overboard or dropped whilst loading on to, or unloading from, vessel or craft.

(신 해상적하보험증권 첨부용)
협회적하약관(B)

INSTITUTE CARGO CLAUSES(B)

담보위험

1. 이 보험은 다음의 손해를 담보함. 단, 제4조, 제5조, 제6조 및 제7조의 면책조항에 규정된 손해는 제외함.

1.1   다음 위험에 정당하게 기인된 보험의 목적의 멸실 또는 손상

1.1.1   화재 또는 폭발

1.1.2   선박 또는 부선의 좌초, 교사, 침몰 또는 전복

1.1.3   육상 운송용구의 전복 또는 탈선

1.1.4   선박, 부선 또는 운송용구와 물 이외의 타물체와의 충돌 또는 접촉

1.1.5   조난항에서의 적하의 양하

1.1.6   지진, 분화 또는 낙뢰

1.2   다음 위험으로 인한 보험의 목적의 멸실 또는 손상

1.2.1   공동해손희생

1.2.2   투하 또는 파도에 의한 갑판상의 유실

1.2.3   선박, 부선, 선창, 운송용구, 컨테이너, 리프트밴 또는 보관소에 해수, 호수 또는 하천수의 유입

1.3 선박 또는 부선에 선적 또는 양하작업 중 해수면으로 낙하하여 멸실되거나 추락하여 발생된 포장 단위당 전손.

(FOR USE ONLY WITH THE NEW MARINE POLICY FORM)
INSTITUTE CARGO CLAUSES(C)

RISKS COVERED

1. This insurance covers. except as provided in Clauses 4, 5, 6 and 7 below,

1.1 loss of or damage to the subject-matter insured reasonably attributable to

1.1.1 fire or explosion

1.1.2 vessel or craft being stranded grounded sunk or capsized

1.1.3 overturning or derailment of land conveyance

1.1.4 collision or contact of vessel craft or conveyance with any external object other than water

1.1.5 discharge of cargo at a port of distress

1.2 loss of or damage to the subject-matter insured caused by

1.2.1 general average sacrifice

1.2.2 jettison.

(신 해상적하보험증권 첨부용)
협회적하약관(C)
INSTITUTE CARGO CLAUSES(C)

담보위험

1. 이 보험은 다음의 손해를 담보함, 단, 제4조, 제5조, 제6조 및 제7조의 면책조항에 규정된 손해는 제외함

1.1 다음 위험에 정당하게 기인된 보험의 목적의 멸실 또는 손상

1.1.1 화재 또는 폭발

1.1.2 선박 또는 부선의 좌초, 교사, 침몰 또는 전복

1.1.3 육상 운송용구의 전복 또는 탈선

1.1.4 선박, 부선 또는 운송용구와 물 이외의 타물체와의 충돌 또는 접촉

1.1.5 조난항에서의 적하의 양하

1.2. 다음 위험으로 인한 보험의 목적의 멸실 또는 손상

1.2.1 공동해손희생

1.2.2 투하

신 ICC(C) 약관은 FPA 조건과 마찬가지로 산적화물(bulky cargo)이나 원재료의 소재화물(素材貨物)을 대상으로 하는 인수조건이다. 한편 신 ICC(B)약관은 WA조건과 유사하지만 다음과 같은 특징이 있다는 점에서 WA와 다르다.

① 육상운송 중의 제위험(육상운송용구의 전복 또는 탈선, 지진, 분화, 낙뢰, 해수 또는 하천수의 유입)을 명시담보하고 있다.

② 해상 고유의 위험이 담보위험에서 제외되어 있다. 그러나 (heavy weather) 위험은 「해수의 유입」이나 「풍랑」 등의 구체적인 발현형태(發現形態)의 손해로서 담보된다.

③ franchise의 적용은 없다.

신 ICC(B)약관의 담보위험 중 다음과 같은 점에 주의해야 한다.

(a) 파도에 의한 갑판상의 유실(washing overboard)

신 ICC(B)약관에서는 제1.2.2조에서 파도에 의한 갑판상의 유실의 위험을 담보하고 있는데, 이 약관이 있더라도 피보험자는 갑판적화물에 대해서 보험계약을 신청할 때 갑판적화물이라는 것을 사전 고지해야 하는 의무를 이행해야 하고 상승한 할증보험료를 지급하여야 한다. 예컨대 재래선의

갑판에 중고자동차나 중고드럼적입화물을 적재하는 경우에는 전기의 고지의
무 및 할증보험료가 필요하다.

따라서 이 약관은 갑판적의 고지가 있으면 특히 파도에 의한 갑판상의 유
실위험을 추가담보한다는 취지이고 보험자에게 요청하지 않더라도 당연히
담보된다는 취지의 규정에 지나지 않는다고 해석해야 한다.

(b) 수유손(水濡損: water damage)

신 ICC(B) 제1.2.3조의 WA조건에서 담보하고 있는 해수유손(호수유
손)에 부가하여 호수, 하천수에 의한 담수유손(淡水濡損)도 담보하고 있다.
다만 담수유손(淡水濡損)은 빗물의 직접적인 유손은 제외한다. 비가 하천호
수에 내린 후 하천호수의 물로서 화물에 유손을 가져오는 경우에만 담보된
다. 이 경우 제1.2.3조의 규정은 "entry of sea lake or river water"
(해수 등의 유입)에 기인하여 발생한 멸실, 손상을 담보한다고 규정하고 있
는데,「유입」의 의의에 대하여 예컨대 하천의 범람에 의한 창고 내의 침수」
에서부터 항만부두의 장치장에서의 파도의 물거품으로 인한「침수」까지 여
러 가지 경우가 있을 수 있는데, 실제 손해의 인과관계(因果關係)의 해명이
중요하다.

(c) 황천(荒天)에 의한 손해(heavy weather damages) WA조건에서
는 Lloyd's S.G. Policy의 본문약관의 열거위험조항에 있는「해상 고유의
위험」과 관련하여 소위 황천에 의한 손해를 담보한다. 예컨대 선장의 항해
일지에 이상한 기상(폭풍우, 태풍, 강풍 등)이 기재되어 있으면 이들 황천
에 의하여 발생한 화물붕괴로 인한 파손이나 해수유손은 담보된다. 그러나
신 ICC(B)에서는 본문약관의 소멸과 더불어「해상 고유의 위험」은 자취를
감추었으므로 황천에 의한 손해 중 제1조에 열거된 위험에 의하는 것(예컨
대 파도에 의한 유실, 해수의 침입)만 담보된다.

따라서 이러한 종류의 위험을 포괄적으로 담보하기 위해서는 신 ICC(A)

약관을 사용하여야 하고 신 ICC(B)약관을 사용하면 구체적 위험 또는 손해를 개별적으로 추가 담보하여야 한다.6)

3. 신 ICC의 담보위험 및 손해와의 인과관계(因果關係)

「담보위험 및 손해와의 인과관계」의 입증문제는 신 ICC(A), (B), (C) 각 약관의 각 담보위험에 의존한다.

신 ICC(A)약관에는 종래의 All Risks 담보의 경우와 마찬가지로 피보험자는 손해가 보험담보기간 중에 어느 우발적 또는 외래적 사고(an accident) 또는 위험(risks)에 의하여 발생되었다고 증명되면 그 손해는 보상된다. 물론 보험자 측에도 그 손해가 면책사유(화물 고유의 결함이나 지연 등)에 의해서 발생되었다는 것을 입증하면 면책을 주장하는 권리를 갖게 된다.

문제는 간단명료한 열거위험 담보방식을 취하고 있는 신 ICC(B) 및 (C) 약관이다. 양 약관은 모두 제1조(위험약관)의 내용을 ① 다음에 열거된 위험에 정당하게 기인된 보험 목적의 멸실 또는 손상(loss of or damage to)을 담보하는 경우 및 ② 다음에 열거된 위험으로 기인한 보험목적(화물)의 멸실 또는 손상을 담보하는 경우의 두 그룹으로 나눈 점에 주목해야 한다.

전기 ①의 그룹에 대해서는 「발생손해가 당해 열거위험에 정당하게 기인되고 있는」 것이 인정되면 보상되고 피보험자는 손해 및 담보위험과의 사이에 직접적인 인과관계의 유무를 특별히 입증할 필요는 없다.

즉 ①의 그룹에 열거되어 있는 담보위험은 다음과 같다.

1.1 다음 위험에 정당하게 기인된 보험 목적의 멸실 또는 손상

1.1.1 화재 또는 폭발

1.1.2 선박 또는 부선의 좌초, 교사, 침몰 또는 전복

---

6) 加藤 修, op. cit., pp. 101-102.

1.1.3 육상 운송용구의 전복 또는 탈선

1.1.4 선박, 부선 또는 운송용구와 물 이외의 타물체와의 충돌 또는 접촉

1.1.5 조난항에서의 적하의 양하

〔이상 1.1.1에서 1.1.5까지는 (B), (C) 양 약관 공통〕

1.1.6 지진, 분화 또는 낙뢰

〔이상 (B)약관만 담보〕

이상과 같이 대부분이 해상 및 육상에 있어서 주요 사고(major catast-rophes)로 구성되어 있다.

따라서 이들 주요 사고가 선박, 부선, 기타 운송용구에 발생하면 화물에 손해가 발생하는 것은 오히려 당연한 일이므로 특히 양자 사이에 근인적(近因的), 직접적 인과관계가 있다는 것을 입증할 필요는 없다. 1963년 협회적하약관(구 ICC)의 FPA의 warranty(선박, 부선의 침몰, 좌초)가 발생하면 특별히 인과관계를 불문하고 그 이후는 단독해손으로서 분손을 담보하지만, 발생하지 않으면 어디까지나 전손 이외의 분손은 부담보하는 것이 기본조건이다.

한편 ②의 그룹에 대해서는 발생손해 및 담보위험과의 사이에는 「근인」(近因: proximately caused)의 인과관계가 있어야 한다.

즉 ②의 그룹에 열거되어 있는 담보위험은 다음과 같다.

1.2.1 공동해손희생

1.2.2 투하

〔이상은 (B), (C) 양 약관 공통〕

1.2.2(투하 또는) 파도에 의한 갑판상 유실

1.2.3 선박, 부선, 선창, 운송용구, 컨테이너, 리프트밴 또는 보관소에 해수, 호수 또는 하천수의 유입

〔이상 (B)약관만 담보〕

이들 위험은 주요 해난사고(主要 海難事故)나 육상사고와 비교하면 그

발생의 원인, 상태 등의 점에서 뚜렷하게 다른 담보위험이다.

따라서 이들 담보위험에 대해서는 발생 손해에 근인(近因) 또는 직접 기인한 것이 필요하므로 약관문언상 전술한 대로 "caused by"(…에 기인한다)로 규정하여 피보험자에게 인과관계의 입증을 의무화하고 있다.

또한 ICC(B)약관의 1.3조에 규정되어 있는 「하역작업 중의 포장 단위 당전손」에 대해서는 문자 그대로 하역작업 중에 포장 단위당의 전손이 발생하면 담보된다는 규정이므로 전기 ① 및 ②의 어느 그룹에도 포함되지 않고 1.3조에 독립 규정되어 있다.

Ⅲ. 신 ICC(A)의 면책약관

면책약관은 제4조(일반면책약관: General Exclusion Clause), 제5조(불내항 및 부적합약관: Unseaworthiness and Unfitness Exclusion Clause), 제6조(전쟁면책약관: War Exclusion Clause) 및 제7조(동맹파업면책약관: Strikes Exclusion Clause)에 규정되어 있다.

이중 전쟁면책약관 및 동맹파업약관은 다음 Ⅳ절에서 설명한다.

1. 신 ICC(A)의 일반면책약관(제4조)

신 ICC(A)의 일반면책 약관(제4조)은 다음과 같다

EXCLUSIONS

4. In no case shall this insurance cover

4.1 loss damage or expense attributable to wilful misconduct of the Assured

4.2 ordinary leakage, ordinary loss in weight or volume, or ordinary wear and tear of the subject-matter insured

4.3 loss damage or expense caused by insufficiency or unsuitability of packing or preparation of the subject-matter insured(for the purpose of this Clause 4.3 "packing" shall be deemed to include stowage in a container or liftvan but only when such stowage is carried out prior to attachment of this insurance or by the Assured or their servants)

4.4 loss damage or expense caused by inherent vice or nature of the subject matter insured

4.5 loss damage or expense proximately caused by delay, even though the delay be caused by a risk insured against(except expenses payable under Clause 2 above)

4.6 loss damage or expense arising from insolvency or financial default of the owners managers charterers or operators of the vessel

4.7 loss damage or expense arising from the use of any weapon of war employing atomic or nuclear fission and/or fusion or other like reaction or radioactive force or matter.

면책조항

4. 여하한 경우에도 이 보험은 다음의 손해를 담보하지 아니함.

4.1 피보험자의 고의적 비행에 기인한 멸실·손상 또는 비용

4.2 보험목적의 통상의 누손, 중량 또는 용적상의 통상의 손실 및 통상의 자연소모

4.3 보험목적의 포장 또는 준비의 불완전 또는 부적합으로 인하여 발생한 멸실·손상 또는 비용(본 조항 4.3에 있어서 "포장"이라 함은 "컨테이너" 또는 "리프트밴"에 적재하는 것을 포함하는 것으로 간주함. 단, 그와 같은 적재는 이 보험의 개시 전에 행하여지거나 또는 피보험자 또는 그 사용인에 의하여 행하여진 경우에 한함)

4.4 보험목적의 고유의 하자 또는 성질로 인하여 발생한 멸실·손상 또는 비용

4.5 지연이 피보험위험으로 인하여 발생된 경우일지라도 지연을 근인으로 하여 발생한 멸실·손상 또는 비용(상기 제2조에서 지급할 비용은 제외함)

4.6 본선의 소유자, 관리자, 용선자 또는 운항자의 지불불능 또는 재정상의 채무 불이행으로부터 생긴 멸실·손상 또는 비용

4.7 원자력 또는 핵의 분열 및/또는 융합 또는 기타 이와 유사한 반응 또는 방사능이나 방사성물질을 응용한 무기의 사용으로 인하여 발생한 멸실·손상 또는 비용

적하보험에서 담보하는 위험은 비록 All Risks의 경우라도 외래적(外來的), 우발적(偶發的)이고 피보험자가 통제(Control)할 수 없는 위험에 한한다. 위의 면책사항의 대부분은 이 취지에서 이해될 수 있는 것으로서 준거법인 MIA에 동일 취지가 규정되어 있는 사항도 많다. 또한 Lloyd's S.G. Policy에 있어서의 취급과 기본적으로 동일하다. Lloyd's S.G. Policy 약관에서는 고유의 하자 및 지연에 관한 규정만 명시하고 있는데, 신 ICC약관에서는 MIA의 규정 및 판례상 확정하고 있는 내용을 흡수하여 알기 쉽게 열거하고 있다. 각 항목별로 설명하기로 한다.

4.1은 당연한 것을 명시한 데 지나지 않는다. MIA 제55조 (2) (a)에

동일취지의 규정이 있다

4.2는 MIA 제55조 (2) (c)에 규정되어 있는 면책사항을 다시 기재한 것이다. MIA에 규정되어 있는 통상의 파손 및 쥐 또는 벌레에 근인(近因)하여 발생한 손해에 대하여 이 조문에서는 새삼스럽게 기재하지 않고, 반대로 MIA에 없는 중량 또는 용적의 통상의 감소를 이 조문에 규정한 것은 현재의 무역화물에서 발생하기 쉬운 사항을 규정한 것이라고 할 수 있다. MIA의 규정은 이후에도 계속하여 적용된다. 파손에 대해서는 excess[7] 부로 인수되는 것이 많다는 것을 고려한 것으로 해석된다.

4.3의 포장 또는 준비의 불완전 또는 부적합(insufficiency or unsuitability of package or preparation)은 종래에는 보험목적의 고유의 하자로 생각하였는데[F. W. Berk & Co. v. Style(1955)], 신 ICC 조건에서는 명료하게 규정되었다. 또한 "preparation"에 대해서도 동열(同列)에 규정하고 있다. 예컨대 녹슬기 쉬운 화물에 녹방지용 그리스(grease)를 바르는 것 등 적절한 조치를 취하는 데 대하여 하주는 더 한층 주의할 필요가 있다.

컨테이너에의 화물적재가 포장과 동일한 것으로 간주되는 것은 적재가 위험개시 전에 실행되는 경우 및 피보험자 또는 사용인에 의해서 실행되는 경우이다.

이것을 구체적인 예를 들어서 보면 수입 컨테이너 적입화물의 전부(위험개시 시점을 통상대로 화물의 on board시로 할 경우) 및 수출 컨테이너 적입화물 중 shipper's pack container[8]에 적용된다고 해석한다.

4.4는 Lloyd's S.G. Policy용 약관에 있는 규정이지만 [1조, 5조(A/R)], 지연이 피보험위험에 의하여 발생한 경우에도 면책된다는 것은 약관상에 명시되어 있지 않았다. 그러나 이것은 MIA 제55조 (2) (b)에 규정되어 있

---

7) excess란 면책률이 5%로 정해진 경우에 7%의 손해가 발생한다면 5%를 초과하는 2%에 대해서만 보상하는 방식을 말한다. franchise는 손해가 규정된 5%를 초과하면 그 손해 전액에 대하여 지급하는 방식이다

8) shipper's pack이란 송하인(shipper)이 직접 자기의 창고 등에서 container에 적입하는 것을 말한다.

는 것이고 이 약관에서는 다시 이 취지를 규정하고 있다.

4.6에서 면책되어 있는 사항은 원래 해상보험에서 지급해야 하는 손해인데 어떤 의문이 있는 경우 면책하기 위한 규정이다.

4.7의 원자력병기에 관한 면책도 새로이 도입된 것이지만 전쟁목적의 원자력병기의 사용은 전쟁약관에서 종래부터 면책하고 있고 이 면책은 이상한 사람에 의하여 병기가 사용되었을 경우, 폭발 또는 실험목적의 사용 등의 경우가 이에 해당되는데 실제로 적용되는 경우는 국한되어 있다.[9]

2. 신 ICC(B) 및 (C)의 일반면책약관(제4조)

신 ICC(B) 및 (C)의 일반면책약관(제4조)은 다음과 같다. (B) 및 (C)의 일반면책약관은 동일 내용이다.

EXCLUSIONS

4. In no case shall this insurance cover

4.1 loss damage or expense attributable to wilful misconduct of the Assured

4.2 ordinary leakage, ordinary loss in weight or volume, or ordinary wear and tear of the subject-matter insured

4.3 loss damage or expense caused by insufficiency or unsuitability of packing or preparation of the subjectmatter insured(for the purpose of this Clause 4.3 "packing" shall be deemed to include stowage in a container or liftvan but only when such stowage is carried out prior

---

9) R. H. Brown *op. cit.*, pp. 11-13.

to attachment of this insurance or by the Assured or their servants)

4.4 loss damage or expense caused by inherent vice or nature of the subject-matter insured

4.5 loss damage or expense proximately caused by delay, even though the delay be caused by a risk insured against (except expenses payable under Clause 2 above)

4.6 loss damage or expense arising from insolvency or financial default of the owners managers charterers or operators of the vessel

4.7 deliberate damage to or deliberate destruction of the subject matter insured or any part thereof by the wrongful act of any person or persons

4.8 loss damage or expense arising from the use of any weapon of war employing atomic or nuclear fission and/or fusion or other like reaction or radioactive force or matter

면책사항

4. 여하한 경우에도 이 보험은 다음의 손해를 담보하지 아니함.

4.1 피보험자의 고의적 비행에 기인한 멸실·손상 또는 비용

4.2 보험목적의 통상의 누손, 중량 또는 용적상의 통상의 손실 및 통상의 자연소모

4.3 보험목적의 포장 또는 준비의 불완전 또는 부적합으로 인하여 발생한 멸실·손상 또는 비용(본 조항 4.3에 있어서 "포장"이라 함은 "컨테이너" 또는 "리프트밴"에 적재하는 것을 포함하는 것으로 간주함. 단, 그와 같은 적재는 이 보험의 개시전에 행하여지거나 또는

피보험자 또는 그 사용인에 의하여 행하여진 경우에 한함.)

4.4 보험목적의 고유의 하자 또는 성질로 인하여 발생한 멸실·손상 또는 비용

4.5 지연이 피보험위험으로 인하여 발생된 경우일지라도 지연을 근인으로 하여 발생한 멸실·손상 또는 비용(상기 제2조에서 지급할 비용은 제외함.)

4.6 본선의 소유자, 관리자, 용선자 또는 운항자의 지불불능 또는 재정상의 채무불이행으로부터 생긴 멸실·손상 또는 비용

4.7 보험의 목적 또는 그 일부에 대해 발생된 여하한 자의 불법행위에 의한 고의적인 손상 또는 고의적인 파괴

4.8 원자력 또는 핵의 분열 및/또는 융합 또는 기타 이와 유사한 반응 또는 방사능이나 방사성물질을 응용한 무기의 사용으로 인하여 발생한 멸실·손상 또는 비용

신 ICC(B) 및 (C)는 제1조, 제4조(4.7) 및 제6조(6.2) 이외는 모두 신 ICC(A)와 동일하다.

신 ICC(A)약관은 All Risks 담보(제1조 위험약관)이고 거기에다가 6.2의 전쟁면책규정 중에 「해적행위를 제외한다」(piracy excepted)는 문언이 삽입되어 있어 「해적행위에 의한 포획, 나포, 강류, 억지 또는 억류에 의한 멸실·손상 또는 비용」은 면책되어 있지 않으므로 신 ICC(A)약관하에서는 이들 위험을 해상위험(marine risks)으로서 담보하고 있다.

이에 대하여 신 ICC(B) 및 (C) 약관은 제1조의 위험약관에 해적(piracy)이 열거되어 있지 않고 거기에다가 6.2의 전쟁면책규정 중에 전기(piracy excepted)의 문언이 삽입되어 있지 않으므로 해적행위에 의한 포획, 나포, 강류, 억지 또는 억류에 의한 멸실·손상 또는 비용은 신 ICC(B) 및 (C) 약관하에서는 부담보(不擔保)이다. 다음 장에서 설명하는 Institute Malicious Damage Clause로 담보하면 해적행위에 의한 포획, 나포, 강류 등에 의한

멸실·손상 또는 비용은 담보된다.[10]

3. 신 ICC(A), (B) 및 (C)의 일반면책약관의 비교

앞 1항 및 2항에서 설명한 바와 같이 신 ICC약관에는 새로운 면책 몇 가지가 삽입되어 있는데, 여기에서 주의해야 할 점은 제4조의 일반면책약관에 열거되어 있는 사유(事由)의 대다수는 영국 해상보험법(MIA)의 규정에 의하여 종래부터 적용되어 왔다는 점이다. 이에 대하여 신 ICC약관에서는 보험자의 면책이 MIA에 의존하지 않고 약관상에 명시되어 계약당사자의 편의를 도모하고 있기 때문에 면책규정이 많은 것처럼 보인다.

종래부터 적용되어온 면책과 새로이 추가된 면책을 분류하면 다음과 같다.[11]

(1) 종래부터 적용되어 온 면책사유[(A), (B), (C) 각 약관 공통]

4.1 피보험자의 고의적 비행에 기인한 멸실·손상 또는 비용〔MIA 제55조(2) (a)〕

4.2 보험목적의 통상의 누손, 중량 또는 용적상 통상의 손실 및 통상의 자연소모〔MIA 제55조 (2) (c)〕

4.4 보험목적의 고유의 하자 또는 성질로 인하여 발생한 멸실·손상 또는 비용〔MIA 제55조 (2) (b)〕

4.5 지연이 피보험위험으로 인하여 발생된 경우일지라도 지연을 근인으로 하여 발생한 멸실·손상 또는 비용(상기 제2조에서 지급할 비용은 제외함)〔MIA 제55조 (2) (b)〕

---

10) *Ibid.*, pp. 12-13.
11) 加藤 修, *op. cit.*, pp. 107-108.

(2) 새로이 추가 규정된 면책사유

4.3 〔(A), (B), (C) 각 약관공통〕

보험목적의 포장 또는 준비의 불완전 또는 부적합으로 인하여 발생한 멸실·손상 또는 비용(본 조항 4.3에 있어서 "포장"이라 함은 "컨테이너" 또는 "리프트밴"에 적재하는 것을 포함하는 것으로 간주함. 단, 그와 같은 적재는 이 보험의 개시 전에 행하여지거나 또는 피보험자 또는 그 사용인에 의하여 행하여진 경우에 한함)

4.6 〔(A), (B), (C) 각 약관 공통〕

본선의 소유자, 관리자, 용선자 또는 운항자의 지불불능 또는 재정상의 채무불이행으로부터 생긴 멸실·손상 또는 비용

4.7 〔(B) 및 (C) 약관〕

보험목적 또는 그 일부에 대해 발생된 여하한 자의 불법행위에 의한 고의적인 손상 또는 고의적인 파괴

4.8 〔(B) 및 (C) 약관〕; 4.7〔(A)약관〕

원자력 또는 핵의 분열 및/또는 융합 또는 기타 이와 유사한 반응 또는 방사능이나 방사성 물질을 응용한 무기의 사용으로 인하여 발생한 멸실·손상 또는 비용

4. 신 ICC에 신규 추가된 일반면책약관

신 ICC의 일반면책약관(제4조)에는 구 ICC보다 다음의 면책사항이 신규 추가되었다.

(1) 포장 또는 준비의 불완전 또는 부적합
(Insufficiency or Unsuitability of Packing or Preparation)

원래 화물의 포장(packing)은 그 운송 중에 예상되는 일반적 제상황—예

컨대 통상의 하역 중에 동요나 각종 운송용구로 운송하는 도중 약간의 상하 움직임이나 좌우로의 움직임에 견딜 수 있도록 당해화물에 적합하여야 한다. 또한 준비(preparation)란 깨지기 쉬운 도자기, 유리 등의 화물을 두꺼운 종이, 발포 스티로폼 등으로 한 개씩 보호하여 개품포장이나 외장포장을 하거나 또는 포장 전에 철강제품에 녹방지용 그리스(grease)를 칠하는 것 등을 가리킨다.[12]

과거의 판례에 의하면 포장 또는 준비의 불완전 또는 부적합은 당해화물의 고유의 결함에 해당한다고 해석하여 이것에 기인한 손해에 대해서 보험자는 면책되었다. 신 ICC에서는 이것을 별도로 명시 규정하고 있다.

컨테이너 적입화물에 대해서는 다음의 경우가 각각 「포장」으로 취급된다.

① 컨테이너의 적입이 보험담보기간의 개시 전에 행하여질 경우 예컨대-FOB조건의 수입화물에서 보험자의 담보책임이 본선적재 이후인 데 대해, 화물은 그 이전의 단계에서 이미 컨테이너에 적입되어 있는 경우

② 컨테이너에의 적입이 피보험자 또는 그 사용인에 의하여 행하여질 경우-예컨대 피보험자의 오지창고(奧地倉庫)에서 소위 shipper's pack 된 경우

이상의 두 가지 경우에는 여기에서 말하는 포장(packing)으로 취급되므로 컨테이너에 화물을 적입할 때에는 화물을 보호하기 위한 준비를 완전하고 적합하게 해야 한다.

또한 컨테이너에의 화물의 적입이 컨테이너 운영자(선박회사, 복합운송업자 등)의 관리하에 행하여지는 경우(소위 carrier's pack)[13]에는 이 포장 또는 준비의 불완전 또는 부적합에 대한 면책규정은 적용되지 않는다.

---

12) *Ibid.*, pp.109-110.

13) carrier's pack은 운송인 측에서 화물을 컨테이너에 적입하는 것(이것을 vanning 또는 stuffing이라 함)을 가리킨다. 이 경우 적입된 화물의 수량 및 외관에 대한 B/L 상의 기재에 운송인은 책임을 부담하게 된다. 혼재화물(混載貨物: LCL 화물)은 일반적으로 운송인 측에서 컨테이너적입을 한다.

(2) 선주(船主)의 도산(Insolvency of Carriers)

이 면책규정은 하주(shipper)가 운송인을 선정하는 데 있어서 충분하게 주의하도록 권장하는 것을 목적으로 한 것이다. 운임만 싸면 된다는 안이한 선정기준으로 운송계약을 체결하면 나중에 생각하지도 않았던 손해를 입을 가능성이 있다는 것을 시사하고 있다.

예컨대 선박운항자의 부채에 대한 담보로서 항만당국이나 제3자 등의 채권자에 의하여 화물이 압수되어 창고에 보관되어 있는 동안에 화재가 발생하여 소실(燒失)되어도 보험자는 이 면책규정에 의하여 그 화물의 멸실손해를 보상하지 않는다.

(3) 의도적인 손해 또는 파괴(Deliberate Damage or Destruction)

신 ICC(A)약관에서는 담보되지만 다만 피보험자 자신의 고의적인 위법행위에 기인되는 손해는 제외된다. 그러나 신 ICC(B) 및 (C) 약관에서는 어느 것도 면책된다.

제4.7조〔(B), (C) 약관〕의 의도적인 손해 또는 파괴는 불특정자의 악의 있는 행위(wrongful act)에 의하는 것을 전제로 하고 있지만 이것은 구 협회동맹파업약관(1963년)의 제1조 (b)의 「악의를 가지고 행동하는 사람들」(person acting maliciously)에 의한 화물의 멸실·손상 담보의 규정을 말한다. 소위 malicious damage에 해당된다.

"person acting maliciously"의 의미는 대단히 폭이 넓다. 파괴 행동으로서의 sabotage-sabotage는 한국에서는 소극적 태업행위로 해석되고 있지만, 본래의 의미는 어원적(語源的)으로 영국의 산업혁명 당시의 공원(工員)들의 기계파괴 행위에서 시작된 적극적인 파괴행위를 의미한다-를 포함할 뿐만 아니라 그 행위는 악의(惡意), 앙심(spite)이나 사악(邪惡)한 의도(ill will)에 의거한 "maliciously"한 행위 모두를 가리킨다.

신 ICC약관에서는 malicious damage는 신 ICC(A)약관 이외에서는 면책으로 되어 있는데, 이것을 담보하는 경우에는 Institute Malicious

Damage Clause를 추가 특약하여야 한다.

(4) 원자핵 등의 병기(Nuclear Weapons)

신 협회전쟁약관(1 / 1 / 82) 제3조의 면책사항(제3.8조)에서는 원자핵병기의 적대행위에 사용(any hostile use of)에 의하여 발생하는 손해는 면책으로 되어 있다 이것에 대하여 신 ICC(A)약관(제4.7조), 그리고 (B) 및 (C) 약관(제4.8조)에는 어떤 원자핵병기의 손해면책에 대해서도 "hostile"에 한정하지 않고 "the use of"로 하여 적대적(敵對的)이든 아니든 불문하고 원자핵병기의 사용에 기인하는 모든 멸실, 손상, 비용을 부담보로 하고 있다는 점에 주의하여야 한다.

따라서 피보험화물이 장치되어 있는 장소 이외의 장소에서 핵병기가 어떤 목적으로 사용되었기 때문에 발생한 방사능오염 등에 의한 손해는 이 약관〔(A)약관의 제4.7조, (B) (C) 약관의 제4.8조〕에 의하여 면책된다.

5. 불내항 및 부적합 면책약관(제5조)

5.1 In no case shall this insurance cover loss damage or expense arising from unseaworthiness of vessel or craft, unfitness of vessel craft conveyance container or liftvan for the safe carriage of the subject matter insured.
where the Assured or their servants are privy to such unseaworthiness or unfitness, at the time the subject-matter insured is loaded therein.

5.2 The Underwriters waive any breach of the implied warranties of seaworthiness of the ship and fitness of the

ship to carry the subject-matter insured to destination,
unless the Assured or their servants are privy to such
unseaworthiness or unfitness.

5.5.1여하한 경우에도 이 보험은 다음의 사유로부터 생긴 멸실·손상 또
는 비용을 담보하지 아니함.

선박 또는 부선의 불내항

보험의 목적의 안전운송을 위한 선박, 부선, 운송용구, 컨테
이너 또는 리프트밴의 부적합.

단, 보험의 목적을 적재할 때 피보험자 또는 그 사용인이 그와 같
은 불내항 또는 부적합을 알고 있을 경우에 한함.

5.2 보험자는 선박의 내항 및 보험의 목적을 목적지로 운송하기 위한
선박의 적합에 대한 묵시담보의 일체의 위반에 대하여 보험자의 권
리를 포기함. 단, 피보험자 또는 그 사용인이 그러한 불내항 또는
부적합을 알지 못한 경우에 한함.

불내항 및 부적합 면책약관은 운송용구가 화물을 운송하는 데 부적합하면
사고가 발생하는 것이 당연하므로 이것을 배제하기 위한 약관이다.

영국법에서는 선박의 내항성(耐航性) 및 적합성은 묵시담보(默示擔保;
impliedwarranty)이고 〔MIA 제39조 및 40조 (2)〕, 계약에 명시되어
있지 않더라도 이것이 전제가 되어 있고 또한 이 위반이 있으면 그 위반과
손해와의 사이에 인과관계가 없어도 보험자는 면책된다.

제5.1은 「선박 또는 부선의 불내항 및 선박, 부선, 운송용구, 컨테이너
또는 리프트밴의 부적합에 의한 멸실·손상 또는 비용을 면책으로 한다. 다
만 화물이 각 운송용구에 적입될 때에 피보험자 또는 그 사용인이 그 불내
항 또는 부적합을 알고(privity to) 있을 경우에 한한다」는 취지이다.

제5.2는 「보험자는 선박의 내항과 적합에 대한 묵시담보위반이 있어도
피보험자 또는 그 사용인이 이것들을 알고 있지 않는 한, 면책되지 않는다」

는 취지이다.

따라서 "privity to"의 사실이 없으면 보험담보(cover)에는 특히 영향이 없는 면책규정이다.

그러나 "privity to"의 의의 및 역어(譯語)에 대하여 다음의 사항에 주의하여야 한다.14)

(1) "privity to"의 의의

privity는 주로 법률용어로서 사용하고 있으며 다음과 같은 의미를 갖고 있는 단어이다.

① 비밀로 감추어져 있는 사건과 상태

② 동의 또는 허용을 전제로 하여 어느 비밀사건을 알고 있는 것(participation in the knowledge of something private or secret implying concurrence or consent)

③ 법률상 인정되고 있는 당사자 상호간의 관계 — 예컨대 지주(地主) 대 차지인(借地人)의 관계

(2) "privity to"의 해석에 관한 과거의 판례

이 말의 해석을 둘러싼 다음과 같은 신・구(新舊) 두 가지 판례가 있다.

① 최근의 판례〔Compania Maritima San Basilio S. A. v. The Oceanus Mutual Underwriting, Association(Bermuda) Ltd.(The "Eurythenes") C. A.(1976)〕

이 사건은 그리스 국적선(Eurythenes 호)이 미국에서 필리핀으로 향하는 항해 중 좌초하여 화물에 손해가 발생하였기 때문에 선주(船主) 또는 하주(荷主)에 배상금을 지급한 후 P & I Club의 Oceanus Mutual에 보험금을 청구하였는데 P & I Club 측이 보험금의 지급을 거절하였다는 내

---

14) 加藤 修, *op. cit.*, pp. 111-112; R. H. Brown *op. cit.*, p. 15.

용이다.

P & I Club 이 본선은 (a) 해도(海圖)를 완비하지 않았고 (b) 승무원의 수가 부족하였고 (c) 본선 기관의 보일러에 고장이 있었다는 등의 사실을 들어 본선이 불내항이었다는 것을 이유로 보험금의 지급을 거절하였기 때문에 소송이 제기되었고 쟁점(爭点)의 핵심은 선주(船主)가 그러한 본선 불내항의 사실에 관여 내지 관지(關知; privity to)하였는가의 여부가 문제가 되었다.

이 소송사건의 과정에서 "privity"의 의의에 대하여 다음과 같은 견해가 제시되었다.

a) 선주가 본선에 대하여 알고 있는 지식으로 판단하여 본선은 불내항이 아니라고 마음속으로 믿고 있다면 그 지식의 내용이 어떠하든 불문하고 선주가 불내항에 관여(privity to)하고 있다고는 판단되지 않는다.

예컨대 선주가 본선의 승무원이 12인이라는 것을 알고 거기에다가 그 인원수로 본선의 내항성이 유지된다고 합리적이고 현명하게 판단하였다면 비록 후일(後日)이 되어서 법원 측이 내항성 확보에는 14인이 필요하다고 판단하였더라도 선주는 당초부터 불내항 성에 관여하고 있었다고는 보지 않는다.

b) 한편, 선주가 본선에 대하여 알고 있는 지식으로 본선에는 불내항성을 구성하는 불비(不備)·결함이 있다는 것을 알면서 그 사실에 대하여「보고도 보지 않은 체한다(turn a blind eye)」거나, 불비·결함이 있을지도 모른다는 의문을 품으면서 그 의무를 미리 구명(究明)하지 않고 방치해 버리면 그 불내항에 대해서 선주는 관여하고 있었다고 판단된다.

c) 본선의 내항성에 의문을 품으면서 미리 구명하지 않고 눈을 감아 버린다던가, 불내항이 사실에 대하여「보고도 보지 않은 체 한다」는 것은 단순한 태만이나 과실(negligence)보다도 훨씬 더 비난받아야 한다.

② 오래전의 판례〔compania Naviera Vascongda v. British & Foreign Marine Insurance Co.(1935)〕

이 사건에서는 선체검사 실시의 적부(適否)를 둘러싸고 본선의 불내항에 대한 선주의 관여(關與)의 유무(有無)가 쟁점이었다.

Branson 판사는 「선급협회(船級協會)의 규칙에 의거하여 선체검사일이 도래하였음에도 불구하고 선주는 고의로 검사를 생략하였다. 거기에다가 본선의 선령(船齡)은 상당히 오래된 것이었기 때문에 정기검사뿐만 아니라 특별검사를 실시해야 함에도 불구하고 이것을 하지 않았고 불내항은 방치된 상태이었다. 따라서 검사를 실시하였더라면 발견할 수 있었던 본선의 불내항성에 대해서 선주는 관여하였다고 판단된다」고 진술하고 있다.

Ⅳ. 신 ICC의 (A), (B) 및 (C)의 공통 약관

1. 담보위험(제1조~제3조)

담보위험은 제1조(위험약관), 제2조(공동해손약관) 및 제3조(쌍방과실 충돌약관)로 구성되어 있다.

(1) 제2조 공동해손약관(General Average Clause)

2. This insurance covers general average and salvage charges, adjusted or determined according to the contract of affreightment and / or the governing law and practice, incurred to avoid or in connection with the avoidance of loss from any cause except those excluded in Clauses 4, 5, 6 and 7 or elsewhere in this insurance.

2. 이 보험은 제4조, 제5조, 제6조 및 제7조에서 또는 이 보험의 기타 조항에서 제외한 원인 이외의 원인에 의한 손실을 회피하기 위하여

또는 회피함에 관련하여 발생한 공동해손 및 구조료를 담보함. 공동해손 및 구조료의 정산 또는 결정은 해상운송계약 및/또는 준거법 및 관례에 따름.

공동해손[15]은 담보된다고 MIA의 제65조(임의구조료) 및 제66조(공동해손)의 규정에 명시되어 있다. 구 ICC(1963년)에서는 제7조에 단순히 공동해손 및 임의구조료는 York-Antwerp 규칙에 의거한다는 취지만 규정하고 있는데, 신 ICC(1982년)에서는 먼저 공동해손 및 임의구조료의 담보를 명시하고 그 후에 그 정산(精算)은 당해화물의 운송계약, 준거법 및/또는 관례에 의한다는 취지를 규정하고 있다. 신·구(新舊) 약관의 규정의 상위(相違)는 ① 약관상에 공동해손담보를 명시하고 있는 점과 명시하지 않고 있는 점 ② York-Antwerp 규칙을 명시하고 있는 점과 명시하고 있지 않은 점 두 가지이다. 그러나 어느 것도 그 내용의 실체에는 바뀐 것이 없다. 왜냐하면 통상 해상운송계약에는 공동해손의 정산(精算)은 York-Antwerp 규칙에 의거한다고 규정되어 있기 때문이다.[16]

공동해손약관의 의의 및 그 경위를 보면 다음과 같다.

공동해손이 되는 손해 및 비용, 구조료를 비롯한 이들의 분담액 등의 정산은 국가에 따라 다르므로 오래전부터 영국 해상보험업계에서는 외국의 법률에 따라 공동해손이 정산되었을 때 보험자는 이에 따라 공동해손 및 구조료를 담보한다는 취지의 공동해손약관을 보험증권에 삽입해 왔다. 즉 구 ICC(1963년) 제7조의 전반의 규정에 상당하는 다음의 「외국 공동해손약관」이 그것이다.

---

15) 공동해손은 해상보험과는 별도의 제도로서 해상보험(海上保險)과 함께하는 재화를 위험으로부터 지키려는 의도하에 공동의 안전을 위하여 고의 또는 합리적으로 이상(異常)의 희생을 지급하거나 또는 비용을 지출할 경우에 공동해손행위가 성립된다. 공동해손행위가 성립된 결과 화물이 입은 희생 및 화물이 분담하는 책임을 부담하는 공동해손 분담액이 공동해손조항에 의하여 지급된다.

16) 加藤 修, *op. cit.*, p. 114.

"General average and salvage charges payable as per foreign adjustment if so made up"

이 약관이 보험증권에 삽입하게 된 배경에는 운송계약상 준거법으로 명시되어 있는 외국의 공동해손법에 따라 정당하게 정산(精算)된 공동해손이 영국법에 준거하여 정산된 공동해손과 다른 경우 외국의 공동해손법에 따라 정산된 것이 영국 해상보험업자를 구속 하는가에 대해서는 두 가지의 판례(判例)가 있다. 즉 양자가 다른 경우 영국 해상보험업자는 외국의 공동해손법에 의하여 구속을 받는다고 판결한 사건[Newman v. Cazalet; Valpole v. Ewer(1789)] 및 구속을 받지 않는다고 판결한 사건[Power v. Whitmore(1815)] 두 가지가 이어서 판시(判示) 되었고 거기에다가 학설도 일치하지 않았기 때문에 전기의 외국 공동해손약관으로 비록 외국의 법률에 따라 공동해손이 정산되어도 보험업자는 이에 따라 공동해손 및 구조료의 보상책임을 부담한다는 취지를 명백히 한 것이다.

그 이후 공동해손을 둘러싼 규칙의 국제적 통일화 및 표준화의 운동이 결실을 맺어 1980년에 York Antwerp Rules가 국제민간규칙으로서 해상운송업계에 널리 채용되게 되었다. 따라서 해상보험증권 및 협회적하약관(ICC) 약관 중에 구 ICC(1963년) 제7조에 규정되어 있는 것과 같이 공동해손약관이 명시되게 되었다. 즉

"General average and salvage charges payable as per foreign adjustment if so made up or per York-antwerp Rules if in accordance with the contract of affreightment."

의 문언대로 York-Antwerp Rules에 준거하는 것이 명시되어 있다 York-Antwerp Rules는 1880년 이래, 1924년, 1950년 1974년 개정되어 현재에 이르고 있다.

신 ICC(1982년) 제2조의 공동해손약관에서는 전술한 대로 York-Antwerp Rlues의 문언이 없어졌지만 동규칙은 해상운송계약, 기타 국제운송 계약이나 각국의 국내법 관련 규정 등에서 널리 보급되어 있고, 신 ICC(1982년)에서는 「(공동해손)의 정산 및 결정은 해상화물운송계약, 준거법, 관례에 따른다」는 규정으로 개정되어, 실질상 York-Antwerp Rules에 따르는 것을 시사하고 있다.

또한 신 ICC(1982년) 제2조의 규정의 말미에는 MIA 제66조 (6)의 공동해손의 정의규정 관련문언의 일부를 그대로 삽입하여 공동해손 및 구조료의 내용이 「담보위험에 의한 손해를 회피하기 위하여 또는 회피함에 관련하여 발생한 것」이어야 한다는 것을 명시하고 있다.[17]

(2) 제3조 쌍방과실충돌약관(Both to Blame collision Clause)

3. This insurance is extended to indemnify the Assured against such proportion of liability under the contract of affreightment "Both to Blame Collision" Clause as is in respect of a loss recoverable hereunder. In the event of any claim by shipowners under the said Clause the Assured agree to notify the Underwriters who Shall have the right, at their own cost and expense, to defend the Assured against such claim.

3. 이 보험에서는 손해보상의 범위를 확장하여 해상화물 운송계약 "쌍방과실충돌" 약관에 의한 피보험자의 부담액 중 보험증권에서 보상을 받을 수 있는 손해에 관한 부분을 지급해 줌. 상기 약관에 의거 선주로부터 청구를 받았을 경우에는 피보험자는 그 취지를 보험자에게 통지할 것을 약속함. 보험자는 자기의 비용으로 선주의 청구에 대하여 피보험자를 보호할 권리를 가짐.

---

17) R. J. Lambeth. *op. cit.*, pp. 325-328.

이 약관은 구 ICC(1963년)의 제11조(쌍방과실충돌약관)와 동일한 문언이다.

원래 「쌍방과실충돌」약관은 선하증권에 삽입되어 있는 동약관을 둘러 싼 하주의 권리에 대하여 영국법과 미국법에서 그 법적 취급을 달리하고 있기 때문에 해상적하보험의 입장에서 하주인 피보험자의 이익을 보호하기 위하여 제정된 것이고 여러해 전부터 ICC약관 중에 규정되어 온 것이다.

영국에서는 법률상 1910년 Brussel 충돌조약에 준거한 1911년 해사협약법(海事協約法; Maritime Convention Act, 1911)에 의거하여, 쌍방의 선박의 과실에 의한 충돌의 경우 선의(善意)의 하주는 자기 화물의 운송선에 충돌한 상대방 선박으로부터 그 손해의 반밖에 회수할 수 없다는 이제까지의 관행이 바뀌어져서 선의의 하주는 「과실의 정도에 따라 상대방 선박으로부터 손해배상금을 회수할 수 있다」로 되었다. 따라서 하주가 화물을 부보하면 손해액의 전액이 충돌이라는 담보위험에 의한 손해로서 보상(補償)되므로 보험대위(保險代位)한 당해 화물보험업자가 상대방 선박으로부터 배상금을 회수하게 된다. 따라서 ICC 약관 중에 이 약관을 존치(存置)하는 것은 영국법에서도 미국법의 경우와 마찬가지로 필요한 것이다.[18]

한편 미국에서는 과거의 판례(判例)에서 쌍방의 과실을 일체 인정하지 않고 항상 과실책임을 50 : 50 비율로서 정산(精算)하도록 되어 있다. 따라서 미국의 선주(船主)들은 이것에 대하여 불만을 품고 선하증권에 「쌍방과실」약관을 삽입하여 선주가 자기 선박의 적재화물에 대하여 부담한 손해는 당해화물의 하주에 청구할 수 있는 권리를 확보하기로 하였다. 이 결과 화물적재선은 단독과실로 충돌한 경우에는 자기 선박화물의 손해에 대해 운송계약상의 항해과실면책조항에 의거하여 면책되는데도 불구하고 쌍방과실의 경우에는 그 반액을 부담하게 된다는 불합리가 발생하기 때문에 운송계약서에 쌍방과실충돌약관을 삽입하여 적재선주는 자신이 부담한 화물손해의 반액을 하주로부터 반환받기로 하였다 따라서 보험계약상에는 하주인 피보험자가

---

18) Harold A. Turner, ACII, *op. cit.*, p. 103.

선하증권상의 「쌍방과실충돌」약관에 의거하여 선주에 지급하여야 할 금액을
보상한다는 취지의 약관을 선하증권상과 동일한 명칭의 약관으로 ICC약관
에 삽입하여 현재에 이르고 있다.[19]

2. 면책위험(제4조~제7조)

면책위험은 제4조(일반면책약관), 제5조(불내항 및 부적합약관), 제6조
(전쟁면책약관) 및 제7조(동맹파업면책약관)로 구성되어 있다.

(1) 제6조 전쟁면책약관(War Exclusion Clause)

6. In no case shall this Insurance cover loss damage or
    expense caused by

6.1 War civil war revolution rebellion insurrection, or civil
     strife arising therefrom, or any hostile act by or ag-
     ainst a belligerent power.

6.2 capture seizure arrest restraint or detainment,[20] and
     the consequences thereof or any attempt threat

6.3 derelict mines torpedoes bombs or other derelict wea-
     pons of war

6. 여하한 경우에도 이 보험은 다음의 사유로 인하여 발생한 멸실·손
    상 또는 비용을 담보하지 아니함.

6.1 전쟁, 내란, 혁명, 모반, 반란 또는 이로 인하여 발생한 국내투쟁,
     교전국에 의하여 또는 교전국에 대하여 행해진 적대행위

---

19) 加藤 修, *op., cit.*, p. 117.
20) 신 ICC(A) 약관의 6.2조 detainment 다음에는 piracy excepted(해적행위를 제외함)
    라는 주가 붙어 있다.

6.2 포획, 나포, 강류, 억지 또는 억류 및 그러한 행위의 결과 또는 그
　　러한 행위의 기도

6.3 유기된 기뢰, 어뢰, 폭탄 또는 기타의 유기된 전쟁무기

이 약관은 후술하는 신 협회전쟁약관에서 담보되는 담보위험조항과 대비해
야 하는 조항이다. 전쟁에 관한 규정문언이 Lloyd's S. G. Policy의 본문
약관의 중세영어에서 탈피하여 간결한 현대영어로 된 것이 뚜렷한 특징이다.

6.1조에서는 war, civil war, revolution 등을 열거·면책하여 면책내
용을 명확히 하고 있다.

6.2조에서는 포획, 나포, 강류, 억지 및 그러한 행위의 결과 또는 그러한
행위의 기도를 면책하고 있다. (A) 약관의 제6.2조에는 「해적행위를 제외
함」(piracy excepted)의 주가 붙어 있다. (B), (C) 약관의 6.2조에는
그 주가 없는 것이 (A)와 (B), (C)약관의 차이점이다. 또한 이 점은 신
ICC의 특징의 하나로 되어 있다. 즉 (A)약관에서는 해적행위를 해상위험
중의 all risks의 하나로서 담보하는데 (B), (C)약관에서는 해상위험으로서
열거 담보하고 있지 않다. 보험계약자로부터 요구가 있으면 별도로 Institute
Malicious Damage Clause로 특약하여 추가 담보할 수 있다.

바꿔 말하면 전쟁 전으로 돌아가 해적행위를 전쟁위험 취급으로부터 해상
위험 취급으로 변경한 것이다. 전쟁전의 1937년까지 포획·나포·부담보약관
(F. C. & S. Clause)에는 「piracy excepted」의 말이 들어 있었다.[21]

1932년 당시 Spain 내란시에 국적불명의 항공기 및 잠수함이 지중해를
중심으로 각국의 선박을 무차별 공격하는 사태가 발생하였다. 이것 때문에
런던시장에서는 이제까지 해상위험으로서 인수해 오던 「해적행위」 중에 항
공기, 잠수함 등의 병기에 의한 무력행사에 따른 행위까지도 포함시켰기 때
문에 「해적행위」를 그 이후 「전쟁위험」으로서 취급하게 된 것이다.

---

21) R. H. Brown, *Analysis of Marine Insurance Clauses-BOOK ONE The Institute
　　Cargo Clauses(1982)*-2nd Edition, Witherby., & Co, Ltd., 1982. pp. 13-14.

신 ICC에서는 무기에 의한 조직적인 무력공격이 있으면 평시(平時)라도 전쟁위험으로 취급하고 있다.

또한 제6조의 첫머리에서 특히 「다음의 사유로 인하여 발생한 멸실·손상 또는 비용은 담보하지 않는다」로 규정하여 비용의 부담보를 명시하고 있다. 협회전쟁약관에서는 비용까지는 취급하지 않는다는 점에 주의해야 한다.

또한 여기에서 주의해야 하는 것은 해적과 해적행위와는 다른 개념이라는 점이다.

해적(Pirates)의 문언은 구 영문 해상적하보험증권의 본문약관의 열거위험 중에 있고 그 의미는 1906년 영국 해상보험법(MIA)의 부칙에서 「폭동을 일으키는 여객 및 해안에서 선박을 탈취하는 폭도도 포함한다」고 규정되어 있다. 이 규정은 과거의 판례에 근거하고 있지만, 원래의 국제법상의 개념은 전기 MIA의 규정보다도 좁다. 즉 「공해상에서 사선(私船)을 가지고 약탈의 목적으로 각종 폭력행위를 하는 자」로 되어 있다.

MIA의 규정을 구체화하면 MIA에서 말하는 해적이란 공해상이든 영해상이든 불문하고 사리사욕의 목적으로 해상의 재산, 인명을 무차별로 약탈하고, 살육하고, 방화하고, 파괴하는 행위로서 거기에다가 육상에서의 가해(加害)이든 해적선에 의한 가해이든 불문하고 또한 선박의 승객이 가해자이든 불문하고 이들 가해행위자 모두를 포함한다는 것이다.

한편 해적행위(piracy)이란 피보험위험으로서 해적의 가해행위를 말하며 그 전형적인 것에는 약탈, 방화, 파괴 등이 있다.[22]

(2) 제7조 동맹파업면책약관(Strikes Exclusion Clause)

7. In no case shall this insurance cover loss damage or expense

7.1 caused by strikers, locked-out workmen, or persons

---

22) 加藤 修, 貨易保險の實務, 同文舘, 1988, p. 160-161.

taking part in labour disturbances, riots or civil commotions

7.2 resulting from strikes, lock-outs, labour disturbances, riots or civil commotions

7.3 caused by any terrorist or any person acting from a political movie.

7. 여하한 경우에도 이 보험은 다음의 멸실·손상 또는 비용을 담보하지 아니함.

7.1 동맹파업자, 직장폐쇄를 당한 노동자 또는 노동분쟁, 소요 또는 폭동에 가담한 자에 의하여 발생한 것.

7.2 동맹파업, 직장폐쇄, 노동분쟁, 소요 또는 폭동의 결과로 생긴 것.

7.3 테러리스트 또는 정치적 동기로 행동하는 자에 의하여 발생한 것.

이 약관은 후술하는 신 협회동맹파업약관(1982년)에서 담보되어 있는 담보위험조항과 대비해야 하는 약관이다. 제7.3조의 규정이 새로이 추가되었고 제7.1조 및 제7.2조의 면책규정은 1963년 ICC의 면책조항과 동일한 취지이다.

제7.1조에서는 동맹파업 등에의 참가자에 의한 화물의 멸실·손상, 비용을 부담보로 하고 제7.2조에서는 단순한 동맹파업의 상태에서 발생하는 화물의 멸실·손상, 비용(예컨대 노동력 및 보안요원의 부족 등으로 누전(漏電)을 발견하지 못하거나 수도관의 파괴를 방치한 결과의 손해 등)은 부담보로 하고 있다.[23]

제7.3조는 1982년 ICC에서 처음으로 도입된 규정으로서 「테러리스트; terrorist」나 정치적 동기에서 행동하는 자에 의한 멸실·손상, 비용을 면책하고 있다.

---

23) R. H. Brown, op. cit., p. 14.

또한 후술하는 신 협회동맹파업약관에서는 전기의 제7.1조 및 제7.3조의 위험은 그대로 부활담보되고 있지만 전쟁위험의 경우와 마찬가지로 화물의 멸실·손상만이 부활담보되고 비용은 어디까지나 면책이다. 또한 구 협회동맹파업·소요·폭동약관과 마찬가지로 제7.2조의 동맹파업의 상태는 부담보이다.24)

3. 보험기간(제8조~제10조)

보험기간은 제8조(운송약관; Transit Clause), 제9조(운송계약종료약관; Termination of Contract of Carriage Clause) 및 제10조(항해변경약관; Change of Voyage Clause)에 규정되어 있다.

(1) 제8조 운송약관(Transit Clause)

8.8.1   This insurance attaches from the time the goods leave the warehouse or place of storage at the place named herein for the commencement of the transit, continues during the ordinary course of transit and terminates either

8.1.1   on delivery to the Consignees' or other final warehouse or place of storage at the destination named herein,

8.1.2   on delivery to any other warehouse or place of storage, whether prior to or at the destination named herein, which the Assured elect to use either

---

24) 加藤 修, *op. cit.*, pp. 161-162.

8.1.2.1 for storage other than in the ordinary course of transit or

8.1.2.2 for allocation or distribution,

or

8.1.3 on the expiry of 60 days after completion of discharge overside of the goods hereby insured from the oversea vessel at the final port of discharge, whichever shall first occur.

8.2 If. after discharge overside from the oversea vessel at the final port of discharge. but prior to termination of this insurance, the goods are to be forwarded to a destination other than that to which they are insured hereunder, this insurance, whilst remaining subject to termination as provided for above, shall not extend beyond the commencement of transit to such other destination.

8.3 This insurance shall remain in force (subject to termination as provided for above and to the provisions of Clause 9 below) during delay beyond the control of the Assured, any deviation, forced discharge, reshipment or transhipment and during any variation of the adventure arising from the exercise of a liberty granted to shipowners or charterers under the contract of affreightment.

8.8.1 이 보험은 화물이 운송개시를 위하여 이 보험증권에 기재된 지역의 창고 또는 보관장소를 떠날 때에 개시되고 통상의 운송과정 중에 계속되며,

8.1.1 이 보험증권에 기재된 목적지의 수하인 또는 기타의 최종창고 또는 보관장소에 인도될 때

8.1.2 이 보험증권에 기재된 목적지에 도착하기 이전이나 목적지를 불문하고 피보험자가 다음의 목적지 중 어느 곳에 사용하고자 택한 기타의 창고 또는 보관장소에 인도될 때.

8.1.2.1 통상의 운송과정에서가 아닌 보관 또는

8.1.2.2 할당 또는 분배

8.1.3 최종양하항에서 외항선으로부터 피보험화물의 하역 완료 후 60일25)이 경과될 때 중 어느 것이든 먼저 생긴 때에 종료함.

8.2 최종양하항에서 외항선으로부터 양하 후 그러나 이 보험이 종료되기 전에 화물이 이 보험에 부보된 목적지 이외의 장소로 운송되는 경우에는 이 보험은 상기 보험종료의 규정에 따라 계속되나, 그러한 다른 목적지로 운송이 개시될 때 종료됨.

8.3 이 보험(상기 보험종료의 규정 및 하기 제9조의 규정에 따라) 피보험자가 좌우할 수 없는 지연, 일체의 이로, 부득이한 양하, 재선적 또는 환적 및 해상운송계약상 선주 또는 용선자에게 부여된 자유재량권의 행사로부터 생기는 위험의 변경기간 중 유효하게 계속됨.

제8조(운송약관)는 전술한 대로 Duration(보험기간)에 속하는 최초의 약관으로서 1963년 ICC의 제1조(운송약관－창고 간 담보약관 흡수)와 동일한 문언이다.

다만 1963년 ICC의 제1조와 비교하면 ① 번호를 많이 붙여 읽기 쉽게 하고 내용을 알기 쉽게 한 것이다. ② 1963년 ICC의 제1조의 첫머리인 "Have the warehouse or place of storage at the place named in the Policy for the commencement of the transit……"의 밑줄

---

25) 우리나라는 수입화물에 대하여 60일을 10일로 수정하여 사용하고 있다. 이것은 보험계약상 보상범위를 축소한 것이다.

친 부분이 "herein"으로 변경된 점 두 가지가 다르다.

또한 1963년 ICC 제1조의 말미에는 지연, 화물 고유의 하자, 성질에 의한 손해나 비용을 부담보하는 면책규정이 있었는데, 1982년 ICC에는 이러한 종류의 중요한 면책은 제4조 및 제5조의 면책규정에 일괄규정되어 있으므로 이 약관에서 이 면책규정은 자취를 감추었다.[26]

(2) 제9조 운송계약종료약관
(Termination of Contract of Carriage Clause)

9. If owing to circumstances beyond the control of the Assured either the contract of carriage is terminated at a port or place other than the destination named therein or the transit is otherwise terminated before delivery of the goods as provided for in Clause 8 above, then this Insurance Shall also terminate *unless prompt notice is given to the Underwriters and continuation of cover is requested when the insurance shall remain in force, subject to an additional premium if required by the Underwriters, either.*

9.1 until the goods are sold and delivered at such port or place, or, unless otherwise specially agreed, until the expiry of 60 days after arrival of the goods hereby insured at such port or place, whichever shall first occur,

or,

9.2 if the goods are forwarded within the said period of

---

26) R. J. Lambeth, *op. cit.*, pp. 99-100.

> 60 days(or any agreed extension thereof) to the des-
> tination named herein or to any other destination,
> until terminated in accordance with the provisions of
> Clause 8 above.

9. 피보험자가 좌우할 수 없는 사정에 의하여 운송계약이 그 계약시에 기재된 목적지 이외의 항구 또는 지역에서 종료되거나 또는 기타의 사정으로 상기 제8조에 규정된 화물의 인도 이전에 운송이 종료될 경우에는 이 보험도 또한 종료됨.

그러나 단, 보험자에게 지체 없이 그 취지를 통지하고 담보의 계속을 요청할 경우에 보험자의 요구가 있으면 추가보험료를 지급하는 조건으로 이 보험은 다음의 시점까지 유효하게 계속 됨.

9.1 화물이 상기의 항구 또는 지역에서 매각된 후 인도될 때 또는 별도의 합의가 없는 한 그러한 항구 또는 지역에 피보험 화물의 도착 후 60일이 경과한 때 중 어느 한쪽이 먼저 생길 때까지

9.2 만약 화물이 상기 60일의 기간(또는 합의하에 60일의 기간을 연장한 기간) 내에 이 보험증권에 기재된 목적지 또는 기타의 목적지에 계반될 경우에는 상기 제8조의 규정에 따라 보험이 종료될 때까지.

이 약관은 1963년 ICC 제2조(운송계약종료약관)와 동일한 취지이고 문언도 거의 같지만 다음의 사항이 개정되었다.

① 1963년 ICC의 규정문언과 비교하면 "adventure"가 "contract of carriage"로 바뀌어서 표현이 구체화되어 있다.

② 1963년 ICC에서는 「운송이 종료되는 경우에는 지체 없이 그 취지가 보험자에게 통지되어……」로 되어 있는데 이 약관에서는 「운송이 종료되는 경우에는 그 시점에서 이 보험은 종료된다. 다만 지체 없이 그 취지가 보험자에 통지되어……」로 규정되어 있고 보험자의 운송종료에 대한 통지가 없는 경우의 보험의 종료시점이 명료하게 되어 있다.[27]

③ 운송이 종료되어 할증보험료가 지급된 경우 보험의 최장 유효기간(60
일 또는 그것을 연장한 일수)의 기산점(起算點)이 1963년 ICC 약관
의 「외항선박에서의 양하 완료시」에서 화물의 「운송이 종료된 항구 또
는 지점에의 도착시」로 변경되어 있다.

예컨대 중간항에서 운송계약이 종료된 경우, 화물을 그 항구에 양하하느
냐 타 항구로 계송(繼送)하느냐의 결정이 길어지면 무제한으로 담보하지 않
을 수 없다는 것을 고려하여 본선의 중간항 도착 후의 일수(日數)에 기한을
붙인 것으로 해석한다. 또한 국제복합 운송으로 육상운송중의 중간지에서
운송계약이 종료되는 경우를 상정하여 중간지에의 화물의 도착 후에 대해서
도 60일 한도의 담보를 한다는 취지를 규정한 것으로 해석한다.

또한 이 약관에 대하여 특히 주의해야 할 것은 운송계약이 중간항 또는
중간지에서 종료된 경우에 담보기간이 계속되느냐 하는 여부는 보험자 앞으
로 신속하게 통지하였는가의 여부에 달려있다는 것이다.[28]

(3) 제10조 항해변경약관(Change of Voyage Clause)

10. Where, after attachment of this insurance, the destina-
tion is changed by the Assured, held covered at a premium
and on conditions to be arranged subject to prompt notice
being given to the Underwriters.

10. 이 보험의 개시 후 목적지가 피보험자에 의하여 변경된 경우에는 보
험자에게 지체 없이 통지할 것을 조건으로 추후에 협정하여야 할 보
험료 및 보험조건에 의하여 담보가 계속됨.

이 약관의 기본적 취지는 1963년 ICC 제4조(항해변경약관)와 동일하지
만 다음의 점에서 다르다.[29]

---

27) *Ibid.*, pp. 100-101.
28) 加藤 修, *op. cit.*, p. 165.

① 1963년 ICC는 항해변경의 경우 할증보험료의 지급을 전제로 하여 담보가 계속되도록 되어 있는데, 1982년 ICC의 약관에서는 할증보험료의 지급 및 보험조건 변경의 가능성을 전제로 하여 담보가 계속된다.

② MIA 제45조(1)에서는 「선박의 목적지가 임의로 변경되는」 경우에 항해의 변경이 있는 것으로 규정하고 있는데, 이 조문에서는 「목적지가 피보험자에 의해서 변경되는」 경우에 대하여 규정하여 그 범위를 확대하고 있다.

따라서 피보험자에 의하지 않는 목적지의 변경 및 선박의 목적항의 변경에 대해서는 (예컨대 단순한 port to port의 항해의 경우 외에 국제복합운송에 있어서 양륙항이나 오지(奧地)의 최종목적지 변경의 경우 등) 개개의 사정에 따라 제8조 또는 제9조 및 MIA에 비추어 해석할 필요가 있다. 바꿔 말하면 항해의 변경을 구성하는 사정에 대해서는 종래의 본선 양하항 변경의 경우(MIA의 규정) 외에 최종 목적지(destination)의 변경의 경우가 추가된다는 취지로 해석한다.

③ 1963년 ICC에 있었던 〔선박 또는 항해의 기술(記述)의 탈루(脫漏) 또는 오기(誤記)에 대한 담보계속〕의 규정은 1982년 ICC에서는 없어졌다. 또한 open policy 또한 open contract에 의한 특약서가 미리 체결되어 있다면 만일 전기와 같은 신청 내용에 대해 오기·탈루가 있어도 피보험자 측에 특히 고의 중과실이 없는 한, 계속 담보되므로 특약서에 의하지 않는 일반의 개별신청에 대해서만은 1982년 ICC의 전기 규정은 중요한 의미를 가진다.

4. 보험금 청구(제11조~제14조)

보험금 청구는 제11조(피보험이익약관; Insurable Interest Clause), 제12조 〔계반(繼搬)비용약관; Forwarding Charges Clause〕, 제13조

---

29) *Ibid.*, p. 166; R. J. Lambeth, *op. cit.*, p. 88.

(추정전손약관; Constructive Total Loss Clause) 및 제14조(증액약
관; Increased Value Clause)에 규정되어 있다.

(1) 제11조 피보험이익약관(Insurable Interest Clause)

11.1 In order to recover under this insurance the Assured
must have an insurable interest in the subject-matter
insured at the time of the loss.

11.2 Subject to 11.1 above, the Assured Shall be entitled
to recover for insured loss occurring during the period
covered by this insurance, notwithstanding that the
loss occurred before the contract of insurance was
concluded, unless the Assured were aware of the loss
and the Underwriters were not.

11.1 이 보험에서 보상을 받기 위해서는 피보험자는 손해발생시에 보험
의 목적에 대한 피보험이익을 갖고 있지 않으면 안 됨.

11.2 상기 11.1의 규정에 따르지만 피보험손해가 보험계약 체결 이전에
발생하였을지라도 피보험자가 그 손해의 발생사실을 알고 보험자가
몰랐을 경우를 제외하고는 피보험자는 이 보험의 담보기간 중에 생
긴 피보험손해에 대하여 보상을 받을 권리가 있음.

이 조문 11.1조는 MIA 6조(1) 「피보험이익이 존재하지 않으면 안 될
시기」의 규정, 즉 「피보험자는 보험계약체결시에 보험의 목적물에 대하여
이해관계를 가지는 것을 필요로 하지 않지만 손해발생 시에는 이것을 갖고
있지 않으면 안 된다」는 취지를 재록(再錄)한 것이다.

또한 11.2조는 Lloyd's S. G. Policy 본문약관 중의 유명한 "lost or
not lost"의 소급(遡及)담보조항이 소멸(消滅)함에 따라 그 해석규정(MIA
부칙)을 신 ICC(1982년)에 재생시킨 것이다.[30]

(2) 제12조 계반(繼搬)비용약관(Forwarding Charges Clause)

12. Where, as a result of the operation of a risk covered by this insurance, the insured transit is terminated at a port or place other than that to which the subject-matter is covered under this insurance, the Underwriters will reimburse the Assured for any extra charges properly and reasonably incurred in unloading storing and forwarding the subject-matter to the destination to which it is insured hereunder.

   This Clause 12, which does not apply to general average or salvage charges, shall be subject to the exclusions contained in Clauses 4, 5, 6 and 7 above, and Shall not include charges arising from the fault negligence insolvency of financial default of the Assured or their servants.

12. 이 보험으로 담보되는 위험이 발생한 결과로, 피보험 운송이 이 보험에서 담보되는 보험목적의 목적지 이외의 항구 또는 지역에서 종료될 경우에, 보험자는 보험의 목적을 양하하고, 보관하고, 이 보험증권에 기재된 목적지로 계반함으로 인하여 적절하고 합리적으로 발생한 추가비용을 피보험자에게 보상함. 이 제12조는 공동해손 또는 구조료에는 적용되지 아니하고, 상기 제4조, 제5조 제6조 및 제7조에 규정된 면책조항의 적용을 받으며, 또한 피보험자 또는 그 사용인의 과실, 태만, 지불불능 또는 재정상의 채무이행으로부터 생긴 비용을 포함하지 아니함.

1963년 ICC에는 계반비용에 관하여 하나로 통합된 규정이 없어 보험증

---

30) R. H. Brown, *op. cit.*, pp. 15-16.

권 본문의 손해방지약관, MIA 64조(2)의 특별비용에 관한 규정, FPA약관에 있는 특별비용의 규정 등에 비추어 해석해 왔다. 그러나 이 조문에 의하여 담보위험의 작용의 결과로서의 추가비용이 보상되는 것은 명확하게 되었다. 이 조문의 문언은 (A), (B), (C)의 각 약관에 공통되지만 보상되는 범위는 담보위험에 따라 달라진다. FPA약관의 특별비용의 규정에 의하면 WA약관에 의하여 보상하게 되는 비용을 보상하게 되어 있는데, 1982년 ICC조건에서는 이러한 특수한 규정이 없다.

또한 이 약관에 대하여 주의해야 할 점은 여기에서 말하는 계반비용(繼搬費用)은 운송계약의 종료가 피보험위험에 의하여 발생한 경우로서 거기에다가 보험자의 동의를 전제로 하는 적절하고 합리적인 지출비용으로서의 계반비용에 한정되어 있다. 따라서 예컨대 운송인의 도산(倒産)에 의한 항해의 방기(放棄) 종료의 경우에 소요되는 계반비용은 당연히 부담보가 된다.

또한 MIA 제64조(2)의 규정은 다음과 같다. 「보험의 목적물의 안전 또는 보존을 위하여 피보험자에 의하여 또는 피보험자를 위하여 지출된 비용으로서 공동해손 및 구조료 이외의 것을 특별비용이라 한다.」 특별비용은 단독해손에 포함되지 않는다.[31]

(3) 제13조 추정전손약관(Constructive Total Loss Clause)

13. No claim for Constructive Total Loss shall be recoverable hereunder unless the subject-matter insured is reasonably abandoned either on account of its actual total loss appearing to be unavoidable or because the cost of recovering, reconditioning and forwarding the subject-matter to the destination to which it is insured would exceed its value on arrival.

---

31) 加藤 修, *op. cit.*, pp. 167-168.

13. 추정전손에 대한 보험금 청구는 보험목적의 현실전손이 불가피하다고
생각될 때, 또는 보험의 목적을 회복시켜 거기에 손질을 하고, 그것
을 담보목적지까지 계속 운반하는 데 소요되는 비용이 그 목적지에
도착했을 때의 보험의 목적의 가액을 초과할 것 같기 때문에 보험의
목적을 정당하게 위부하지 않는 한, 이 보험증권하에서는 보상되지
않음.

1963년 ICC와 비교하면 문언상의 상위(相違)가 조금 있을 뿐이고 그
내용은 동일하다. MIA 제60조의 (1) 및 (2) (i), (iii)에도 다음과 같은
동일취지의 규정이 있다.

MIA 제60조의 추정전손의 정의는 다음과 같다.

제60조 추정전손의 정의

(1) 보험증권에 명시의 특약이 있는 경우를 제외하고, 보험의 목적물의
현실전손이 불가피한 것으로 보이기 때문에, 또는 만약 비용을 지출한다면
보험목적물의 가액을 초과할 비용의 지출 없이는 현실전손을 면할 수 없기
때문에 보험의 목적물이 정당하게 위부될 경우에는 추정전손이 있다.

(2) 특히 다음 경우에는 추정전손이 있다.

(i) 피보험자가 피보험위험으로 인하여 자기의 선박 및 화물의 점유(占
有)를 박탈당하였을 경우에, (a) 피보험자가 그 선박 및 화물을 회
복할 가능성이 없을 때, 또는 (b) 그 선박 및 화물을 회복하는 비
용이 회복되었을 때의 가액을 초과할 것으로 예상될 경우, 또는

(ii) 선박의 손상의 경우에는, 선박이 피보험위험으로 인하여 심하게 손
상되어서 그 손상을 수선하는 비용이 수선되었을 때의 선박의 가액
을 초과할 것으로 예상될 경우, 수선비를 견적하는 데 있어서는 다
른 이해관계자에 의하여 부담될 상기 수선에 대한 공동해손 분담액
을 공제해서는 안 된다. 그러나 장래의 구조작업에 요하는 비용과,
선박이 수선될 경우에 선박이 부담하게 될 장래의 공동해손 분담액

은 수선비에 가산되어야 한다.

(iii) 화물의 손상의 경우에 있어서는 손상을 수선하는 비용과 화물을 그 목적항까지 전송(轉送)하는 비용을 합산한 비용이 목적항 도달시의 화물의 가액을 초과할 것으로 예상될 경우

(4) 제14조 증액약관(Increased Value Clause)

14.1 If any increased Value insurance is effected by the Assured on the cargo insured herein the agreed value of the cargo Shall be deemed to be increased to the total amount insured under this insurance and all Increased Value insurance covering the loss, and liability under this insurance shall be in such proportion as the sum insured herein bears to such total amount insured.

In the event of claim the Assured shall provide the Underwriters with evidence of the amounts insured under all other insurances.

14.2 Where this insurance is on Increased Value the following clause shall apply:

The agreed value of the cargo shall be deemed to be equal to the total amount insured under the primary insurance and all Increased Value insurances covering the loss and effected on the cargo by the Assured, and liability under this insurance Shall be in such proportion as the sum insured herein bears to such total amount insured.

In the event of claim the Assured Shall provide the Underwriters with evidence of the amounts insured under all other insurances.

14.1 이 보험의 피보험화물에 대하여 피보험자가 별도의 증액보험을 부보한 경우에는 이 화물의 협정가액은 이 보험 및 이와 동일한 손해를 담보하는 모든 증액보험의 총보험 금액으로 증가된 것으로 간주되며, 이 보험에서의 보상책임은 총보험금액에 대한 이 보험의 보험금액의 비율로서 부담하게 됨.

보험금액을 청구할 때에는 피보험자는 모든 타 보험의 보험금액을 증명할 수 있는 서류를 보험자에게 제출하여야 함.

14.2 이 보험이 증액보험일 경우에는 다음의 약관을 적용함:

이 화물의 협정가액은 원보험 및 피보험자에 의하여 그 화물에 대해 부보되어 동일한 손해를 담보하는 모든 증액보험의 총보험금액과 동액으로 간주되며 이 보험에서의 보상책임은 총보험금액에 대한 이 보험의 보험금액의 비율로서 부당하게 됨. 보험금 청구의 경우에는 피보험자는 모든 타 보험의 보험금액을 증명할 수 있는 서류를 보험자에게 제출하여야 함.

이 증액약관이 1982년 ICC 제14조에 새로 규정된 것은 증액보험에 관한 종래의 시장관행을 바꾸기 위한 것이다.

종래의 증액보험의 실무에서는 원보험(原保險)과 증액보험을 각각 별개의 피보험이익에 대한 보험계약으로서 취급하고 증액보험자는 원보험의 화물에 대한 손해방지비용 등의 비용손해에 대해서는 보상이 면책되었다. 또한 원보험계약에 의거하여 지급한 보험금이 회수되었더라도 증액보험자는 그것을 받을 수 없다는 관례(Boag v. Standard Maritime Insurance Company 사건-1936년)에 의하여 뒷받침되었다.

1982년 ICC에서는 이러한 종래의 관습을 변경하는 취지에서 새로 증액약관을 설정하고 원보험과 증액보험이 각각 일부보험이 되고 양자 합산하여 전부보험이 되도록 규정하고 있다. 즉 피보험화물에 대하여 원보험자와 증액보험자가 공동보험자와 같은 관계에서 양보험의 보험금액 합계액에 대한 각각의 보험금액의 점유비율에 따라 손해를 보상하는 것을 규정하고 있다.[32]

최근에는 화물의 종류에 따라 손해방지비용 등의 비용손해액이 다액(多額)에 달하는 일도 있으므로 증액보험자에도 그 보상책임을 부담시키기 위하여 이 규정이 설정되었다고 볼 수 있다.

이 약관에 의하면 원보험, 증액보험이 각각 일부보험이 되고 양자를 합쳐 전부보험이 되므로 원보험자와 증액보험자는 공동보험자와 같은 관계에 서게 된다.

그 구체적인 예는 다음과 같다.[33]

원보험의 보험가액, 보험금액	US $ 2,000
증액보험의 보험금액	US $ 1,000
손해액	US $ 1,500

(a) 원보험의 부담액

$$1,500 \times \frac{2,000}{2,000 + 1,000} = 1,000$$

(b) 증액보험의 부담액

$$1,500 \times \frac{1,000}{2,000 + 1,000} = 500$$

$$(a) + (b) = US \ \$ \ 1,500$$

5. 보험이익(Benefit of Insurance)

보험이익은 제5조(보험이익불공여약관; Not to Inure Clause)에 규정되어 있다.

---

32) R. H. Brown, *op. cit.*, p. 17.
33) 加藤 修, 最新國際貨物海上保險實務, 成山堂, 1987, p. 126.

(1) 제15조 보험이익불공여약관(Not to Inure Clause)

BENEFIT OF INSURANCE

15. This insurance shall not inure to the benefit of the carrier or other bailee.

보험이익

15. 이 보험은 운송인 및 기타의 수탁자에게 유리하게 이용되어서는 안 됨.

이 약관은 1963년 ICC의 제10조와 동일한 규정으로서 1982년 ICC에서는 「보험의 이익」이라는 표제(標題)가 붙어 있으며 당해 적하보험계약의 이익 향수자(享受者)에는 운송인 기타 제3자로서의 수탁(受託)계약자는 일체 포함하지 않는다는 취지를 명확히 하고 있다.

종래의 선하증권에는 「보험이익 향수약관」(Benefit of Insurance Clause)이 삽입되어 있었다. 이 약관에 따라 운송인은 자기의 책임에 귀속되는 화물의 종류에 대해서도 하주로 하여금 보험자로부터 보험금의 보상을 받게 하여 하주가 보험에 의하여 실질적으로 손해를 입지 않았다는 것을 이유로 운송인 자신의 책임을 면하려고 하였다. 이것에 대항하기 위하여 보험이익 향수약관이 있는 선하증권(또는 운송계약)에 의거하여 운송되는 화물에 관한 보험금 청구에는 일체 응하지 않는다는 취지의 수탁자(受託者) 약관이라고 부르는 특별약관을 창출하였는데, 그 이후 1930년대 초기부터 협회적하약관 중 하나의 약관으로 통합되어 1957년까지 존속되어 왔다.

한편 선하증권면에서 보험이익 향수약관이 자취를 감추게 됨에 따라 「보험이익 불공 여약관」도 일단 자취를 감추었다가 1963년 ICC의 개정시에 다시 규정되어 현재에 이르고 있다. 전술한 경위 때문에 1982년 ICC 약관에 있어서도 이 약관이 존속하고 있다.[34]

이 약관은 원래 1963년 ICC 제9조 수탁자약관(Bailee Clause)에 해

---

34) *Ibid.*, p. 127.

당하는 1982년 ICC 제16조(피보험자의 의무약관)와 관련되어 있다. 즉 먼저 이 약관에 의하여 보험이익이 운송인 또는 기타의 수탁자에게 이전되지 않도록 사전에 조치함과 동시에 "Bailee Clause"에 의하여 보험목적인 화물의 방위, 보호 및 회복을 위한 합리적 조치를 강구하고 운송인 또는 기타의 수탁자의 책임에 귀속되는 사유에 의하여 발생한 손해에 대해서 보험자는 이들에 대한 보험대위(保險代位)에 의한 구상권(求償權)의 보존 및 행사를 규정하는 취지를 유보하고 있는 것이다.

따라서 이 약관은 1963년 ICC 제9조 "Bailee Clause"에 해당하는 1982년 ICC 제16조 "Duty of Assured Clause"와 대비하여 이해해야 한다.

6. 손해의 경감(제16조~제17조)

손해의 경감은 제16조(피보험자 의무약관; Duty of Assurd Clause) 및 제17조(포기약관; Waiver Clause)에 규정되어 있다.

(1) 제16조 피보험자 의무약관(Duty of Assured Clause)

MINIMISING LOSSES

16. It is the duty of the Assured and their servants and agents in respect of loss recoverable hereunder

16.1 to take such measures as may be reasonable for the purpose of averting or minimising such loss. and

16.2 to ensure that all rights against carriers, bailees or other third parties are properly preserved and exercised and the Underwriters will, in addition to any loss recoverable hereunder, reimburse the Assured for any charges properly and reasonably incurred in pursuance of these duties.

16. 이 보험에서 보상하는 손해에 관하여 다음 사항을 이행하는 것은 피
    보험자, 그 사용인 및 그 대리인의 의무임.

16.1 손해를 방지하거나 또는 경감시키기 위하여 합리적인 조치를 강구
    하는 것. 그리고

16.2 운송인, 수탁자 또는 기타의 제3자에 대한 일체의 권리가 적절히
    보존되고 행사되도록 확보하여 놓는 것. 그리고 보험자는 이 보험
    에서 손해에 부가하여 상기의무를 수행함에 있어 적절하고 합리적
    으로 발생된 비용을 피보험자에게 보상함.

이 약관의 16.1조는 손해방지의무의 규정이고 Lloyd's S.G. Policy 본
문 약관의 "Sue and Labour Clause"(손해방지약관)를 MIA의 규정문
언에 따라 현대영어로 바꿔 쓴 것이다.

또한 16.2조의 규정은 전 항에서 설명한 보험이익 불공여약관과 대비되
는 것으로서 보험대위(保險代位)에 의하여 보험이 취득되어야 하는 운송인
또는 기타의 제3자에 대한 손해방지청구권의 보전(保全) 또는 행사를 확실
하게 하기 위한 것이다.

바꿔 말하면 1963년 ICC에서는 「손해의 경감」(Minimising Losses)
의 표제하에 "Bailee Clause"를 손해방지의무약관과 함께 손해방지약관의
일종으로서 일괄 규정한 형식을 취하고 있다.

또한 양 약관에 의거하여 피보험자의 의무를 이행한 경우에 합리적으로
지출된 일체의 비용이 보험자에 의하여 보상된다는 취지도 제16조 말미에
제16.1조 및 제16.2의 규정을 총괄하면서 명확하게 규정되어 있다.[35]

(2) 제17조 포기약관(Waiver Clause)

17. Measures taken by the Assured or the Underwriters
    with the object of saving, protecting or recovering the

---

35) *Ibid.*, p. 128.

subject-matter insured shall not be considered as a
waiver or acceptance of abandonment or otherwise pre-
judice the rights of either party.

17. 보험의 목적을 구조하고 보호하고 또는 회복하기 위한 피보험자 또는
보험자의 조치는 위부의 포기 또는 승낙으로 간주되지 아니하며 또한
각 당사자의 권리를 침해하지도 아니함.

우리나라의 상법에서 위부(委付)는 단독행위이고 위부의 사유가 존재하게
되면 피보험자는 특히 보험자의 승낙을 기다리지 않고 보험자에 대하여 위
부의 통지를 하여 위부의 의사표시를 명확히 할 수가 있다. 그러므로 그 통
지에 의해서만 위부가 성립된다.[36] 또한 위부사유가 존재하고 피보험자가
위부의 의사표시를 하였을 때에는 보험금 지급의 유무를 불구하고 피보험자
가 가지는 보험의 목적에 대한 일체의 권리가 보험자 측에 이전된다.[37]

이에 대하여 영국법에서는 위부의 성립에는 보험자의 승낙을 필요로 하므로
피보험자가 비록 위부의 통지를 하더라도 보험자가 이것을 승낙하지 않는 경우
도 있다. 만약에 양자간에 위부의 승낙을 둘러싼 소송이 제기되면 위부의 통지
당시의 상황이 아니라 소송제기 당시의 상황에 의하여 위부가 성립되는가의 여
부가 쟁점이 된다. 따라서 위부의 통지가 일단 승낙되면 취소할 수 없다.[38]

또한 이 약관은 위부의 성립을 둘러싸고 보험계약당사자간에 비록 합의가
성립되지 않아도 그것과는 별개로 당해 피보험재산의 보존 또는 손해의 방
지경감에 양 당사자로 하여금 노력하게 하는 것을 규정하고 이것 때문에 피
보험자가 지출한 비용은 손해방지비용으로서 또는 특별비용으로서 보상하는
것을 명확히 하고 있다.[39]

---

36) 우리나라 상법 제713조.
37) 우리나라 상법 제718조.
38) MIA 제62조, 제63조.
39) R. J. Lambeth, *op. cit.*, p. 22.

7. 지연의 방지(Avoidance of Delay)

지연방지는 제18조(신속조치약관; Reasonable Despatch Clause)에
규정되어 있다.

(1) 제18조 신속조치약관(Reasonable Despatch Clause)

18. It is a condition of this insurance that the Assured
    shall act with reasonable despatch in all circumstances
    within their control.

18. 피보험자는 자기가 좌우할 수 있는 모든 여건하에 있어서 상당히 신
    속하게 행동하는 것이 이 보험의 조건임.

이 약관은 1963년 ICC의 제14조의 규정과 전적으로 동일하다. 다만 이
약관에 「지연의 방지」(AVOIDANCE OF DELAY)란 표제가 붙어 있을
뿐이다.

즉 1982년 ICC의 제16조(피보험자 의무약관) 및 제17조(포기약관)는
그 표제 "MINIMISING LOSSES"(손해의 경감)를 보면 알 수 있는 바
와 같이 손해가 이미 발생한 경우 또는 그 발생이 현실로 박두하고 있는 경
우를 전제로 하는 피보험자의 의무인 데 대해, 이것에 이어지는 이 약관의
제18조는 손해가 발생하고 있지 않은 상태에서 거기에다가 화물이 피보험
자인 하주(荷主)의 관리하(within their control)에 있는 동안에 당연히
준수해야 할 「신속조치」의 의무를 규정하고 있다.[40]

따라서 1963년 ICC에서도 하주인 피보험자는 예컨대 도착화물의 조기인
수, 환적지점에서 화차조작이나 배선(配船) 등의 신속하고도 합리적인 수
배, 사정의 변경에 관한 보험자에의 신속한 통지수배 등에 신경을 쓰지 않

---

40) *Ibid.*, p. 105.

으면 경우에 따라서는 보험계약을 무효화시키는 결과를 초래하므로 주의해야 한다.

8. 법률 및 관례

(1) 제19조 영국법률 및 관례약관
(English Law and Practice Clause)

19. This insurance is subject to English law and practice.

19. 이 보험은 영국의 법률 및 관례에 준거함.

이 약관에는 "LAW AND PRACTICE"(준거법 및 관례)라는 표제가 붙어있고 신 ICC(1982년)에 새로 규정된 약관이다.

우리나라의 신 해상보험증권(적하)(New Marine Cargo Policy)에는 보험청구에 대한 책임과 결제에 대하여는 영국법규와 관례에 따른다는 취지를 다음과 같이 규정하고 있다.[41]

Notwithstanding anything contained herein or attached hereto to the contrary, this insurance is understood and agreed to be subject to English law and practice only as to liability for and settlement of any and all claims.

이 보험증권에 규정 또는 첨부된 어떠한 반대규정에도 불구하고 이 보험은 어떠한 모든 보상청구에 대한 책임과 결제에 대하여는 영국법규와 관례에만 따를 것을 합의함.

우리나라에서는 1982년 ICC를 그대로 적용하는 것을 전제로 하고 있지

---

41) R. H. Brown, *op. cit.*, p. 17.

만 신 해상보험증권(적하)표면의 본문약관의 첫머리에 신 준거법약관을 기재하고 그 문언 중 특히 "only as to liability for and settlement of any and all claims"의 only를 삽입하여 보험금청구에서는 영국법준거의 취지를 보다 명확히 하고 있다.

따라서 1982년 ICC에 약관(제19조; 영국의 법률 및 관례약관)이 있어도 신 해상보험증권(적하) 표면의 준거법약관이 우선 적용된다. 우리나라에서 발행되는 영문 해상보험증권(적하) 또는 우리나라에서 체결되는 적하보험계약에 관한 보험료의 채권, 채무나 계약의 유효성 등에 대해서는 우리나라 상법 및 이에 의거한 보험관계법 등이 적용된다.

9. 유의사항(Notice)

NOTE-It is necessary for the Assured when they become aware of an event which is "held covered" under this insurance to give prompt notice to the Underwriters and the right to such cover is dependent upon compliance with this obligation.

유의사항-피보험자가 이 보험에 의거 "계속 담보를 받는" 사유의 발생을 알았을 때에는, 지체 없이 그 취지를 보험자에게 통지함을 요하며 계속 담보를 받을 수 있는 권리는 본 의무의 이행 여부에 달려있음.

1963년 ICC 말미의 유의사항의 규정과 같으며 소위 "held covered"의 원칙에 대하여 미리 피보험자의 주의를 환기시키기 위한 규정이다. "held covered" 되는 사유가 발생하였을 때에는 피보험자(the Assured)에게는 보험자(the Underwriters)에게 신속하게 통지할 의무가 있기 때문에 ICC의 관계약관 중에는 동일한 규정이 많다. 비록 그러한 명시규정이 없더라도 이 원칙이 적용되는 경우가 많으므로 말미(末尾)에 일괄하여 미리 그 원칙의 중요성을 강조하고 있다.[42]

V. 신 ICC(A), (B), (C)의 담보위험 및 면책사항 비교

(1) 담보위험

① 아래의 사유에 상당하는 인과관계가 있는 보험목적의 멸실·손상	(1)	A 조건	B 조건	C 조건
	①			
1. 화재 또는 폭발	1	○	○	○
2. 선박, 부선의 좌초, 교사, 침몰, 전복	2	○	○	○
3. 육상 운송용구의 전복, 탈선	3	○	○	○
4. 선박, 부선, 운송용구의 화물과의 충돌, 접촉	4	○	○	○
5. 피난항에 있어서의 화물의 양하	5	○	○	○
6. 지진, 분화, 낙뢰	6	○	○	×
② 아래의 사유로 발생한 보험의 멸실·손상	②			
1. 공동해손 희생	1	○	○	○
2. 투하	2	○	○	○
3. 갑판유실(washing overboard)	3	○	○	×
4. 본선, 부선, 선창, 운송용구, 컨테이너, 리프트밴(지게 자동차) 또는 보관장소에 해수, 호수, 강물의 유입으로 인한 손해	4	○	○	×

---

42) 加藤 修, *op. cit.*, pp. 131-132.

		A 조건	B 조건	C 조건
5. 선박, 부선으로의 선적 또는 하역작업 중 바다에 떨어지거나 갑판에 추락한 포장 단위당 전손	5	○	○	×
③ 상기 이외의 보험목적에 멸실 또는 손상을 발생시키는 일체의 위험	③	○	×	×
④ 공동해손, 구조료(면책사항에 관련된 것은 제외됨)	④	○	○	○
⑤ 쌍방과실 충돌	⑤	○	○	○

(2) 면책사항(전쟁, 동맹파업 이외)

	(2)	A 조건	B 조건	C 조건
1. 피보험자의 고의적 위법 행위	1	×	×	×
2. 통상의 누손, 중량, 용적의 통상의 감소, 자연소모	2	×	×	×
3. 포장, 준비의 불완전(위험개시 전 또는 피보험자에 의하여 컨테이너, 리프트밴에 화물을 적재하는 것 포함)	3	×	×	×
4. 보험 목적의 고유의 하자, 성질	4	×	×	×
5. 선박, 부선의 불내항, 선박, 부선, 운송용구, 컨테이너, 리프트밴의 부적합(피보험자가 관여한 경우)	5	×	×	×
6. 지연(피보험위험으로 인한 경우 포함)	6	×	×	×
7. 선주, 관리자, 용선자, 운항자의 파산, 재정상의 채무 불이행	7	×	×	×
8. 모든 또는 개개인의 악의가 있는 행위로 인하여 전체 또는 일부의 의도적인 손상, 파괴	8	○	×	×
9. 원자핵 분열 및 / 또는 원자핵 융합 또는 동종의 반응 또는 방사능 또는 방사성물질을 이용한 병기의 사용에 의하여 발생한 멸실·손상 또는 비용.	9	×	×	×

제7장 1982년 신 협회전쟁약관(적하), 신 협회동맹파업약관(적하)

I. 신 협회전쟁약관(적하)
[New Institute War Clauses(Cargo)-1 / 1 / 82]

II. 신 협회동맹파업약관(적하)
[New Institute Strikes Clauses(Cargo)-1 / 1 / 82]

III. 신 협회악의손해약관[Institute Malicious Damage Clause-1 / 10 / 82]

제7장 1982년 신 협회전쟁약관(적하),
신 협회동맹파업약관(적하)

I. 신 협회전쟁약관(적하) [New Institute War Clauses(Cargo) - 1 / 1 / 82]

1982년 신 ICC 제6조의 전쟁면책약관에 대응하여 전쟁위험을 부활, 담보하는 경우에는 신 협회전쟁약관을 적용한다.

1. 신 협회전쟁약관의 특징

먼저 형식과 구성의 양면에서 보면 1982년 신 ICC의 (A), (B), (C) 각 약관과 마찬가지로 (1) 관련 약관을 총괄한 「표제」(標題)가 붙어있다. (2) 세분하여 번호가 붙어 있어 읽기 쉽게 되어 있다. (3) 제1조에 담보위험의 내용을 규정한 위험약관을 규정하고 제3조 이하에 일반면책약관, 제5조에 보험기간의 순서로 되어있고 그 이하는 1982년 신 ICC의 약관구성을 답습하고 있다. (4) 전쟁위험만을 단독 담보하는 경우에 대비하여 전쟁위험 담보약관으로서 필요한 각종 관련 약관을 1982년 신 ICC(A), (B), (C)의 공통약관에서 그대로 채용하여 재록(再錄) 규정하고 신 협회 전쟁약관으로서 독립성을 구비하는 체제(體制) 및 내용으로 되어 있다는 점 등이 종래의 구 협회전쟁약관과 다른 점이다.

예컨대 일반면책사항의 컨테이너 조항 및 불내항 및 부적합의 면책약관 외에 증액약관, 피보험자의 의무약관 등이 ICC (A), (B), (C)약관과 동일한 문언으로 규정되어 있다.

또한 전쟁위험에 관한 Lloyd's S.G. Policy 본문약관 중의 중세영어의 용어가 자취를 감추고 war, civil war, revolution 등의 현대영어의 전쟁위험용어로 통일되어 있는 것이 큰 개정점이다.

다음으로 커다란 변화는 전쟁, 내란 등과 관계없이 발생하는 「평시(平時)」의 포획, 나포 등이 전쟁위험으로서 담보되지 않게 되었다는 점 및 전쟁위험 중에서 해적행위(piracy)가 제외되고 옛날로 돌아가 해적행위를 다시 해상위험으로 취급하게 되었다는 점 등이다.[1]

2. 제1조 위험약관(Risks Clause)

1. This insurance covers, except as provided in Clause 3 and 4 below, loss of or damage to the subject matter insured caused by

1.1　war civil war revolution rebellion insurrection, or civil strife arising therefrom, or any hostile act by or against a belligerent power

1.2　capture seizure arrest restraint or detainment, arising

---

1) 加藤 修, 最新國際貨物海上保險實務, 成山堂, 1987, p. 134.

    from risks covered under 1.1 above, and the consequ-
    ences thereof or any attempt thereat

1.3   derelict mines torpedoes bombs or other derelict wea-
    pons of war

1.   이 보험은 다음의 위험으로 인한 보험의 목적의 멸실 또는 손상을 담보함. 단, 제3조 및 제4조에 규정한 위험은 제외함.

1.1   전쟁, 내란, 혁명, 모반, 반란 또는 이로 인하여 발생한 국내투쟁, 교전국에 의하여 또는 교전국에 대하여 행해진 적대행위

1.2   상기 1.1에서 담보되는 위험으로 인한 포획, 나포, 강류, 억지 또는 억류 및 그러한 행위의 결과 또는 그러한 행위의 기도

1.3   유기된 기뢰, 어뢰, 폭탄 또는 기타의 유기된 전쟁무기

(1) 제1.1조의 담보위험

종래의 증권본문에 규정되어 있던 일련의 중세 영어의 전쟁관계의 문언-군함(men-of-war), 외적(enemies), 해적(pirates), 표도(漂盜; rovers), 포획면허장 및 보복포획면허장(letters of mart and counter-mart), 습격(surprisals), 해상에서의 점유탈취(taking at sea) 등이 없어졌다. 또한 군사적 행동(warlike operations)의 문언도 자취를 감추었다. 따라서 "war"(전쟁)란 단순한 문언으로 전쟁위험담보를 표시하고 있다.

(2) 제1.2조의 담보위험

제1.2조에 열거되어 있는 포획, 나포 등은 제1.1조의 열거위험에서 발생하는 것에 한정되어 있다. 따라서 제1.1조에 열거되어 있는 전쟁, 내란 등과 관계없이 발생하는 「평시」의 포획, 나포 등은 담보되지 않는다. 또한 해적행위(piracy)가 전쟁위험에서 제외되어 있다.

(3) 제1.3조의 담보위험

유기(遺棄)된 "derelict"이라는 형용사가 기뢰, 어뢰 등에 부가되었다. 이 결과 전쟁이 종료되어 상당한 세월이 지난 후에 나타나는 유기된 기뢰 등의 위험도 전쟁위험으로 취급된다는 것이 명확하게 되었다.[2]

(4) 기 타

제1조의 첫머리의 문언에는 「이 보험은……보험의 목적에 대한 멸실·손상을 담보한다」고 규정되어 있다. 1982년 신 ICC 제6조의 전쟁면책약관에서 말하는 멸실(loss), 손상(damage), 비용(expense) 중 부활담보되는 것은 멸실·손상뿐이고 비용은 부담보라는 점이 이 규정에 의하여 명확하게 되었다.

또한 첫머리의 규정에 의하여 전쟁위험에 의한 상기(商機)의 상실(loss of market), 기타의 간접손해(consequential losses)도 부담보라는 점이 명확하게 되어 있다.

3. 제3조 일반면책약관(General Exclusion Clause)

3. In no case shall this insurance cover

3.1 loss damage or expense attributable to wilful misconduct of the Assured

3.2 ordinary leakage, ordinary loss in weight or volume, or ordinary wear and tear of the subject-matter insured

3.3 loss damage or expense caused by insufficiency or unsuitability of packing or preparation of the subjectmatter insured(for the purpose of this Clause 3.3 "packing" shall

---

2) R. H. Brown, *Analysis of Marine Insurance Clauses—BOOK ONE The Institute Cargo Clauses*(1982)−2nd Edition, Witherby & Co., Ltd., 1982. p. 24.

be deemed to include stowage in a container or liftvan but only when such stowage is carried out prior to attachment of this insurance or by the Assured or their servants)

3.4 loss damage or expense caused by inherent vice or nature of the subject-matter insured

3.5 loss damage or expense proximately caused by delay, even though the delay be caused by a risk insured against(except expenses payable under Clause 2 above)

3.6 loss damage or expense arising from insolvency or financial default of the owners managers charterers or operators of the vessel

3.7 any claim based upon loss of or frustration of the voyage or adventure

3.8 loss damage or expense arising from any hostile use of any weapon of war employing atomic or nuclear fission and/or fusion or other like reaction or radioactive force or matter.

3. 여하한 경우에도 이 보험은 다음의 손해를 담보하지 아니함.

3.1 피보험자의 고의적 비행에 기인한 멸실·손상 또는 비용

3.2 보험목적의 통상의 누손, 중량 또는 용적상의 통상의 손실 및 통상의 자연소모

3.3 보험목적의 포장 또는 준비의 불완전 또는 부적합으로 인하여 발생한 멸실·손상 또는 비용(본 조항 3.3에 있어서 "포장"이라 함은 "컨테이너" 또는 "리프트밴"에 적재하는 것을 포함하는 것으로 간주함. 단, 그와 같은 적재는 이 보험의 개시 전에 행하여지거나 또는 피보험자 또는 그 사용인에 의하여 행하여진 경우에 한함)

3.4 보험목적의 고유의 하자 또는 성질로 인하여 발생한 멸실·손상 또는 비용

3.5   지연이 피보험위험으로 인하여 발생된 경우일지라도 지연을 근인으로 하여 발생한 멸실·손상 또는 비용(상기 제2조에서 지급할 비용은 제외함)

3.6   본선의 소유자, 관리자, 용선자 또는 운항자의 지불불능 또는 재정상의 채무불이행으로부터 생긴 멸실·손상 또는 비용

3.7   항해 또는 해상운송의 상실 또는 중단에 의거한 일체의 보상청구

3.8   원자력 또는 핵의 분열 및/또는 융합 또는 기타 이와 유사한 반응 또는 방사능이나 방사성 물질을 응용한 무기의 적대적 사용으로 인하여 발생한 멸실·손상 또는 비용

이 약관은 1982년 신 ICC (A), (B) 및 (C)의 제4조에 해당되는데, 특히 주의해야 할 점은 제3.8조 원자핵병기 면책약관이다. 즉 제3.8조에는 「적대적 사용」(hostile use)의 용어가 있는데, 이 용어는 구 협회전쟁약관과 같다.

또한 제4조 불내항 및 부적합 면책약관은 1982년 신 ICC와 동일하므로 설명은 생략한다.

제3.7조(항해중단부담보약관)에서는 구 협회전쟁약관은 「국왕, 군주 … 의한 포획, 나포에 의하여 발생한 항해의 상실, 종료」는 부담보로 규정되어 포획, 나포하는 주체의 낡은 이름이 열거되어 있는 데 대해, 신 협회전쟁약관에서는 포획, 나포 등의 원인 및 이것들을 행하는 주체자의 이름 등을 삭제하고 항해의 중단, 상실 등 일련의 사실발생의 경우에는 면책이라는 취지를 규정하고 있을 뿐이다.[3]

4. 제5조 운송약관(Transit Clause)

5.1   This insurance

---

3) *Ibid.*, pp. 25-26.

5.1.1　attaches only as the subject-matter insured and as to any part as that part is loaded on an oversea vessel

and

5.1.2　terminates, subject to 5.2 and 5.3 below, either as the subject-matter insured and as to any part as that part is discharged from an oversea vessel at the final port or place of discharge.

or

on expiry of 15 days counting from midnight of the day of arrival of the vessel at the final port or place of discharge, whichever shall first occur; nevertheless,

subject to prompt notice to the Underwriters and to an additional premium, such insurance

5.1.3　reattaches when, without having discharged the subjectmatter insured at the final port or place of discharge, the vessel sails therefrom.

and

5.1.4　terminates, subject to 5.2 and 5.3 below, either as the subject-matter insured and as to any part as that part is thereafter discharged from the vessel at the final(or substituted) port or place of discharge,

or

on expiry of 15 days counting from midnight of the day of rearrival of the vessel at the final port or place of discharge or arrival of the vessel at a substituted port or place of discharge.

whichever shall first occur.

5.2 If during the insured voyage the oversea vessel arrives at an intermediate port or place to discharge the subjectmatter insured for on carriage, by oversea vessel or by aircraft, or the goods are discharged from the vessel at a port or place of refuge, then, subject to 5.3 below and to an additional premium of required, this insurance continues until the expiry of 15 days counting from midnight of the day of arrival of the vessel at such port or place, but thereafter reattaches as the subject-matter insured and as to any part as that part is loaded on an on-carrying oversea vessel or aircraft. During the period of 15 days the insurance remains in force after discharge only whilst the subject matter insured and as to any part as that part is at such port or place. If the goods are on-carried within the said period of 15 days or if the insurance reattaches as provided in this Clause 5.2

5.2.1 where the on-carriage is by oversea vessel this insurance continues subject to the terms of these clauses,

or

5.2.2 where the on carriage is by aircraft, the current institute War Clauses(Air Cargo)(excluding sendings by post) shall be deemed to form part of this insurance and shall apply to the on-carriage by air.

5.3 If the voyage in the contract of carriage is terminated at a port or place other than the destination agreed therein, such port or place shall be deemed the final port or discharge and such insurance terminates in accordance with 5.1.2. If the subject-matter insured is subsequently reshipped to the original or any other destination, then provided notice is given to the Underwriters before the commencement of such further transit and subject to an additional premium, such insurance reattaches

5.3.1 in the case of the subject-matter insured having been discharged, as the subject-matter insured and as to any part as that part is loaded on the on-carrying vessel for the voyage;

5.3.2 in the case of the subject-matter not having been discharged, when the vessel sails from such deemed final port of discharge;

thereafter such insurance terminates in accordance with 5.1.4.

5.4 The insurance against the risks of mines and derelict torpedoes, floating or submerged, is extended whilst the subject-matter insured or any part thereof is on craft whilst in transit to or from the oversea vessel, but in no case beyond the expiry of 60 days after discharge from the oversea vessel unless otherwise specially agreed by the Underwriters.

5.5 *Subject to prompt notice to Underwriters, and to an*

additional premium if required, this insurance shall remain in force within the provisions of these Clauses during any deviation, or any variation of the adventure arising from the exercise of a liberty granted to shipowners or charterers under the contract of affreightment.

(For the purpose of Clause 5

"arrival" shall be deemed to mean that the vessel is anchored, moored or otherwise secured at a berth or place within the Harbour Authority area. If such a berth or place is not available, arrival is deemed to have occurred when the vessel first anchors, moors or otherwise secures either at or off the intended port or place of discharge.

"oversea vessel" shall be deemed to mean a vessel carrying the subject-matter from one port or place to another where such voyage involves a sea passage by that vessel)

5.1 이 보험은

5.1.1 보험의 목적 또는 그 일부에 대하여는 그 해당 부분이 외항선에 적재될 때에 개시되고,

5.1.2 하기 5.2 및 5.3 조항의 경우 이외에는 보험의 목적이 또는 그 일부에 대하여는 그 해당 부분이 최종 양하항 또는 양하장소에서 외항선으로부터 양하될 때,

또는

최종 양하항 또는 양하장소에 선박이 도착한 날의 자정부터 기산하여 15일이 경과한 때

중 어느 한쪽이 먼저 생길 때 종료함.

그럼에도 불구하고

보험자에게 지체 없이 통지하고 추가보험료를 지급하는 조건으

로, 이 보험은

5.1.3 최종 양하항 또는 양하장소에서 보험의 목적을 양하하지 아니하고 선박이 그곳으로부터 항해할 때에 다시 효력을 발생하며

5.1.4 하기 5.2 및 5.3 조항의 경우 이외에는 보험의 목적이 또는 그 일부에 대하여는 그 해당 부분이 최종(또는 그와 대체된) 양하항 또는 양하장소에서 선박으로부터 양하될 때

또는

최종 양하항 또는 양하장소에 선박이 재도착한 날 또는 대체 양하항 또는 양하장소에 선박이 도착한 날의 자정부터 기산하여 15일이 경과된 때

중 어느 한쪽이 먼저 생길 때 종료함.

5.2 피보험 항해 중 외항선이 보험의 목적을 양하하여 어느 외항선이나 항공기로 계반시키기 위해 중간항구 또는 장소에 도착한 경우, 또는 화물이 피난항 또는 피난장소에서 양하된 경우에는 하기 5.3의 규정과 보험자가 요구하는 경우에는 추가보험료를 지급하는 조건으로 이 보험은 그와 같은 항구 또는 장소에 선박이 도착한 날의 자정부터 기산하여 15일이 경과된 때까지 계속되나 그 후 보험의 목적이 또는 그 일부에 대하여는 그 해당부분이 계반 외항선 또는 항공기에 적재될 때 다시 효력을 발생함. 상기 15일의 기간 중 이 보험은 양하 후 보험의 목적이 또는 그 일부에 대하여는 그 해당부분이 그와 같은 항구 또는 장소에 있는 동안에만 유효하게 계속됨. 화물이 상기 15일의 기간 내에 계반되거나 또는 이 보험이 본조 5.2의 규정에 따라 다시 효력을 발생한다면

5.2.1 외항선에 의한 계반의 경우에는 이 보험은 이 약관의 조건에 따라 계속되며,

또는

5.2.2 항공기에 의한 계반의 경우에는 현행 협회전쟁약관(항공화물)(우

송물 제외)이 이 보험의 일부를 구성하는 것으로 간주될 것이며 항공기에 의한 계반에 적용됨.

5.3 운송계약상의 항해가 동 계약서에 정해진 목적지 이외의 항구 또는 장소에서 종료될 경우, 그와 같은 항구 또는 장소가 최종 양하항으로 간주되며 그와 같은 보험은 5.2의 규정에 따라 종료함. 그 후 보험의 목적이 원래의 목적지 또는 다른 목적지로 재선적되는 경우에는 그와 같은 계속운송 개시 전에 보험자에게 통지하고 추가보험료를 지급하는 조건으로 이 보험은 다음 시점부터 다시 효력을 발생함.

5.3.1 보험의 목적이 양하되었을 경우에는 보험의 목적이 또는 그 일부에 대하여는 그 해당 부분이 항해를 위하여 계반선박에 적재될 때

5.3.2 보험의 목적이 양하되지 아니하였을 경우에는 선박이 최종 양하항으로 간주된 곳으로부터 출항할 때, 그 후 이 보험은 5.1.4의 규정에 따라 종료됨.

5.4 부유중 또는 수면하에 잠수된 기뢰 또는 유기된 어뢰위험에 대한 보험은 보험의 목적 또는 그 일부가 외항선으로 또는 외항선으로부터 부선 운송되는 동안에도 연장 담보됨. 그러나 보험자의 다른 특별한 동의가 없는 한 여하한 경우에도 외항선으로부터 양하 후 60일을 초과하지 아니함.

5.5 보험자에게 지체 없이 통지하고, 보험자가 요구하는 경우에는 추가보험료를 지급하는 조건으로 이 보험은 일체의 이로 또는 해상운송계약에 의거 선주 또는 용선자에게 부여된 자유 재량권의 행사로부터 발생한 일체의 위험의 변경기간 중에도 이 약관의 규정범위 내에서 유효하게 됨.

(제5조의 적용상

"도착"이라 함은 선박이 항만당국 관할구역 내의 정박묘지(碇泊錨地) 또는 장소에 묘박(錨泊), 계류 또는 기타의 방법으로 안전하게 고정되는 것을 의미하는 것으로 간주함. 그와 같은 정박묘지 또는 장소를 이용할 수 없는 경

우에는 선박이 예정된 양하항 또는 양하장소에서 또는 그 밖에서 제일 먼저 묘박, 계류 또는 다른 방법으로 안전하게 고정될 때 도착된 것으로 간주함.

"외항선"이라 함은 어느 항구 또는 장소로부터 다른 항구 또는 장소로 보험의 목적을 운송하는 선박으로서, 그러한 항해가 그 선박에 의한 해상 항행을 포함하는 경우의 선박을 의미하는 것으로 간주함).

종래의 협회전쟁약관과 비교하면 규정문언이 약간 간소화되어 있는데, 이것은 기뢰, 어뢰위협담보기간에 관한 규정이 1절로 모아진 결과 때문이다. 내용적으로 양자 사이에는 큰 차이가 없지만 다음의 점에 주의해야 한다.

① 전쟁위험의 담보는 원칙적으로 화물이 해상에 있는 동안에만 적용한다. 즉 waterborne agreement에 따른다(제5.1.1조, 제5.1.2조).

② 담보책임은 화물이 외항선에 적재되었을 때 개시되고 화물이 외항선에서 양하되었을 때(다만 환적을 위한 양하를 제외함) 종료한다.

③ 화물이 환적되는 경우에는 waterborne만 담보하는 원칙이 완화되어 환적항에 양하되어 그곳에 머무르고 있는 동안은 15일간 한도로 보험담보가 계속된다. 다만 15일을 경과하고도 계반(繼搬) 외항선에 적재되지 않으면 보험담보는 중단되고 실제로 적재되었을 때에 재개한다(제5.2조 이외).

④ 전쟁위험의 본선도착 후 담보기간(time limit)은 본선의 목적항(도착항)에서 기산(起算)하여 15일간 한도이다. 「도착」의 정의는 본선이 항만당국 관할구역내의 정박묘지(碇泊錨地; anchorage) 또는 기타의 장소에 묘박(錨泊), 계류(繫留), 고정(固定)되는 것을 말한다.

⑤ 부유(浮游) 중 또는 수면하에 잠수된 기뢰, 유기된 어뢰의 위험은 외항선에 적재 전 및 외항선에서 양하 후 각각 부선운송 중에도 담보된다. 다만 외항선에서 양하 후 60일간을 초과할 수 없다.

⑥ 종래의 약관의 "interest"(피보험이익)라는 용어가 "subject-matter insured"로 통일 변경되었다.

⑦ 피난항에서의 양하의 취급이 새로 규정되어 중간항에서의 환적과 동일

하게 취급되었다. 또한 양자의 경우에도 할증보험료가 징수되는 경우가 있다는 것을 명시하고 있다는 점에 주의해야 한다(제5.2조 이외).

⑧ 중간항, 피난항에서 항공기에 의하여 계반(繼搬)되는 경우의 취급(제5.2.2조)이 새로 규정되었다.4)

5. 기타 제약관

제2조 공동해손약관(General Average Clause), 제6조 항해변경약관(Change of Voyage Clause), 제8조 피보험이익약관(Insurable Interest Clause), 제9조 증액약관(Increased Value Clause), 제10조 보험이익불공여약관(Not to Inure Clause), 제11조 피보험자의무약관(Duty of Assured Clause), 제12조 포기약관(Waiver Clause), 제13조 신속조치약관(Reasonable Despatch Clause), 제14조 영국법 및 관례약관(English Law and Practice Clause) 및 유의사항(Note) 등은 1982년 신 ICC와 동일하다.

또한 제7조에는 종래의 협회전쟁약관과 마찬가지로 제3.7조(항해중단 등 면책조항), 제3.8조(원자핵병기면책조항) 또는 제5조(운송약관)가 우선 적용되는 것 및 이들 규정조항에 저촉되는 당해 보험계약에 관한 규정은 그 저촉의 범위에 있어서 모두 무효로 한다는 취지가 명시되어 있다.

---

4) 加藤 修. *op. cit.*, p. 141.

6. 신 협회전쟁약관과 구 협회전쟁약관의 비교

(1) 조항 대비표(I.W.C)

신약관			구약관				신설
구분	조항	약관명	조항	동일	표현 변경	내용 변경	
담보 위험	1	Risks Cl. (위험약관)	1			*	
	2	General Average Cl. (공동해손약관)	1·3		*		
면책 조항	3	General Exclusion Cl. (일반면책약관)	2			*	
	4	Unseaworthiness and Unfitness Exclusion Cl. (불내항 및 부적합 면책약관)	—				*
보험 기간	5	Transit Cl. (운송약관)	4			*	
	6	Change of Voyage Cl. (항해변경약관)	7·1			*	
	7	Paramount Cl. (지상의 약관)	6	*			
보험금 청구	8	Insurable Interest Cl. (피보험이익약관)	—				*
	9	Increased Value Cl. (증액약관)	—				*
보험 이익	10	Not to Inure Cl. (보험이익 불공여약관)	—				*
손해 경감	11	Duty of Assured Cl. (피보험자 의무약관)	—				*
	12	Waiver Cl. (포기약관)	—				*
지연 방지	13	Reasonable Despatch Cl. (신속조치 약관)	8	*			
법률 및 관례	14	English Law and Practice Cl. (영국법 및 관례 약관)	—				*
		Note(유의사항)					*
		N.B.: 현행 약관중 제3조 면책율약관은 삭제되었음.					

(2) 담보위험(I.W.C)

- 전쟁, 내란, 혁명, 모반, 반란, 국내분쟁, 교전국에 대한 적대행위 및 이로 인한 포획, 나포, 강류, 억지, 억류
- 유기된 기뢰, 어뢰, 폭탄, 기타 유기된 전쟁무기
- 담보위험으로 인한 공동 해손 및 구조비
- 손해방지비용

(3) 면책위험(I.W.C)

일 반 면 책	• 피보험자의 고의적 비행
	• 통상적인 누손, 부족손, 자연소모
	• 포장의 불완전 또는 부적합
	• 고유의 하자, 성질
	• 지연
	• 선박소유자, 관리자, 용선자, 운항자의 채무 불이행
	• 항해의 상실 또는 중지
	• 원자력 및 핵무기의 적대적 사용
불 내 항 및 부 적 합 면 책	• 선박, 부선의 불내항
	• 선박, 부선, 운송용구, 컨테이너, 리프트밴의 부적합 　(단, 피보험자, 사용인이 상기 사실을 알고 있을 경우에 한함)

(4) 주요 개정사항(I.W.C)

내　　　용	구　약　관	신　약　관
(1) 담보위험		
• 포획, 나포, 강류, 억지, 억류	제한없이 규정(1.1) 담보(1.1)	담보위험에 기인된 것으로 제한(1.1) 부담보(일반적하위험으로 이관)
• 해적 행위		

내　　　용	구　약　관	신　　약　　관
(2) 면책조항		
●일반면책	전쟁위험에 관계된 사항만 규정(2)	독립된 보험으로서 역할을 할 수 있도록 I.C.C.와 유사하게 규정(3)
●불내항 면책	－	
(피보험자가 관여된 경우)		신설(I.C.C.와 동일하게 규정)
(3) 보험기간		
●운송약관의 구조	제4조: 일반전쟁위험에 적용 제5조: 기뢰 및 어뢰 위험에 적용	운송약관을 1개조로 통합(5)
●계반(on-carriage)규정	운송용구: 외항선	운송용구: 외항선 및 항공기
●항해의 변경	추가보험료: 불요 7.1규정에 규정	추가보험료: 요구가 있으면 지불조항 독립(6)
(4) 이재(理財)조항		
●증액보험규정		신설(9)

〈주〉 (　)안의 숫자는 조항 번호

Ⅱ. 신 협회동맹파업약관(적하) [New Institute Strikes Clauses(Cargo) - 1/1/82]

1982년 신 ICC 제7조의 동맹파업면책약관에 대응하여 동맹파업위험을 부활담보하는 경우에는 신 협회동맹파업약관을 적용한다.

1. 신 협회동맹파업약관의 특징

먼저 신 약관에서 주목해야 할 점은 그 표제명(標題名)이 현대적으로 간결하게 되었다는 점이다. 종래는 strikes, riots, civil commotions를 열거한 대로의 표제명으로 약어로서는 S.R. & C.C. 위험담보약관이라는 특수한 전문용어의 표제명으로 되어 있었는데 "strikes"의 용어로 간소화되었다. 담보위험의 내용은 종래와 마찬가지로 riots, civil commotions 등의 위험도 담보하고 있다.

또한 담보위험 중에서 종래의 동맹파업·소요·폭동약관(1963년) 등에서 담보한 "persons acting maliciously"의 손해가 삭제되었고 이들 손해는 "Institute Malicious Damage Clause"에서 담보하도록 되었다.

그리고 테러리스트(terrorist) 또는 정치적 동기에서 행동하는 자에 의한 손해의 담보가 새로 추가되었다. 영국 국내를 비롯하여 구미제국에서 자주 발생하는 테러행위의 배경을 고려하여 이들에 의한 손해도 담보하게 되었다.5)

2. 제1조 위험약관(Risks Clause)

1. This insurance covers, except as provided in Clauses 3 and 4 below, loss of or damage to the subject-matter insured caused by
1.1 strikers, locked-out workmen, or persons taking part in labour disturbances, riots or civil commotions
1.2 any terrorist or any person acting from a politicial motive.
1. 이 보험은 다음의 위험으로 인한 보험의 목적의 멸실 또는 손상을 담보함. 단, 제3조 및 제4조의 면책조항에 규정된 손해는 제외함.
1.1 동맹파업자, 직장폐쇄를 당한 노동자 또는 노동분쟁, 소요, 폭동에 가담한 자.

---

5) 加藤 修, *op. cit.*, pp. 142-143.

1.2 테러리스트 또는 정치적 동기로 행동하는 자.

1963년 구 협회동맹파업·소요·폭동약관과 비교하여 1982년 신 협회동맹파업약관은 문언상 약간의 상위가 있지만 「동맹파업자, 직장폐쇄를 당한 노동자 또는 노동분쟁, 소요, 폭동 등에 가담한 자」(제1.1조)에 의하여 발생한 보험목적의 멸실·손상만을 담보한다는 기본 원칙에는 변화가 없다. 담보위험은 전기의 동맹파업 참가자들에 의한 멸실·손상에 부가하여 새로 「테러리스트 또는 정치적 동기로 행동하는 자」(제1.2조)에 의한 멸실·손상도 담보하게 되었다.

그러나 전술한 바와 같이 1963년 약관에서 담보하였던 「악의를 가지고 행동하는 자」(persons acting maliciously)는 자취를 감추었다.

또한 1982년 신 협회동맹파업약관에서 1982년 신 ICC 제7조 동맹파업 면책약관으로부터 부활담보되지 않는 부분은 ① 동맹파업 등에 의하여 발생한 비용(종래와 취급은 같지만 규정상 명확화된 것) 및 ② 동맹파업 등이 발생하고 있는 단순한 「상태」에서만 발생한 손해(예컨대 보안요원부족에 의한 누전(漏電)으로 인한 화재손해 등으로 종래의 약관과 동일함)의 두 가지 점이다.6)

3. 제3조 일반면책약관(General Exclusion Clause)

3. In no case shall this insurance cover

3.1 loss damage or expense attributable to wilful misconduct of the Assured

3.2 ordinary leakage, ordinary loss in weight or volume,

---

6) R. H. Brown, *Analysis of Marine Insurance Clauses—BOOK ONE The Institute Cargo Clauses(1982)*—2nd Edition, Witherby & Co., Ltd., 1982, p. 231.

or ordinary wear and tear of the subject-matter insured

3.3 loss damage or expense caused by insufficiency or unsuitability of packing or preparation of the subject-matter insured(for the purpose of this Clause 3.3 "packing" shall be deemed to include stowage in a container or liftvan but only when such stowage is carried out prior to attachment of this insurance or by the Assured or their servants)

3.4 loss damage or expense caused by inherent vice or nature of the subject-matter insured

3.5 loss damage or expense proximately caused by delay, even though the delay be caused by a risk insured against(except expenses payable under Clause 2 above)

3.6 loss damage or expense arising from insolvency or financial default of the owners managers charterers or operators of the vessel

3.7 loss damage or expense arising from the absence shortage or withholding of labour of any description whatsoever resulting from any strike, lockout labour disturbance, riot and civil commotion

3.8 any claim based upon loss of or frustration of the voyage or adventure

3.9 loss damage or expense arising from the use of any weapon of war employing atomic or nuclear fission and/or fusion or other like reaction or radioactive force or matter

3.10 loss damage or expense caused by war civil war revolution rebellion insurrection, or civil strife arising therefrom, or any hostile act by or against a belligerent power.

3. 여하한 경우에도 이 보험은 다음의 손해를 담보하지 아니함.

3.1 피보험자의 고의적 비행에 기인한 멸실·손상 또는 비용

3.2 보험목적의 통상의 누손, 중량 또는 용적상의 통상의 손실 및 통상의 자연소모

3.3 보험목적의 포장 또는 준비의 불완전 또는 부적합으로 인하여 발생한 멸실·손상 또는 비용(본 조항 3.3에 있어서 "포장"이라 함은 "컨테이너" 또는 "리프트밴"에 적재하는 것을 포함하는 것으로 간주함. 단, 그와 같은 적재는 이 보험의 개시 전에 행하여지거나 또는 피보험자 또는 그 사용인에 의하여 행하여진 경우에 한함)

3.4 보험목적의 고유의 하자 또는 성질로 인하여 발생한 멸실·손상 또는 비용

3.5 지연이 피보험위험으로 인하여 발생된 경우일지라도 지연을 근인으로 하여 발생한 멸실·손상 또는 비용(상기 제2조에서 지급할 비용은 제외함)

3.6 본선의 소유자, 관리자, 용선자 또는 운항자의 지불불능 또는 재정상의 채무불이행으로부터 생긴 멸실·손상 또는 비용

3.7 동맹파업, 직장폐쇄, 노동분쟁, 소요 또는 폭동으로부터 생긴 모든 종류의 노동력의 결핍, 부족 또는 공급방해로 생긴 멸실·손상 또는 비용

3.8 항해 또는 해상운송의 상실 또는 중단에 의거한 일체의 보상청구

3.9 원자력 또는 핵의 분열 및 / 또는 융합 또는 기타 이와 유사한 반응 또는 방사능이나 방사성 물질을 응용한 무기의 사용으로 인하여 발생한 멸실·손상 또는 비용

3.10 전쟁, 내란, 혁명, 모반, 반란 또는 이로 인하여 발생한 국내투쟁,

교전국에 의하여 또는 교전국에 대하여 행해진 적대행위로 인하여
발생한 멸실·손상 또는 비용.

이 면책약관은 앞 절의 신 협회전쟁약관과 같으며 제3.7조 및 제3.10조
는 전쟁약관에는 없고 동맹파업약관의 고유한 규정으로 되어 있다.
제3.7조는 「동맹파업, 직장폐쇄, 노동분쟁, 소요 또는 폭동 등으로부터
생긴 모든 종류의 노동력의 결핍, 부족 또는 공급방해로 생긴 멸실·손상
또는 비용을 담보하지 않는다」는 취지를 규정하고 있고, 종래의 협회동맹
파업·소요·폭동약관에 규정된 「동맹파업 등의 기간 중 모든 종류의 노동
력의 결여, 부족 또는 공급방해에 근인하여 발생한 화물의 멸실 또는 손상
을 담보하지 않는다」는 밑줄(underline) 친 부분이 각각 삭제되어 있다.
그러나 면책의 범위는 실질적으로 변화가 없는 것으로 해석된다. 또한 신
약관에서는 「비용」의 부담보를 명시하고 있다. 전쟁위험담보의 경우와 마찬
가지로 보험자는 동맹파업의 결과에 의거한 비용 및 기타의 간접손해에 대
해서는 면책이고 동맹파업 참가자에 의한 화물의 멸실·손상만을 그것도 보
험기간 중에 발생한 것에 한하여 담보하고 있을 뿐이다.
다음으로 제3.8조에는 항해중단부담보조항이 규정되어 있는데, 이것은 동
맹파업에 의하여 지출이 필요한 각종 추가비용(화물의 양하, 보관, 재적출
등의 비용)은 담보하지 않는다는 취지를 명확히 하기 위한 규정으로 해석하
고 있다.
또한 제3.9조의 원자핵병기 면책조항은 동맹파업 등의 참가자에 의한 원
자핵병기류의 일체의 사용에 대한 손해를 면책하는 취지로 동맹파업 등에
참가자 이외의 자의 사용에 대한 경우에 대해서는 1982년 ICC (A),
(B), (C)의 당해 면책약관이 적용된다.[7]

---

7) *Ibid.*, p. 32; 加藤 修, *op. cit.*, pp. 143-144.

4. 제5조 운송약관(Transit Clause)

1963년 협회동맹파업·소요·폭동약관과 마찬가지로 창고 간 담보의 취지를 흡수한 신·구(1982년 및 1963년) ICC의 운송약관과 동일한 내용의 규정으로 되어있다.

5. 기타 제 약관

제2조(공동해손약관), 제3조(일반면책약관), 제4조(불내항 및 부적합면책약관), 제6조(운송계약종료약관), 제7조(항해변경약관), 제8조(피보험이익약관), 제9조(증액보험약관), 제10조(보험이익불공여약관), 제11조(피보험자의무약관), 제12조(포기약관), 제13조(신속조치약관), 제14조(영국법 및 관례약관) 등 모두 1982년 ICC와 같으며 동맹파업위험만을 단독으로 인수하는 경우에 대비하여 신 협회동맹파업약관에 독립성을 부여하고 있다.

6. 신 협회동맹파업약관과
　　구 협회동맹파업·소요·폭동약관의 비교

(1) 조항대비표(I.S.C)

		신　　약　　관		구　　약　　관				신설
구분	조항	약　관　명	조항	동일	표현 변경	내용 변경		
담 보 위 험	1	Risks Cl. (위험약관)	1			*		
	2	General Average Cl. (공동해손약관)	5		*			

| 신 약 관 | | | 구 약 관 | | | | 신설 |
구분	조항	약 관 명	조항	동일	표현 변경	내용 변경	
면책조항	3	General Exclusion Cl. (일반면책약관)	2			*	
	4	Unseaworthiness and Unfitness Exclusion Cl. (불내항 및 부적합 면책약관)	—				*
보험기간	5	Transit Cl. (운송약관)	3	*			
	6	Termination of Contract of carriage Cl. (운송계약종료약관)	4			*	
	7	Change of Voyage Cl. (항해변경약관)	7			*	
보험금청구	8	Insurable Interest Cl. (피보험이익약관)	—				*
	9	Increased Value Cl. (증액약관)	—				*
보험이익	10	Not to Inure Cl. (보험이익 불공여약관)	—				*
손해경감	11	Duty of Assured Cl. (피보험자 의무약관)	—				*
	12	Waiver Cl. (포기약관)	—				*
지연방지	13	Reasonable Despatch Cl. (신속조치 약관)	8	*			
법률 및 관례	14	English Law and Practice Cl. (영국법 및 관례 약관)	—				*
		Note(유의사항)		*			
		N.B.: 현행 약관중 제3조 면책율약관은 삭제되었음.					

(2) 담보위험(I.S.C)

● 동맹파업, 노동분쟁, 소요, 폭동에 가담한 자에 의한 행위

● 테러리스트, 정치적 동기에 의한 행위자의 행위

● 담보위험에 관련된 공동해손 및 구조비

● 손해방지비용

(3) 면책위험(I.S.C)

일 반 면 책	● 피보험자의 고의적 비행
	● 통상적인 누손, 부족손, 자연소모
	● 포장의 불완전 또는 부적합
	● 고유의 하자, 성질
	● 지연
	● 선박소유자, 관리자, 용선자, 운항자의 채무 불이행
	● 항해의 상실 또는 중지
	● 원자력 및 핵무기의 사용
	● 전쟁위험
불 내 항 및 부 적 합 면 책	● 선박, 부선의 불내항
	● 선박, 부선, 운송용구, 컨테이너, 리프트밴의 부적합
	(단, 피보험자, 사용인이 상기 사실을 알고 있을 경우에 한함)

(4) 주요 개정사항(I.S.C)

내　　　　　　　용	구　　약　　관	신　　　약　　　관
(1) 담보위험		
● 악의적 행위자에 의한 위험	담보〔1-(b)〕	테러리스트 또는 정치적 동기에 의한 행위자로 변경(1.2)
(2) 면책조항		
● 일반면책	동맹파업, 노동쟁의에 관련된 사항만 규정 (2)	I.C.C.와 유사하게 규정(3)
● 불내항 면책	－	신설(I.C.C.와 동일하게 규정)
(피보험자가 관여된 경우)		
(3) 보험기간		
● 중간항에서　운송계약종료　시 　담보기간	외항선으로부터　양하　후 60일(4)	화물의 도착 후 60일(6)
	조건부 계속 담보	held-covered조항 없음(7)
● 기재상의 탈루 및 오기	(held-covered)(7)	
(4) 이재 조항		신설(9)
● 증액보험규정		

〈주〉(　)안의 숫자는 조항 번호

Ⅲ. 신 협회악의손해약관[Institute Malicious Damage Clause-1 / 10 / 82]

(FOR USE ONLY WITH THE NEW MARINE POLICY FORM)
INSTITUTE MALICIOUS DAMAGE CLAUSE

In consideration of an additional premium, it is hereby agreed that the exclusion "deliberate damage to or deliberate destruction of the subject-matter insured or any part thereof by the wrongful act of any person or persons" is deemed to be deleted and further that this insurance covers loss of or damage to the subject-matter insured caused by malicious acts vandalism or sabotage, subject always to the other exclusions contained in this insurance.

(신 해상적하보험증권첨부용) 협회악의손해약관
INSTITUTE MALICIOUS DAMAGE CLAUSE

추가보험료납입을 조건으로 면책조항 "보험의 목적 또는 그 일부에 대해 발생된 여하한 자의 불법행위에 의한 고의적인 손상 또는 고의적인 파괴"는 삭제된 것으로 간주하며, 또한 이 보험은 악의 있는 행위, 파괴행위 또는 사보타지로 인한 보험목적의 멸실 또는 손상을 담보할 것을 이에 합의함. 단 어떠한 경우에도 이 보험에 규정된 다른 면책약관에 따르는 것을 조건으로 함.
  최근에 폭력행위가 증가하고 있어 폭력행위에 대한 적하보험의 취급을 재검토하고 신 ICC(B) 및 (C)의 담보조건에서 의도적(intentional)인 멸실 또는 손상을 제외하고 이러한 종류의 위험은 (A)약관에서만 담보하였다. 그러나 (B) 또는 (C)약관하에서도 의도적인 손해를 담보하는 경우에 대비하여 이 Institute Malicious Damage Clause가 제정되었다. 따라서 (B) 또는 (C)약관에 이 특별 약관을 적용하는 경우에는 보험자는 당연히 (A)약관과 (B) 또는 (C)약관과의 요율의 차를 감안하여 할증보험료를 과징하는 권리를 가지게 된다.

예컨대, 테러리스트(폭력혁명주의자 및 기타 유사의 폭력주의자)나 정치적 동기를 가진 자에 해당하지 않는 해적들의 가해(加害)행위에 의한 손해는 이 특별약관에서 담보된다. 그러나 의도적 손해를 발생시킨 가해 행위자 측에 조직적 또는 정치적 요소가 있으면 동맹파업약관에서 말하는 테러리스트 또는 정치적 동기를 가진 자의 가해행위와 유사한 것으로 해석한다.[8]

1963년 협회동맹파업·소요·폭동약관에서 규정되었던 손해의 대부분은 Malicious Damage Clause의 파괴행위 또는 사보타지(sabotage)의 문언으로 담보된다. 또한 이들 문언 중에는 불량소년(hooligans) 등의 파괴행위도 포함되는 것으로 해석된다.

또한 sabotage는 노동쟁의 중에 노동자가 생산을 방해하기 위하여 고의로 기계장치, 공장시설 등을 파괴·손상시켜 그 결과 고의로 생산을 지연시키는 것 또는 전쟁 중에 적대국 공작원, 동조자 또는 스파이 등에 의하여 행하여진 교량이나 철도 등의 파괴행위 등을 의미한다. 한국에서 말하는 소위 사보타지(태업: 怠業)는 미국에서는 slowdown strike, 영국에서는 go-slow에 해당하며 이 약관이 의미하는 파괴행위로서의 sabotage와 전혀 의미가 다르다는 점에 주의해야 한다. 런던시장이 이러한 종류의 폭력행위에 의거한 의도적 또는 고의(故意)에 의한 손해를 담보하기 시작한 것은 주목할 일이다.[9]

---

8) *Ibid.*, p. 245.

9) R.H Brown, *Dictionary of Marine Insurance Terms and Clauses*, Fifth Edition, Witherby & Co., Ltd., 1989, Malicious Damage Clause-Cargo, p. M4.

제8장 신 협회상품교역약관(상품협회연맹협회인)

제8장 신 협회상품교역약관(상품협회연맹협회인)
(INSTITUTE COMMODITY TRADES CLAUSES)

(코코아, 커피, 면, 산적하지 않는 유지류, 피혁류, 금속류, 유지종자, 정당(精糖) 및 차의 적하 보험용)(Agreed with The Federation of Commodity Associations for the insurance of shipments of Cocoa, Coffee, Cotton, Fats and Oils not in bulk, Hides and Skins, Metals, Oil Seeds, Refined Sugar, and Tea)

Ⅰ. 약관의 명칭과 표제(標題)

Trade에는 다종 다양한 의미가 있지만 협회약관에서 말하는 Trade는 당해 약관의 제정에 대하여 보험업자 측과 협의한 피보험자 측의 당해 상품의 Trade Association(동업자협회 또는 하주협회)을 가리킨다.

종래부터 각종 Trade 약관의 표제에는 영국의 3종류의 보험업자협회(런던보험업자협회, Liverpool 보험업자협회 및 Lloyd's 보험업자협회)와 당해 상품의 동업자협회 사이에 협정된 약관이라는 취지가 부제(副題)로써 부기되어 있다. 물론 동업자협회의 명칭은 상품에 따라 "trade"가 붙는 경우 (The Timber Trade Federation of the U.K; The Rubber Trade

Association of London의 예) 및 "trade"가 붙지 않는 경우(The Sugar Association of London; The London Jute Association의 예) 등 이 있다. 이와 같이 「Trade 약관」에는 동업자협회와의 합의에 의거하여 상품별 동업자 약관의 의미가 포함되어 있으므로 실무계에서는 그대로 협회 Trade 약관이라고 부르고 있으며, 우리나라에서는 협회상품교역약관이라고 번역하고 있다.

1983년 제정된 신 "Institute Commodity Trades Clauses"(ICTC)는 반제품적(半製品的)인 약 10종류의 상품에 대하여 일괄적용하는 새로운 협회 Trade 약관이다.[1]

이 "Institute Commodity Trades Clauses"의 표제에는 알파벳순으로 코코아, 커피, 면, 산적하지 않는 유지류, 피혁류, 금속류, 유지종자, 정당(精糖) 및 차 등의 각종 상품이 그 적용대상으로 열거되어 있다. 그리고 각각의 열거상품의 동업자협회 연합체(The Federation of Commodity Association)와 전기의 보험업자협회와의 사이에 협정된 Trade 약관이라는 취지가 부기되어 있다.

또한 전쟁약관 및 동맹파업약관은 협회전쟁약관 및 협회동맹파업약관의 표제하에 각각 괄호안에 「commodity trade 용」이 부기되어 있을 뿐이고 개개의 상품명은 열거되어 있지 않다.

또한 Institute Commodity Trades Clauses에는 신 ICC처럼 (A), (B), (C)의 3종류가 있는 것도 그 특징의 하나이다. 따라서 전기 열거의 반제품(半製品)적 국제상품을 대상으로 하는 것이 이 각종 협회상품교역약관(Commodity Trades Clauses)이므로 신 ICC의 (A), (B), (C)는 원칙적으로 완제품, 개품화물을 적용대상으로 하는 표준약관이라고 할 수 있다.[2]

---

1) 加藤 修. 貿易保險の實務, 同文館, 1988, pp. 189-190.
2) Robert H. Brown. *Dictionary of Marine Insurance Terms and Clauses.* Fifth Edition, Witherby & Co., Ltd., 1989, Institute Commodity Trades Clauses, pp. 126-127.

Ⅱ. 담보위험(제1조 위험약관)

1. Institute Commodity Trades Clauses(A)

This insurance covers all risks of loss of or damage to the subject matter insured except as provided in Clauses 4, 5, 6 and 7 below.

이 보험은 보험목적의 멸실 또는 손상의 모든 위험을 담보함. 단, 하기 제4조, 제5조, 제6조 및 제7조에 규정한 위험은 제외함.

2. Institute Commodity Trades Clauses(B)

1. This insurance covers, except as provided in Clauses 4, 5, 6 and 7 below,

1.1 loss of or damage to the subject-matter insured reasonably attributable to

1.1.1 fire or explosion

1.1.2 vessel or craft being stranded grounded sunk or capsized

1.1.3 overturning or derailment of land conveyance

1.1.4 collision or contact of vessel craft or conveyance with any external object other than water

1.1.5 discharge of cargo at a port of distress

1.1.6 earthquake volcanic eruption or lightning

1.2 loss of or damage to the subject-matter insured caused by

1.2.1 general average sacrifice

1.2.2 jettison or washing overboard

1.2.3 entry of sea lake or river water into vessel craft hold conveyance container liftvan or place of storage.

1.3 total loss of any package lost overboard or dropped whilst loading on to, or unloading from, vessel or craft.

1. 이 보험은 다음의 손해를 담보함. 단, 제4조, 제5조, 제6조 및 제7조의 면책조항에 규정된 손해는 제외함.

1.1 다음 위험에 정당하게 기인된 보험목적의 멸실 또는 손상

1.1.1 화재 또는 폭발

1.1.2 선박 또는 부선의 좌초, 교사, 침몰 또는 전복

1.1.3 육상 운송용구의 전복 또는 탈선

1.1.4 선박. 부선 또는 운송용구와 물 이외의 타 물체와의 충돌 또는 접촉

1.1.5 조난항에서의 적하의 양하

1.1.6 지진, 분화 또는 낙뢰

1.2 다음 위험으로 인한 보험목적의 멸실 또는 손상

1.2.1 공동해손희생

1.2.2 투하 또는 파도에 의한 갑판상의 유실

1.2.3 선박, 부선, 선창, 운송용구, 컨테이너, 리프트밴 또는 보관소에 해수, 호수 또는 하천수의 유입

1.3 선박 또는 부선에 선적 또는 양하작업 중 해수면으로 낙하하여 멸실되거나 추락하여 발생된 포장당 전손.

3. Institute Commodity Trades Clauses(C)

1. This insurance covers except as provided in Clauses 4,

5, 6 and 7 below.

1.1 loss of or damage to the subject-matter insured reaso-
nably attributable to

1.1.1 fire or explosion

1.1.2 vessel or craft being stranded grounded sunk or capsized

1.1.3 overturning or derailment of land conveyance

1.1.4 collision or contact of vessel craft or conveyance
with any external object other than water

1.1.5 discharge of cargo at a port of distress.

1.2 loss of or damage to the subject-matter insured caused by

1.2.1 general average sacrifice

1.2.2 jettison

1. 이 보험은 다음의 손해를 담보함. 단, 제4조, 제5조, 제6조 및 제7
조의 면책조항에 규정된 손해는 제외함.

1.1 다음 위험에 정당하게 기인된 보험목적의 멸실 또는 손상

1.1.1 화재 또는 폭발

1.1.2 선박 또는 부선의 좌초, 교사, 침몰 또는 전복

1.1.3 육상 운송용구의 전복 또는 탈선

1.1.4 선박, 부선 또는 운송용구와 물 이외의 타물체와의 충돌 또는 접촉

1.1.5 조난항에서의 적하의 양하

1.2 다음 위험으로 인한 보험목적의 멸실 또는 손상

1.2.1 공동해손희생

1.2.2 투하

4. Institute Commodity Trades Clauses
(A), (B), (C) 담보위험약관 해설

Institute Commodity Trades Clause(이하 ICTC로 약칭함)는 신 ICC와 마찬가지로 각각 제1조에서 담보위험을 규정하고 있다. 그 내용은 신 ICC의 (A), (B), (C)와 전적으로 동일하다. ICTC(A)에서는 「all risks」를 담보한다. ICTC(B)에서는 「화재, 폭발, 선박 또는 부선의 좌초, 교사, 침몰, 전복, 육상 운송용구의 전복 또는 탈선, 선박, 부선 등 운송용구의 타물체와의 충돌, 접촉, 조난항에서의 화물의 양하, 지진, 분화, 낙뢰」에 기인하는 보험목적의 멸실 또는 손상을 담보하는 것 외에 「공동해손희생, 투하, 파도에 의한 갑판상의 유실, 해수, 호수 또는 하천수의 선박, 부선, 선창, 운송용구, 컨테이너, 리프트밴 또는 보관장소에의 유입」에 기인하는 보험목적의 멸실 또는 손상을 담보하고 추가적으로 「선박, 부선에의 적재, 양하중 해수면에의 낙하에 의한 포장당 전손」도 담보한다.[3]

ICTC(C)에서는 「화재, 폭발, 선박, 부선의 좌초, 교사, 침몰, 전복, 육상 운송용구의 전복, 탈선, 선박, 부선 등 운송용구의 타물체와의 충돌, 접촉, 조난항에서의 화물의 양하」에 기인하는 보험목적의 멸실 또는 손상을 담보하는 것 외에 「공동해손희생, 투하」에 기인하는 보험목적의 멸실 또는 손상도 담보한다. 그러나 지진, 분화, 낙뢰, 해수나 하천수의 유입, 파도에 의한 갑판상의 유실, 하역중의 포장당 전손 등을 담보하지 않는다.

ICTC (A), (B), (C) 각 약관의 제2조에는 공동해손담보약관, 제3조에는 「쌍방과실 충돌약관」이 신 ICC와 마찬가지로 규정되어 있다.[4]

---

3) 加藤 修, *op. cit.*, pp. 190-191.
4) Robert H. Brown, *op. cit.*, Institute Commodity Trades Clauses (A), (B), (C), p. 127.

III. 면책조항(제4조 일반면책약관)

1. Institute Commodity Trades Clauses(A)

4. In no case shall this insurance cover

4.1 loss damage or expense attributable to wilful mis-conduct of the Assured

4.2 ordinary leakage, ordinary loss in weight or volume, or ordinary wear and tear of the subject-matter Insured

4.3 loss damage or expense caused by insufficiency or unsuitability of packing or preparation of the subject-matter insured (for the purpose of this Clause 4.3 "packing" shall be deemed to include stowage in a container or liftvan but only when such stowage is carried out prior to attachment of this insurance or by the Assured or their servants)

4.4 loss damage or expense caused by inherent vice or nature of the subject-matter insured

4.5 loss damage or expense proximately caused by delay, even though the delay be caused by a risk insured against(expect expense payable under Clause 2 above)

4.6 loss damage or expense caused by insolvency or financial default of the owners managers charterers or operators of the vessel where, at the time of loading of the subject-matter insured on board the vessel, the Assured are aware, or in the ordinary course of business should be aware, that such insolvency or financial default could prevent the normal prosecution of the voyage

This exclusion shall not apply where this insurance has been assigned to the party claiming hereunder who has bought or agreed to buy the subject-matter insured in good faith under a binding contract

4.7 loss damage or expense arising from the use of any weapon of war employing atomic or nuclear fission and/or fusion or other like reaction or radioactive force or matter.

4. 여하한 경우에도 이 보험은 다음의 손해를 담보하지 아니함.

4.1 피보험자의 고의적 비행에 기인한 멸실·손상 또는 비용

4.2 보험목적의 통상의 누손, 중량 또는 용적상의 통상의 손실 및 통상의 자연소모

4.3 보험목적의 포장 또는 준비의 불완전 또는 부적합으로 인하여 발생한 멸실·손상 또는 비용(본 조항 4.3에 있어서 "포장"이라 함은 "컨테이너" 또는 리프트밴에 적재하는 것을 포함하는 것으로 간주함. 단, 그와 같은 적재는 이 보험의 개시 전에 행하여지거나 또는 피보험자 또는 그 사용인에 의하여 행하여진 경우에 한함.)

4.4 보험목적의 고유의 하자 또는 성질로 인하여 발생한 멸실·손상 또는 비용

4.5 지연이 피보험위험으로 인하여 발생된 경우일지라도 지연을 근인으로 하여 발생한 멸실·손상 또는 비용(상기 제2조에서 지급할 비용은 제외함.)

4.6 본선의 소유자, 관리자, 용선자 또는 운항자의 지불불능 또는 재정상의 채무불이행으로 생긴 멸실·손상 또는 비용 단, 그러한 지불불능 또는 재정상의 채무불이행이 정상적인 항해를 저해할 수 있다는

사실을 보험의 목적이 선박에 적재되는 때에 피보험자가 알고 있거나 또는 통상의 무역거래 과정 중 알 수 있는 경우에 한함.

구속계약(拘束契約)에 따라 선의적으로 보험의 목적을 구입하였거나 구입하기로 합의한 보험금청구 당사자에게 이 보험이 이미 양도된 경우에는 이 면책조합을 적용하지 아니함.

4.7 원자력 또는 핵의 분열 및/또는 융합 또는 기타 이와 유사한 반응 또는 방사능이나 방사성물질을 응용한 무기의 사용으로 인하여 발생한 멸실·손상 또는 비용

2. Institute Commodity Trades Clauses(B)

4. In no case shall this insurance cover

4.1 loss damage or expense attributable to wilful misconduct of the Assured

4.2 ordinary leakage, ordinary loss in weight or volume, or ordinary wear and tear of the subject-matter insured

4.3 loss damage or expense caused by insufficiency or unsuitability of packing or preparation of the subject-matter insured(for the purpose of this Clause 4.3 "packing" shall be deemed to include stowage in a container or liftvan but only when such stowage is carried out prior to attachment of this insurance or by the Assured or their servants)

4.4 loss damage or expense caused by inherent vice or nature of the subject-matter insured

4.5 loss damage or expense proximately caused by delay,

even though the delay be caused by a risk insured against(expect expense payable under Clause 2 above)

4.6 loss damage or expense caused by insolvency or financial default of the owners managers charterers or operators of the vessel where, at the time of loading of the subject-matter insured on board the vessel, the Assured are aware, or in the ordinary course of business should be aware, that such insolvency or financial default could prevent the normal prosecution of the voyage

This exclusion Shan not apply where this insurance has been assigned to the party claiming hereunder who has bought or agreed to buy the subject-matter insured in good faith under a binding contract

4.7 deliberate damage to or deliberate destruction of the subject-matter insured or any part thereof by the wrongful act of any person or persons

4.8 loss damage or expense arising from the use of any weapon of war employing atomic or nuclear fission and/or fusion or other like reaction or radioactive force or matter.

4. 여하한 경우에도 이 보험은 다음의 손해를 담보하지 아니함.

4.1 피보험자의 고의적 비행에 기인한 멸실·손상 또는 비용

4.2 보험목적의 통상의 누손, 중량 또는 용적상의 통상의 손실 및 통상의 자연소모

4.3 보험목적의 포장 또는 준비의 불완전 또는 부적합으로 인하여 발생한 멸실·손상 또는 비용(본 조항 4.3에 있어서 "포장"이라 함은

"컨테이너" 또는 "리프트밴"에 적재하는 것을 포함하는 것으로 간주함. 단, 그와 같은 적재는 이 보험의 개시 전에 행하여지거나 또는 피보험자 또는 그 사용인에 의하여 행하여진 경우에 한함.)

4.4 보험목적의 고유의 하자 또는 성질로 인하여 발생한 멸실·손상 또는 비용

4.5 지연이 피보험위험으로 인하여 발생된 경우일지라도 지연을 근인으로 하여 발생한 멸실·손상 또는 비용(상기 제2조에서 지급할 비용은 제외함.)

4.6 본선의 소유자, 관리자, 용선자 또는 운항자의 지불불능 또는 재정상의 채무불이행으로부터 생긴 멸실·손상 또는 비용 단, 그러한 지불불능 또는 재정상의 채무불이행이 정상적인 항해를 저해할 수 있다는 사실을 보험의 목적이 선박에 적재되는 때에 피보험자가 알고 있거나 또는 통상의 무역거래 과정 중 알 수 있는 경우에 한함. 구속계약(拘束契約)에 따라 선의적으로 보험의 목적을 구입하였거나 구입하기로 합의한 보험금청구 당사자에게 이 보험이 이미 양도된 경우에는 이 면책조항을 적용하지 아니함.

4.7 보험의 목적 또는 그 일부에 대해 발생된 여하한 자의 불법 행위에 의한 고의적인 손상 또는 고의적인 파괴

4.8 원자력 또는 핵의 분열 및/또는 융합 또는 기타 이와 유사한 반응 또는 방사능이나 방사성물질을 응용한 무기의 사용으로 인하여 발생한 멸실·손상 또는 비용

3. Institute Commodity Trades Clauses(C)

4. In no case shall this insurance cover

4.1 loss damage or expense attributable to wilful misconduct of the Assured

4.2 ordinary leakage, ordinary loss in weight or volume, or ordinary wear and tear of the subject-matter insured

4.3 loss damage or expense caused by insufficiency or unsuitability of packing or preparation of the subject-matter insured(for the purpose of this Clause 4.3 "packing" Shall be deemed to include stowage in a container or liftvan but only when such stowage is carried out prior to attachment of this insurance or by the Assured or their servants)

4.4 loss damage or expense caused by inherent vice or nature of the subject-matter insured

4.5 loss damage or expense proximately caused by delay. even though the delay be caused by a risk insured against(except expenses payable under Clause 2 above)

4.6 loss damage or expense caused by insolvency or financial default of the owners managers charterers or operators of the vessel where, at the time of loading of the subject-matter insured on board the vessel. the Assured are aware, or in the ordinary course of business should be aware, that such insolvency or financial default could prevent the normal prosecution of the voyage

This exclusion shall not apply where this insurance has been assigned to the party claiming hereunder who has bought or agreed to buy the subject-matter insured in good faith under a binding contract

4.7 deliberate damage to or deliberate destruction of the subject-matter insured or any part thereof by the wrongful act of any person or persons

4.8 loss damage or expense arising from the use of any weapon of war employing atomic or nuclear fission and/or fusion or other like reaction or radioactive force or matter.

4. 여하한 경우에도 이 보험은 다음의 손해를 담보하지 아니함.

4.1 피보험자의 고의적 비행에 기인한 멸실·손상 또는 비용

4.2 보험목적의 통상의 누손, 중량 또는 용적상의 통상의 손실 및 통상의 자연소모

4.3 보험목적의 포장 또는 준비의 불완전 또는 부적합으로 인하여 발생한 멸실·손상 또는 비용(본 조항 4.3에 있어서 "포장"이라 함은 "컨테이너" 또는 "리프트밴"에 적재하는 것을 포함하는 것으로 간주함. 단, 그와 같은 적재는 이 보험의 개시 전에 행하여지거나 또는 피보험자 또는 그 사용인에 의하여 행하여진 경우에 한함.)

4.4 보험목적의 고유의 하자 또는 성질로 인하여 발생한 멸실·손상 또는 비용

4.5 지연이 피보험위험으로 인하여 발생된 경우일지라도 지연을 근인으로 하여 발생한 멸실·손상 또는 비용(상기 제2조에서 지급할 비용은 제외함)

4.6 본선의 소유자, 관리자, 용선자 또는 운항자의 지불불능 또는 재정상의 채무불이행으로부터 생긴 멸실·손상 또는 비용. 단, 그러한 지불불능 또는 재정상의 채무불이행이 정상적인 항해를 저해할 수도 있다는 사실을 보험의 목적이 선박에 적재될 때에 피보험자가 알고 있거나 또는 통상의 무역거래 과정 중에 알 수 있는 경우에 한함. 구속계약(拘束契約)에 따라 선의적으로 보험의 목적을 구입하였거

나 구입하기로 합의한 보험금청구 당사자에게 이 보험이 이미 양도
된 경우에는 이 면책조항을 적용하지 아니함.

4.7 보험의 목적 또는 그 일부에 대해 발생된 여하한 자의 불법행위에
의한 고의적인 손상 또는 고의적인 파괴

4.8 원자력 또는 핵의 분열 및 / 또는 융합 또는 기타 이와 유사한 반응
또는 방사능이나 방사성물질을 응용한 무기의 사용으로 인하여 발
생한 멸실·손상 또는 비용

4. Institute Commodity Trades Clauses(A), (B), (C)의 일 반 면책약관 해설

새로 제정된 ICTC의 특징은 이 면책조항의 내용에 있다. 바꿔 말하면
완제품, 일반개품화물을 주로 적용대상으로 하는 표준약관으로서 신 ICC
(A), (B), (C)에 규정되어 있는 면책조항의 일부에 대하여 약 10종류의
commodity의 성질, 운송방법, 거래형태 등을 감안하여 약간의 완화(緩
和) 효과를 가져오게 하는 추가문언 또는 추가조항을 삽입하고 있는 점에
그 특징이 있다.

(1) 선박소유자 등의 도산(倒産) 위험 면책조항(제4.6조)

신 ICC의 제4.6조의 면책조항은 「선박의 소유자, 관리자, 용선자 또는
운항자의 지급불능, 경제상의 궁핍(소위 도산)으로 발생한 멸실·손상 또는
비용」을 담보하지 않는다는 취지를 규정하고 있다.

이에 대하여 ICTC의 제4.6조에서는 전기 규정 말미의 전단(前段)에 다
음과 같은 제한문언이 추가되어 있다. 즉 다만 보험의 목적을 본선에 적재
할 때에 피보험자가 이러한 지급불능 또는 재정상의 궁핍(채무불이행)에 의

하여 당해 항해의 통상적인 수행이 방해받는 것을 알고 있거나 또는 「통상의 무역거래 중 당연히 알아야 하는 경우(The Assured are aware or in the ordinary course of business should be aware……)에 한한다」는 완화규정이 설정되어 있다.[5] 여기에서 말하는 「통상의 무역거래 중 당연히 알아야 하는 경우」의 문언은 예컨대 영국 해상보험법(MIA)의 제18조(피보험자에 의한 고지) 규정 중에 피보험자가 특히 보험자로부터 질문을 받지 않는 한 고지할 필요가 없는 사항의 하나로서 규정되어 있다.[6]는 문언과 유사하다. 또한 이 MIA의 규정을 둘러싼 과거의 판례에 있어서 Lloyd's의 보험인수인은 Lloyd's 회원 배포의 사고정보를 업무상 지식으로서 당연히 읽어야 하고 거기에 실려 있는 정보는 당연히 알고 있는 것으로 간주한다고 판시되어 있다.[7]

또한 ICTC 제4.6조의 후단에는 「어느 구속계약(이행해야 할 매매계약)에 따라 선의적으로 보험의 목적을 구입하였거나 구입하기로 합의한 보험금 청구 당사자에게 이 보험이 이미 양도된 경우에는 이 면책조항을 적용하지 아니한다」는 취지가 추가 규정되어 있다.

CIF 또는 CFR 조건에 의한 화물의 국제매매거래를 보면 그 후단의 규정은 하주(shipper)로부터 보험증권을 양수받은 수하인(consignee; 하주가 수배한 운송계약에는 어떤 관여도 하지 않았던 innocent한 consignee)으로서의 제2의 피보험자에 관한 면책규정이고 전술한 제4.6조의 전단 규정은 선적을 수배할 때 하주(shipper)로서의 피보험자에 대한 면책규정이다.

원칙론에 입각하여 고찰하면 하주(Shipper)가 선박운항자 또는 소유자의 도산위험을 선적시에 알고 있으면서도 그들 소유의 선박에 매도화물을 적재하

---

5) 加藤 修, *op. cit.*, pp. 191-192.
6) MIA 제18조 제3항(b)
   「보험자가 통상의 업무상 당연히 알아야 하는 사항」(matters which an issurer in the ordinary course of his business, as such ought to know;)
7) London General Insurance Co., Ltd. v. General Marine Underwriters Association Ltd.[1920].

는 것은 매매계약당사자 간에 있어서 존중해야 할 신의·성실의 원칙에도 어긋
나므로 전기 제4.6조의 전단의 면책규정은 오히려 당연하다고 할 수 있다.[8]
  한편 ICTC의 적용대상이 되는 「반제품 또는 소재, 원료」와 같은 화물은
국제상품으로서 전매(轉賣)되는 기회가 많으므로 전매선(轉賣先)의 수하인
(consignee)으로서의 보험증권 양수인의 구제(救濟)가 특히 필요하게 된
다. 제4.6조의 후단의 규정은 그 구제를 목적으로 하고 있다. 영국시장의 입
장에서 보면 ICTC를 적용하는 각종 상품(commodity)의 대부분은 동업자협
회 소속의 영국인 업자가 세계 각국에서 수입하는 상품이다. 따라서 이들 업
자의 요망을 받아들인 결과로서, 바꿔 말하면 영국업자가 innocent한 수하인
(consignee)이 되는 경우를 감안한 면책규정이라고 해석한다. 이 완화규정은
ICTC를 사용하는 세계 각국의 하주로서의 피보험자에게도 당연히 적용된다.

(2) 불내항 및 부적합 면책약관(제5조)

5.5.1 In no case shall this insurance cover loss damage or
       expense arising from

5.1.1 unseaworthiness of vessel or craft or unfitness of
       vessel or craft for the safe carriage of the subje-
       ct-matter insured, where the Assured are privy to
       such unseaworthiness or unfitness, at the time the
       subject-matter insured, is loaded therein

5.1.2 unfitness of container liftvan or land conveyance for
       the safe carriage of the subject-matter insured, where
       loading therein is carried out prior to attachment of
       this insurance or by the Assured or their servants.

5.2 Where this insurance has been assigned to the party

---

8) 加藤 修. *op. cit..* pp. 191-192.

claiming hereunder who has bought or agreed to buy the subject-matter insured in good faith under a binding contract, exclusion 5.1.1 above shall not apply.

5.3 The Underwriters waive any breach of the implied warranties of seaworthiness of the ship and fitness of the ship to carry the subject-matter insured to destination.

5.5.1 여하한 경우에도 이 보험은 다음의 사유로부터 생긴 멸실·손상 또는 비용을 담보하지 아니함.

5.1.1 보험목적의 안전운송을 위한 선박이나 부선의 불내항 또는 선박이나 부선의 부적합.

단, 보험의 목적을 적재할 때에 피보험자가 그러한 불내항 또는 부적합을 알고 있을 경우에 한함.

5.1.2 보험목적의 안전운송을 위한 컨테이너, 리프트밴 또는 육상 운송용구의 부적합.

단, 적재가 이 보험의 개시 전에 행하여지거나 피보험자 또는 그 사용인에 의하여 행하여진 경우에 한함.

5.2 구속계약(拘束契約)에 따라 선의적으로 보험의 목적을 구입하였거나 구입하기로 합의한 보험금청구 당사자들에게 이 보험이 이미 양도된 경우에는 면책조항 5.1.1을 적용하지 아니함.

5.3 보험자는 선박의 내항 및 보험의 목적을 목적지로 운송하기 위한 선박의 적합에 대한 묵시 담보의 일체의 위반에 대하여 보험자의 권리를 포기함.

ICTC의 불내항 및 부적합 면책약관(제5조)은 ICC (A), (B), (C)의 내용과 다르다. ICTC의 불내항 및 부적합약관의 규정내용을 신 ICC와 비교하면 다음과 같은 점이 다르다.

신 ICC의 제5조는 「불내항」 및 「부적합」으로 구분하여 「선박 또는 부선의 불내항」 및 「선박, 부선 등 운송용구, 컨테이너 또는 리프트밴의 보험목적의 안전한 운송에 있어서의 부적합」에 기인한 멸실·손상, 비용을 부담보로 하는데, 피보험자 또는 그 사용인이 보험목적의 적재 시에 이들 불내항 또는 부적합에 관여하고 있는 경우에 한하여 적용한다는 취지를 규정하고 있다.

이것에 대하여 ICTC에서는 「선박 또는 부선」 및 「컨테이너, 리프트밴 또는 육상 운송 용구」로 구분하고 전자를 제5.1.1조에 후자를 제5.1.2조에 각각 별개의 조항으로 규정하고 있다. 또한 신 ICC에서는 「운송용구」 (conveyance)이었는데 ICTC에서는 「육상 운송 용구」(land conveyance)로 표현되어 있다. 양자 사이에는 특별한 차이가 없으며 육상의 취지가 명확하게 되었다고 볼 수 있다.

실무상으로 화물자동차(truck)인지 철도인지 명확하지 않는 경우 "by any conveyance"(일체의 운송용구에 의한)의 문언을 특별약관이나 보험 서류의 운송구간 및 운송수단의 표시란에 기재하는 일이 많은데, 이 conveyance의 의의에는 그 전제로서 당해 육상운송에 적합하다는 것이 요구된다.

신 ICC의 제5조에서는 선박 또는 부선의 불내항면책 및 선박, 부선 등 운송용구, 컨테이너 등의 부적합면책에 대해서는 양자 모두 「피보험자 또는 그 사용인」이 화물의 적재시에 알고 있는 경우에만 면책된다는 취지의 단서 규정으로 되어 있다.

ICTC 제5조 불내항 및 부적합약관이 신 ICC와 다른 점은 다음과 같다.

① ICTC의 제5조에서는 선박, 부선의 불내항 및 부적합의 면책의 경우는 피보험자가 알고 있는 경우에만 적용되고 있다. 사실을 알고 있는 당사자는 「피보험자」뿐이고 그 사용인은 포함되지 않는다. 신 ICC에서는 「그 사용인」까지 포함하고 있다. ② ICTC 제5.1.2조 컨테이너 등의 부적합면책의 적용기준이 신 ICC 제4.3조 포장의 불완전에 의한 손해면책 중 컨테이너 조항의 적용기준과 동일한 기준으로 규정되어 있다.9)

---

9) *Ibid.*, pp. 193-194.

전술한 바와 같이 ICTC는 지정된 약 10개 품목의 반제품 또는 소재원료와 같은 화물을 대상으로 하기 때문에 신 ICC와는 다른 면책규정을 설정하고 있다. 컨테이너 등의 부적합면책의 적용기준이 전술한 바와 같이 신 ICC와 다르다는 점에 주의해야 한다.

Ⅳ. 기타 약관 및 전쟁, 동맹파업약관

1. 해적행위

ICTC의 (A)약관의 제6.2조(전쟁위험에 의한 포획, 나포면책조항)에서는 신 ICC(A)와 마찬가지로 「해적행위를 제외함」(piracy excepted)이라는 문언이 삽입되어 있다.

따라서 ICTC에 대해서도 all risks 담보의 (A)약관의 경우는 해상위험으로서 해적행위가 담보된다. 그러나 ICTC의 (B) 및 (C)약관에서는 Institute Malicious Damage Clause를 적용하지 않으면 해적행위는 담보되지 않는다는 점은 신 ICC(B), (C)약관의 경우와 마찬가지이다.

2. ICTC(A), (B), (C) 공통의 각종 약관

ICTC의 (A), (B), (C)의 주요한 약관〔전쟁면책약관(제6조), 동맹파업면책약관(제7조), 운송약관(제8조), 항해변경약관(제10조), 피보험이익약관(제11조), 계반비용약관(제12조), 추정전손약관(제13조), 증액약관(제14조), 피보험자의무약관(제16조), 포기약관(제17조), 신속조치약관(제18

조) 등]은 모두 신 ICC의 제 약관과 동일하다.

3. 협회전쟁약관(상품교역)
[Institute War clause(Commodity Trades)

(1) 제1조 위험약관

1. This insurance covers, except as provided in Clauses 3 and 4 below, loss of or damage to the subject-matter insured caused by

1.1 war civil war revolution rebellion insurrection, or civil strife arising therefrom, or any hostile act by or against a belligerent power

1.2 capture seizure arrest restraint or detainment, arising from risks covered under 1.1 above, and the consequences thereof or any attempt thereat

1.3 derelict mines torpedoes bombs or other derelict weapons of war

1. 이 보험은 다음의 위험으로 인한 보험목적의 멸실 또는 손상을 담보함. 단, 제3조 및 제4조에 규정한 위험은 제외함.

1.1 전쟁, 내란, 혁명, 모반, 반란 또는 이로 인하여 발생한 국내 투쟁, 교전국에 의하여 또는 교전국에 대하여 행해진 적대 행위

1.2 상기 1.1에서 담보되는 위험으로 인한 포획, 나포, 강류, 억지 또는 억류 및 그러한 행위의 결과 또는 그러한 행위의 기도

1.3 유기된 기뢰, 어뢰, 폭탄 또는 기타의 유기된 전쟁무기

(2) 제3조 일반면책약관

3. In no case Shall this insurance cover

3.1 loss damage or expense attributable to wilful mis-
conduct of the Assured

3.2 ordinary leakage. ordinary loss in weight or volume, or
ordinary wear and tear of the subject-matter insured

3.3 loss damage or expense caused by insufficiency or unsui-
tability of packing or preparation of the subjectmatter
insured(for the purpose of this Clause 3.3 "packing"
shall be deemed to include stowage in a container or
liftvan but only when such stowage is carried out prior
to attachment of this insurance or by the Assured or
their servants)

3.4 loss damage or expense caused by inherent vice or
nature of the subject-matter insured

3.5 loss damage or expense proximately caused by delay,
even though the delay be caused by a risk insured
against(except expenses payable under Clause 2 above)

3.6 loss damage or expense caused by insolvency or finan-
cial default of the owners managers charterers or
operators of the vessel where, at the time of loading
of the subject-matter insured on board the vessel, the
Assured are aware, or in the ordinary course of business
should be aware that such insolvency or financial
default could prevent the normal prosecution of the
voyage

This exclusion shall not apply where this insurance

has been assigned to the party claiming hereunder who
has bought or agreed to buy the subject-matter
insured in good faith under a binding contract

3.7 any claim based upon loss of or frustration of the
voyage or adventure

3.8 loss damage or expense arising from any hostile use
of any weapon of war employing atomic or nuclear
fission and / or fusion or other like reaction or redio-
active force or matter.

Commodity Trade용에는 후술하는 협회동맹 파업약관(상품교역)과 마
찬가지로 전용(專用)의 협회전쟁약관이 제정되어 있다. 주요한 내용은 다음
과 같다.

① 제3.6조에 ICTC의 제4.6조와 같은 내용의 선박소유자, 운항자 등의
도산(都産) 위험면책조항이 규정되어 있다.

② 제4.1조, 제4.1.1조, 제4.1.2조 및 제4.2조에 전기 ICTC의 제5.1
조 이하와 동일한 내용의 불내항 및 부적합면책조항이 규정되어 있다.

③ 기타의 제 약관은 신 협회전쟁약관(1982년 1월1일)과 동일하다.

4. 협회동맹파업약관(상품교역)
[(Institute Strikes Clauses(Commodity Trades)]

(1) 제1조 위험약관

1. This insurance covers, except as provided in Clauses 3
and 4 below, loss of or damage to the subject-matter
insured caused by

1.1 strikers, locked-out workmen, or persons taking part in labor disturbances, riots or civil commotions

1.2 any terrorist or any person acting from a Political motive.

1. 이 보험은 다음의 위험으로 인한 보험목적의 멸실 또는 손상을 담보함. 단, 제3조 및 제4조의 면책조항에 규정된 손해는 제외함.

1.1 동맹파업자, 직장폐쇄를 당한 노동자 또는 노동분쟁, 소요, 폭동에 가담한 자.

1.2 테러리스트 또는 정치적 동기로 행한 자.

(2) 제3조 일반면책약관

3. In no case shall this insurance cover

3.1 loss damage or expense attributable to wilful misconduct of the Assured

3.2 ordinary leakage, ordinary loss in weight or volume, or ordinary wear and tear of the subject-matter insured

3.3 loss damage or expense caused by insufficiency or unsuitability of packing or preparation of the subjectmatter insured(for the purpose of this Clause 3.3 "packing" shall be deemed to include stowage in a container or liftvan but only when such stowage is carried out prior to attachment of this insurance or by the Assured or then servants)

3.4 loss damage or expense caused by inherent vice or nature of the subject-matter insured

3.5 loss damage or expense proximately caused by delay, even though the delay be caused by a risk insured against(except expenses payable under Clause 2 above)

3.6 loss damage or expense caused by insolvency or financial default of the owners managers charterers or operators of the vessel where, at the time of loading of the subject-matter insured on board the vessel, the Assured are aware, or in the ordinary course of business should be aware, that such insolvency or financial default could prevent the normal prosecution of the voyage

This exclusion shall not apply where this insurance has been assigned to the party clanning hereunder who has bought or agreed to buy the subject-matter insured in good faith under a binding contract.

3.7 loss damage or expense arising from the absense shortage or withholding of labour of any description whatsoever resulting from any strike, lockout, labour disturbance, riot of civil commotion

3.8 any claim based upon loss of or frustration of the voyage or adventure

3.9 loss damage or expense arising from the use of any weapon of war employing atomic or nuclear fission and/or fusion or other like reaction or radioactive force or matter

3.10 loss damage or expense caused by war civil war revolution rebellion insurrection, or civil strife arising therefrom, or any hostile act by or against a belligerent power.

3. 여하한 경우에도 이 보험은 다음의 손해를 담보하지 아니함.

3.1 피보험자의 고의적 비행에 기인한 멸실·손상 또는 비용

3.2 보험목적의 통상의 누손, 중량 또는 용적상의 통상의 손실 및 통상의 자연소모

3.3 보험목적의 포장 또는 준비의 불완전 또는 부적합으로 인하여 발생한 멸실·손상 또는 비용(본 조항 3.3에 있어서 "포장"이라 함은 "컨테이너" 또는 "리프트밴"에 적재하는 것을 포함하는 것으로 간주함. 단, 그와 같은 적재는 이 보험의 개시 전에 행하여지거나 또는 피보험자 또는 그 사용인에 의하여 행하여진 경우에 한함.)

3.4 보험목적의 고유의 하자 또는 성질로 인하여 발생한 멸실·손상 또는 비용

3.5 지연이 피보험위험으로 인하여 발생된 경우일지라도 지연을 근인으로 하여 발생한 멸실·손상 또는 비용(상기 제2조에서 지급할 비용은 제외함)

3.6 본선의 소유자, 관리자, 용선자 또는 운항자의 지불불능 또는 재정상의 채무불이행으로부터 생긴 멸실·손상 또는 비용 단, 그러한 지불불능 또는 재정상의 채무불이행이 정상적인 항해를 저해할 수도 있다는 사실을 보험의 목적이 선박에 적재되는 때에 피보험자가 알고 있거나 또는 통상의 무역거래 과정 중 알 수 있는 경우에 한함 구속계약(拘束契約)에 따라 선의적으로 보험의 목적을 구입하였거나 구입하기로 합의한 보험금청구 당사자에게 이 보험이 양도된 경우에는 이 면책조항을 적용하지 아니함.

3.7 동맹파업, 직장폐쇄, 노동분쟁, 소요 및 폭동으로부터 생긴 모든 종류의 노동력의 결핍, 부족 또는 공급방해로 생긴 멸실·손상 또는 비용

3.8 항해 또는 해상운송의 상실 또는 중단에 의거한 일체의 보상청구

3.9 원자력 또는 핵의 분열 및 / 또는 융합 또는 기타 이와 유사한 반응

또는 방사능이나 방사성물질을 응용한 무기의 사용으로 인하여 발생한 멸실·손상 또는 비용

3.10 전쟁, 내란, 혁명, 모반, 반란 또는 이로 인하여 발생한 국내투쟁, 교전국에 의하여 또는 교전국에 대하여 행해진 적대행위로 인하여 발생한 멸실·손상 또는 비용

동맹파업전용(專用)약관으로서 앞 3항의 협회전쟁약관(상품교역)과 동일한 취지에서 commodity용의 협회동맹파업약관이 제정되었다.

따라서 동약관의 제3.6조(선박소유자 등의 도산위험 면책조항), 제4.1조 이하(불내항 및 부적합 면책조항)는 ICTC의 제4.6조 및 제6.1조 이하와 각각 동일 규정으로 되어 있다.

또한 상품교역(commodity trades)용의 협회전쟁약관 및 협회동맹약관은 어느 것도 ICTC와 마찬가지로 1983년 9월 5일자로 제정되었다.

제9장 신 협회국제상품별약관(냉동식품, 석탄)

제9장 신 협회국제상품별약관
(냉동식품, 석탄)

Ⅰ. 신·구 협회국제상품별약관의 종류

신 ICC(1982년)의 (A), (B), (C)가 제정되어 실시됨에 따라 영국시장에서는 협회트레이드(Trade) 약관(국제상품별 협회약관)이 당해 상품취급업자협회와 I.C.C. 〔런던보험업자협회(ILU) 및 Lloyd's 보험업자협회와의 Joint Cargo Committee〕와의 협의에 의하여 개정되었다.

1. 구 협회국제상품별약관

(1) Corn Trade F.P.A. Clauses
(2) Institute War Clauses(Corn Trade)
(3) Institute Strikes Riots and Civil Commotions Clauses (Corn Trade)

(4) Flour "All Risks" Clauses

(5) Institute War Clauses(Flour Trade)

(6) Institute Strikes Riots and Civil Commotions Clauses
(Flour Trade)

(7) Jute Clauses

(8) Institute War Clauses(Jute)

(9) Institute Strikes Riots and Civil Commotions Clauses
(Jute)

(10) Rubber Clauses

(11) Institute War Clauses(Rubber Trade)

(12) Institute Strikes Riots and Civil Commotions Clauses
(Rubber Trade)

(13) Raw Sugar Clauses

(14) Institute War Clauses(Raw Sugar)

(15) Institute Strikes Riots and Civil Commotions
Clauses(Raw Sugar)

(16) Timber Trade Federation Clauses

(17) Institute War Clauses(Timber Trade)

(18) Institute Strikes Riots and Civil Commotions Clauses
(Timber Trade)

(19) Institute Frozen Food Clauses(Excluding Frozen Meat)−All
Risks 24 Hours Breakdown

(20) Institute Frozen Food Clauses(Excluding Frozen Meat)−FPA
and Breakdown

(21) Institute Frozen Food Clauses(Excluding Frozen Meat)−full
Conditions

(22) Institute War Clauses(Frozen Food Excluding Frozen

Meat)

(23) Institute Frozen Meat Clauses-Full Conditions

(24) Institute Frozen Meat Clauses-FPA and 24 Hours Breakdown

(25) Institute Frozen Meat Clauses-All Risks 24 Hours Breakdown

(26) Institute Clauses for Shipments of Frozen Mutton, Lamb, Beef, Veal and Pork from Australia and New Zealand

(27) Institute Clauses for Shipments of Frozen Rabbits Hares, Poultry and Sundries from Australia and New Zealand

(28) Institute War Clauses(Frozen Products)

(29) Institute Strikes Clauses(Frozen Products)

(30) Institute War and Strikes Clauses-Crude Oil Stored Afloat for the Account of the Government of ______or its Agencies

2. 신 협회국제상품별약관

(1) Institute Frozen Food Clauses(A)(Excluding Frozen Meat)

(2) Institute Frozen Food Clauses(C)(Excluding Frozen Meat)

(3) Institute Strikes Clauses(Frozen Food)(Excluding Frozen Meat)

(4) Institute Coal Clauses

(5) Institute Strikes Clauses(Coal)

(6) Institute Natural Rubber Clauses or its Agencies

(7) Institute Strikes Clauses(Natural Rubber)

(8) Institute Jute Clauses

(9) Institute Strikes Clauses(Jute)

(10) Institute FOSFA Trade Clauses(A)

(11) Institute FOSFA Trade Clauses(B)

(12) Institute FOSFA Trade Clauses(C)

(13) Institute War Clauses(FOSFA Trades)

(14) Institute Strikes Clauses(FOSFA Trades)

(15) Institute FOSFA Supplementary Clauses(1)

(16) Institute FOSFA Supplementary Clauses(2)

(17) Institute FOSFA Supplementary Clauses(3)

(18) Institute FOSFA Supplementary Clauses(4)

(19) Institute Additional Expenses Clauses

(20) (Cargo-War Risks)

(21) Institute Frozen Meat Clauses(A)

(22) Institute Frozen Meat Clauses(A)-24 Hours Breakdown

(23) Institute Frozen Meat Clauses(C) and Hours Breakdown

(24) Institute Strikes Clauses(Frozen Meat)

(25) IMTA Frozen Meat Extension Clauses

(26) Frozen Food Extension Clauses

(27) Institute Timber Trade Federation Clauses

(28) Institute Strikes Clauses(Timber Trade Federation)

3. 특별약관(Special Clauses)

(1) Refrigerated Cargo Clause

(2) Refrigerating Machinery Clause

(3) Timber Trade Federation of the United Kingdom Plywood

(4) Livestock Clause(A)

(5) Livestock Clause(B)

(6) Special Warehouse to Warehouse Clause for Wool Shipments(Including Storage Risk After "Knock Down")

(7) Special Clause for Settlement of Claims(Raw Sugar)

(8) Special Clause for Raw Sugar in Bulk(to cover Grab Loss only)

(9) Marine Extension Clauses(For use in connection with oil in Bulk)

(10) Special Clause for Containerised Wool Carried by Containership 〈자료〉 大韓損害保險協會, 「海上保險約款集(積荷保險)」, pp.1-7.

Ⅱ. 신 협회냉동식품약관
[Institute Frozen Food Clauses-1/8/82]

1. 신 협회냉동식품약관

신 협회냉동식품약관에는 Institute Frozen Food Clauses(A) (Excluding Frozen Meat) 및 Institute Frozen Food Clauses(C) (Excluding Frozen Meat) 두 가지가 있다.

(1) 구 협회약관의 Full Conditions 약관 폐지의 배경

구 협회냉동식품약관의 Full Conditions 담보조건약관은 1968년 4월
에 제정되었지만 신 협회냉동식품약관에서는 동 조건이 폐지되었다. 즉 그
담보조항은 「이 보험은 담보기간 내에 발생한 일체의 원인에 의한 보험의
목적의 멸실, 품질저하 또는 손실을 담보한다」고 되어 있어 보험자는 모든
손해에 대하여 보험금을 지급하였다. 따라서 냉동식품에 대한 과거의 인수
로 피해를 입은 경험 있는 보험자들은 이 약관에 대하여 경계심을 강화하였
다. 또한 이 약관에서는 위험개시 시점에 있어서 ① 화물이 완전한 상태에
있고, ② 적정한 포장 및 냉동이 되어 있는 것 등의 warranty를 피보험자
에게 강요하지만 실제적으로는 이들의 warranty가 지켜지고 있는가의 여
부가 문제로 남아 있었다.[1]

(2) All Risks 담보, 연속 24시간 이상 고장위험담보약관[Institute Frozen Food Clauses(Excluding Frozen Meat)−All Risks 24 Hours Breakdown]

냉동식품에 대해서도 신 ICC의 (A)약관과 같은 담보약관 및 면책약관의
형식내용으로 All Risks 담보약관 (A)가 제정되었다.

구 Institute Frozen Food Clauses(Excluding Frozen Meat)−All
Risks 24 Hours Breakdown과 신 Institute Frozen Food Clau-
ses(A) (Excluding Frozen Meat)와의 차이점을 비교하면 다음 표와 같다.

---

1) 加藤 修. 最新國際貨物海上保險實務. 成山堂. 1987. p. 164.

〈표 Ⅲ-6〉 구 All Risks약관과 신 약관(A)와의 비교

Institute Frozen Food clauses(Excluding Frozen Meat) All Risks 24 Hours Breakdown		Institute Frozen food Clauses(A)	
(약관번호)	(담보위험)	(약관번호)	(담보위험)
4	이 보험은 하기의 위험에 의한 온도의 변화에 따라 발생한 보험의 목적의 멸실, 품질저하 또는 손상」을 특히 담보한다.	1.2	보험의 목적의 「멸실 또는 손상」을 담보한다(품질저하에 대해서는 규정 없다).
4(a)	24시간이상의 냉동기계의 고장 또는 정지	1.2.1	24시간이상의 냉동기의 정지에 의한 냉동기의 고장
4(b)	……선박의 "대화재"	1.2.2	규정 없음(다만 특히 중요하지 않음).
4 단서(a)의	적재 또는 양하작업을 제외하고 「화물을 냉동 또는 단열의 장치가 있는 장소에 장치하도록 주의하는 것」.	4.8	「화물을 적정한 단열 또는 냉장장치가 있는 장소에 장치하는 것」에 상당한 주의를 경주한 경우에의 손해는 면책이라는 취지를 규정하고 있다.
4 단서(Ⅳ)의 warranty	멸실, 품질저하, 손상에 대한 신속한 통지(immediate notice)를 해야 됨(다만, 담보기간 종료 후 30일 이내로 한다).	4.9	멸실, 손상, 비용의 발생에 대해 지체없이 통지(prompt notice)를 해야 됨(다만, 담보기간 종료 후 30일 이내로 한다).

〈자료〉 加藤 修, *op. cit.*, p.166.

(3) 냉동기계의 고장

구 약관에서는 「냉동기계의 고장 또는 정지에 의한(attributable to) 온도의 변화로 발생한(result from) 보험목적의 멸실, 품질의 저하 또는 손상을 담보한다」고 규정되어 있는데, 신 약관에서는 「냉동기계의 정지를 가져오게 한(resulting to) 그 기계의 고장에 의한(attributable to) 온도의 변화에 기인한 보험목적의 멸실 또는 손상을 담보한다」로 규정되어 있다. 또한 24시간의 문언은 신 약관에서도 마찬가지로 남아있다.

신 약관의 규정중의 「냉동기계의 정지를 가져오게 함」이란 문언은 구 협회냉동식품약관의 All Risks 조건과 FPA조건의 양 약관에 각각 규정되어 있다. 즉 구 냉동육 약관 중의 「연속 24시간 이상의 냉동기계의 정지를 가져오게 한(result in) 그 기계의 고장」이란 규정이 신 냉동식품약관에 다시 채용되었다.

(4) FPA 및 기계고장 담보약관

신 협회냉동식품약관(C)은 종래의 협회냉동육약관(FPA, 연속 24시간 이상의 고장위험담보)에 해당되는데, 이 신 약관(C)에서는 연속 24시간 이상의 고장위험담보의 규정이 없어졌다. 즉 신 협회냉동식품약관의 (C)약관을 신 ICC의 (C)약관과 마찬가지로 주요 사고만 담보하는 원칙을 적용하고 있다.

(5) 「냉동 또는 단열장치가 있는 장소」에의 장치의무 규정

냉동화물보험에서는 당해화물이 일단 일정한 저온(低溫)에 냉각(冷却)되어 있으면 보험담보기간 동안 계속하여 그 저온(低溫)대로 유지시키는 것을 전제조건으로 하는 warranty가 필요하다.

구 협회냉동식품약관의 세 종류(Full Conditions, All Risks, FPA)는 모두 담보 위험조항의 단서로서 보험의 개시 시(開始時)에 있어서 화물이 적절하게 냉동되어 있는 것을 조건으로 한다는 취지를 규정하고 있다. 신 약관에서는 이러한 단서규정이 없어졌는데, 그 대신 화물의 준비, 포장의 불충분 또는 부적절에 대한 면책규정이 설정되어 있다.

또한 구 협회냉동식품약관에는 보험담보기간 중 「화물의 적재 및 양하의 작업중을 제외하고」 화물을 냉장 또는 단열된 장소에 장치하도록 사전에 필요한 조치를 취할 것을 피보험자에게 요구하고 있다.

이 규정은 신 약관에서는 화물을 적절하게 보호하는 것을 확실하게 하도록 피보험자는 「상당한 주의」를 경주하여야 하고, 이 점에 과실이 있기 때문에 발생한 멸실·손상 또는 비용은 면책된다는 취지의 면책규정이 설정되어 있다.[2]

(6) 클레임 통지조항

구 약관 담보위험조항의 단서에 피보험자는 신속한(immediate) 클레임 통지를 보험자에게 해야 한다는 것이 명시되어 있어 보험의 종료 시부터 30일

---

2) 加藤 修. op. cit.. pp. 166-167.

이상을 경과한 클레임에는 응할 수 없다는 취지가 명백하게 규정되어 있다.

신 약관에서는 면책약관중의 조항은 보험의 종료 시부터 30일 이내에 지체 없이(prompt) 클레임 통지를 해야 한다는 것을 규정하고 있고 "immediate"의 용어가 "prompt"로 변경되었다.

(7) 보험담보기간[책임의 시기(始期)와 종기(終期)]

최종 양하항에서 본선으로부터 양하 후의 담보기한은 신 약관에서도 구 약관대로 5일간이다. 또한 이 담보기간을 개개의 특약에서 연장하는 것은 가능하다.

구 약관과 다른 점을 열거하면 다음과 같다.

① 구 약관(제1조(ⅱ)의 FOB Attachment 규정)

이 규정은 신 약관에서 없어졌다. 의도적으로 약관에 규정하지 않더라도 당해 매매계약서 및 기타의 관련서류를 통하여 FOB 매매라는 것이 판명되면 Risk Attach도 FOB에 관한 것이라는 것을 알 수 있으므로 특별히 규정할 필요가 없기 때문이다. 게다가 구 약관에서는 (ⅰ) 창고반출 시부터와 (ⅱ) 외항선에의 적재 시부터의 두 가지 종류가 규정되어 있고, 약관에는「적용되지 않는 조항은 모두 삭제한다.」로 규정되어 있는데 실무상 불필요한 규정을 모두 삭제하는 것은 번거롭다.

② 선적전의 보관기간

구 약관 담보조항〔제4조(ⅱ)〕중에 있는「화물이 최초로 냉동실에 반입되었을 때부터 외항선에 적재될 때까지의 기간은 60일을 초과하지 않는 것으로 한다」는 취지 또는 warranty는 실무상 번잡한 규정이다. 신 약관에서는 이 규정이 없어졌다. 실제면에서 적용하기 어려웠던 warranty가 없어진 것은 클레임을 제기하는 피보험자에 있어서도 또는 이것을 받는 보험자에 있어서도 사무처리상의 간소화에 기여할 것이다.

③ 이로(離路) 등

이로(離路), 지연(遲延), 환적 및 기타(다만 항해의 변경을 제외함)가 발생한 경우, 지체 없이 그 취지를 통지하여 필요하면 할증보험료를 지급하는 것은 보험의 계속 담보상 중요하지만 냉동식품(및 냉동육)의 적하보험에서는 더욱 중요하다. 이 점에 대해서 구 약관에서는 제1조 말미의 괄호서(括弧書)에 규정되어 있는데 신 약관에서는 이러한 규정은 없고 신 ICC(A), (B), (C) 제8조 제3항과 같은 규정으로 되어 있다.

④ 운송계약종료약관

구 냉동식품약관 제2조(운송계약종료약관)에서는 본선 양하 후 60일간 담보하였다. 냉동식품의 성질상 냉장 또는 단열을 적절한 상태로 보관할 필요가 있다는 점에서 볼 때 중간항에서 운송계약 종료에 의하여 본선으로부터 양하된 후 60일간이나 긴 동안 계속 담보된다는 것은 지나치게 관대한 것이다.

또한 구약관의 「본선 양하 후」에 대하여 신약관에서는 「본선 도착 후」로 개정하여 본선이 당해 중간항 도착 후 30일간 담보하기로 규정하여 담보기간이 단축되었다.

(8) 항해변경약관

구 냉동식품약관(냉동육을 제외함)의 제3조(항해변경약관)는 1963년 ICC와 마찬가지로 항해의 변경 및 보험의 목적, 선박 또는 항해에 대한 오기(誤記), 탈루(脫漏)를 held covered하고 있는데, 신 냉동식품약관에서는 1978년 7월 1일 제정의 냉동육약관의 제3조(항해변경약관)의 규정과 마찬가지로 오기, 탈루를 held covered하는 규정은 없다. 또한 이 점은 신 ICC(A), (B), (C)의 규정도 마찬가지이다.

(9) 전쟁약관의 폐지

구 협회전쟁약관(냉동육을 제외한 냉동식품용)(1980년 3월 11일자)을 특별히 개정하지 않고 일반화물용의 신 협회전쟁약관(1982년 1월 1일자)을 그대로 사용하고 있다. 특히 특별약관을 제정할 필요가 있는 요인이 발견되지 않았기 때문이며 실무상 약관 적용 측면에서 사무 간 소화에 기여하기 위해서이다.

(10) 전용(專用) 동맹파업약관의 신설

구 냉동식품약관(냉동육은 제외함)에는 제9조에 동맹파업면책약관이 있고 제10조에 「만약 제9조가 말소되면 이 보험은 동맹파업위험 등을 담보한다」는 취지가 규정되어 있는데, 「동맹파업자 참가자 등에 의한 손해」의 면책규정은 없다.

이것에 대하여 신 냉동식품약관에서는 동맹파업면책약관에 동맹파업에 의한 경우 외에 동맹파업 참가 등에 의한 경우 및 테러리스트 등에 의한 경우 멸실·손상, 비용의 면책을 규정하고 있다. 이밖에 전용동맹파업약관이 신설되었다.[3]

2. 신 협회냉동식품약관의 위험약관 및 일반면책약관

(1) 신 협회냉동식품약관(A) (냉동육은 제외함)

제1조(위험약관)

1. This insurance covers, except as provided in Clauses 4, 5, 6 and 7 below.

1.1 all risks of loss or damage to the subject-matter insured, other than loss or damage resulting from any variation in temperature howsoever caused.

1.2 loss of or damage to the subject-matter insured resulting from any variation in temperature attributable to

1.2.1 breakdown of refrigerating machinery resulting in

---

3) R. H. Brown *op. cit.*, Frozen Meat Clauses. pp. F32-F33.

its stoppage for a period of not less than 24 consecutive hours

1.2.2 fire or explosion

1.2.3 vessel or craft being stranded grounded sunk or capsized

1.2.4 overturning or derailment of land conveyance

1.2.5 collision or contact of vessel craft or conveyance with any external object other than water

1.2.6 discharge of cargo at a port of distress.

1. 이 보험은 다음의 위험을 담보함. 단, 제4조, 제5조, 제6조 및 제7조의 면책조항에 규정된 위험은 제외함.

1.1 어떠한 원인으로든 온도의 변화로 발생된 멸실 또는 손상의 경우를 제외한 보험목적의 멸실 또는 손상의 전 위험

1.2 하기 위험에 기인된 온도의 변화로 발생된 보험의 목적의 멸실 또는 손상

1.2.1 연속적으로 24시간 이상 냉동기관의 정지를 야기하는 냉동기관의 고장

1.2.2 화재 또는 폭발

1.2.3 선박 또는 부선의 좌초, 교사, 침몰 또는 전복

1.2.4 육상 운송용구의 전복 또는 탈선

1.2.5 선박, 부선 또는 운송용구와 물 이외의 타 물체와의 충돌 또는 접촉

1.2.6 조난항에서의 적하의 양하

제4조(일반면책약관)

4. In no case shall this insurance cover

4.1 loss damage or expense attributable to wilful misconduct of the Assured

4.2 ordinary leakage, ordinary loss in weight or volume,

or ordinary wear and tear of the subject-matter insured

4.3 loss damage or expense caused by insufficiency or unsuitability of packing or preparation of the subjectmatter insured(for the purpose of this Clause 4.3 "packing" shall be deemed to include stowage in a container or liftvan but only when such stowage is carried out prior to attachment of this insurance or by the Assured or their servants)

4.4 loss damage or expense caused by inherent vice or nature of the subject-matter insured(except loss damage or expense resulting from variation in temperature specifically covered under Clause 1.2 above)

4.5 loss damage or expense proximately caused by delay, even thought the delay be caused by a risk insured against(except expenses payable under Clause 2 above)

4.6 loss damage or expense arising from insolvency or financial default of the owners managers charterers or operators of the vessel

4.7 loss damage or expense arising from the use of any weapon of war employing atomic or nuclear fission and/or fusion or other like reaction or radioactive force or matter

4.8 loss damage or expense arising from any failure of the Assured or their servants to take all reasonable precautions to ensure that the subject matter insured is kept in refrigerated or, where appropriate, properly insulated and cooled space

4.9 any loss damage or expense otherwise recoverable here-
under unless prompt notice thereof is given to the Under-
writers and, in any event, not later than 30 days
after the termination of this insurance.

4. 어떠한 경우에도 이 보험은 다음의 손해를 담보하지 아니함.

4.1 피보험자의 고의적 비행에 기인한 멸실·손상 또는 비용

4.2 보험목적의 통상의 누손. 중량 또는 용적상의 통상의 손실 및 통상
의 자연소모

4.3 보험목적의 포장 또는 준비의 불완전 또는 부적합으로 인하여 발생
한 멸실·손상 또는 비용(본 조항 4.3에 있어서 "포장"이라 함은
"컨테이너" 또는 "리프트밴"에 적재하는 것을 포함하는 것으로 간주
함. 단, 그와 같은 적재는 이 보험의 개시 전에 행하여지거나 또는
피보험자 또는 그 사용인에 의하여 행하여진 경우에 한함.)

4.4 보험목적의 고유의 하자 또는 성질로 인하여 발생한 멸실·손상 또
는 비용(단, 상기 제1.2조에 의하여 담보된 온도의 변화로 발생된
멸실·손상 또는 비용은 제외함.)

4.5 지연이 피보험위험으로 인하여 발생된 경우일지라도 지연을 근인으
로 하여 발생한 멸실·손상 또는 비용(상기 제2조에서 지급할 비용
은 제외함.)

4.6 본선의 소유자, 관리자, 용선자 또는 운항자의 지불불능 또는 재정
상의 채무불이행으로부터 생긴 멸실·손상 또는 비용

4.7 원자력 또는 핵의 분열 및/또는 융합 또는 기타 이와 유사한 반응
또는 방사능이나 방사성물질을 응용한 무기의 사용으로 인하여 발
생한 멸실·손상 또는 비용

4.8 보험의 목적이 냉동장소에, 또는 필요한 경우에는 단열된 냉각장소
에 보관되도록 보장할 수 있는 모든 적합한 사전조치를 피보험자

또는 그 사용인이 취하지 않음으로써 발생한 멸실·손상 또는 비용

4.9 이 보험에서 보상받을 수 있었으나 보험자에게 지체 없이 통지를 하지 아니한 일체의 멸실·손상 또는 비용. 단, 여하한 경우에도 이 통지는 보험계약의 종료 후 30일 이내이어야 함.

(2) 신 협회냉동식품약관(C)(냉동육은 제외함)

제1조(위험약관)

1. This insurance covers, except as provided in Clauses 4, 5, 6 and 7 below,

1.1 loss of or damage to the subject-matter insured attributable to

1.1.1 fire or explosion

1.1.2 vessel or craft being stranded grounded sunk or capsized

1.1.3 overturning or derailment of land conveyance

1.1.4 collision or contact of vessel craft or conveyance with any external object other than water

1.1.5 discharge of cargo at a port of distress,

1.2 loss of or damage to the subject-matter insured caused by

1.2.1 general average sacrifice

1.2.2 jettison.

1. 이 보험은 다음의 위험을 담보함. 단, 제4조, 제6조, 제6조 및 제7조의 면책조항에 규정한 위험은 제외함.

1.1 다음 위험에 기인된 보험목적의 멸실 또는 손상

1.1.1 화재 또는 폭발

1.1.2 선박 또는 부선의 좌초, 교사, 침몰 또는 전복

1.1.3 육상 운송용구의 전복 또는 탈선

1.1.4 선박, 부선 또는 운송용구와 물 이외의 타 물체와의 충돌 또는 접촉

1.1.5 조난항에서의 적하의 양하

1.2 다음 위험으로 인한 보험의 목적의 멸실 또는 손상

1.2.1 공동해손희생

1.2.2 투하

제4조(일반면책약관)

4. In no case shall this insurance cover

4.1 loss damage or expense attributable to wilful miscon-
duct of the Assured

4.2 ordinary leakage, ordinary loss in weight or volume, or
ordinary wear and tear of the subject-matter insured

4.3 loss damage or expense caused by insufficiency or unsui-
tability of packing or preparation of the subjectmatter
insured (for the purpose of this Clause 4.3 "packing"
shall be deemed to include stowage in a container or
liftvan but only when such stowage is carried out
prior to attachment of this insurance or by the Assured
or there servants)

4.4 loss damage or expense caused by inherent vice or
nature of the subject-matter insured

4.5 loss damage or expense proximately caused by delay,
even though the delay be caused by a risk insured
against(except expenses payable under Clause 2 above)

4.6 loss damage or expense arising from insolvency or
financial of the owners managers charterers or oper-
ators of the vessel

4.7 deliberate damage to or deliberate destruction of the subject-matter insured or any part thereof by the wrongful act of any person or persons

4.8 loss damage or expense arising from the use of any weapon of war employing atomic or nuclear fission and / or fusion or other like reaction or radioactive force or matter

4.9 loss damage or expense arising from any failure of the Assured or their servants to take all reasonable precautions to ensure that the subject-matter insured is kept in refrigerated or, where appropriate, properly insulated and cooled space

4.10 any loss damage or expense otherwise recoverable hereunder unless prompt nounce thereof is given to the Underwriters and, in any event, not later than 30 days after the termination of this insurance.

4. 여하한 경우에도 이 보험은 다음의 손해를 담보하지 아니함.

4.1 피보험자의 고의적 비행에 기인한 멸실·손상 또는 비용

4.2 보험목적의 통상의 누손, 중량 또는 용적상의 통상의 손실 및 통상의 자연소모

4.3 보험목적의 포장 또는 준비의 불완전 또는 부적합으로 인하여 발생한 멸실·손상 또는 비용(본 조항 4.3에 있어서 "포장"이라 함은 "컨테이너" 또는 "리프트밴"에 적재하는 것을 포함하는 것으로 간주함. 단, 그와 같은 적재는 이 보험의 개시 전에 행하여지거나 또는 피보험자 또는 그 사용인에 의하여 행하여진 경우에 한함.)

4.4 보험목적의 고유의 하자 또는 성질로 인하여 발생한 멸실·손상 또는 비용

4.5 지연이 피보험위험으로 인하여 발생된 경우일지라도 지연을 근인으로 하여 발생한 멸실·손상 또는 비용(상기 제2조에서 지급할 비용은 제외함.)

4.6 본선의 소유자, 관리자, 용선자 또는 운항자의 지불불능 또는 재정상의 채무불이행으로부터 생긴 멸실·손상 또는 비용

4.7 보험의 목적 또는 그 일부에 대해 발생된 여하한 자의 불법행위에 의한 고의적인 손상 또는 고의적인 파괴

4.8 원자력 또는 핵의 분열 및 / 또는 융합 또는 기타 이와 유사한 반응 또는 방사능이나 방사성물질을 응용한 무기의 사용으로 인하여 발생한 멸실·손상 또는 비용

4.9 보험의 목적이 냉동장소에, 또는 필요한 경우에는 단열된 냉각장소에 보관되도록 보장할 수 있는 모든 적합한 사전조치를 피보험자 또는 그 사용인이 취하지 않음으로써 발생한 멸실·손상 또는 비용

4.10 이 보험에서 보상받을 수 있었으나 보험자에게 지체 없이 통지를 하지 아니한 일체의 멸실·손상 또는 비용. 단, 여하한 경우에도 이 통지는 보험계약의 종료 후 30일 이내이어야 함.

Ⅲ. 신 협회석탄약관
[Institute Coal Clauses - 1 / 10 / 82]

1. 신·구 협회석탄약관의 제정 경위

런던시장에서는 내항전용(內航專用)의 협회석탄약관 및 외항(外船), 내

항 겸용의 석탄약관(시장약관)의 두 가지 종류가 있었다. 한편 전쟁 및 동맹파업 등을 담보하는 약관으로서는 특별히 석탄전용의 약관은 없었다. 어느 것도 일반화물용의 협회전쟁약관 및 협회동맹파업약관을 적용하여 왔다.

1982년 10월1일 새로운 협회석탄약관(외항용)을 제정함에 따라 종래의 외항, 내항병용의 석탄약관(시장약관)은 폐지되었다. 그 결과 앞으로는 내항전용의 협회석탄약관 및 신규 제정의 외항전용의 협회석탄약관의 두 가지가 적용된다.4)

2. 담보위험(제1조 위험약관)

1. This insurance covers, except as provided in Clauses 4, 5, 6 and 7 below,

1.1 loss of or damage to the subject-matter insured reasonably attributable to

1.1.1 fire explosion or heating, even when caused by spontaneous combustion, inherent vice or nature of the subject-matter insured

1.1.2 vessel being stranded grounded sunk or capsized

1.1.3 collision or contact of vessel with any external object other than water

1.1.4 discharge of cargo at a port of distress

1.1.5 earthquake volcanic eruption or lightning

1.2 loss of or damage to the subject-matter insured caused by

---

4) R. H. Brown, *op. cit.*, Institute Coal Clauses. p. 126.

1.2.1　general average sacrifice

1.2.2　jettison or washing overboard

1.2.3　entry of sea lake or river water into vessel hold container or place of storage.

1.　이 보험은 다음의 손해를 담보함. 단, 하기 제4조, 제5조, 제6조 및 제7조에 규정된 위험은 제외함.

1.1　다음 위험에 정당하게 기인된 보험목적의 멸실 또는 손상

1.1.1　보험목적의 자연발화, 고유의 하자 또는 성질로 인하여 발생한 경우일지라도 화재, 폭발 또는 가열.

1.1.2　선박의 좌초, 교사, 침몰 또는 전복

1.1.3　선박과 물 이외의 타 물체와의 충돌 또는 접촉

1.1.4　조난항에서의 적하의 양하

1.1.5　지진, 분화 또는 낙뢰

1.2　다음 위험으로 인한 보험의 목적의 멸실 또는 손상

1.2.1　공동해손희생

1.2.2　투하 또는 파도에 의한 갑판상의 유실

1.2.3　선박, 선창, 컨테이너 또는 보관소에 해수, 호수 또는 하천수의 유입

신 협회석탄약관 제1조(위험약관)는 신 ICC(B)약관의 제1조와 유사하지만, 그 첫머리에 「보험목적의 자연발화(spontaneous combustion), 고유의 하자 또는 성질에 따라 발생한 경우라도 화재, 폭발 또는 가열(발열: heating)(제1.1.1조)에 기인하는 보험의 목적의 멸실 또는 손상을 담보」한다는 취지를 규정하고 있는 점이 특징이다.

보험기간의 운송약관이 본선적재 시부터 본선양하 시까지로 되어있기 때문에 좌초, 교사, 침몰 또는 전복 등의 주요 사고의 주체를 선박(vessel)으로만 하고 부선을 제외하고 있다(제1.1.2조).

해수, 호수 또는 하천수의 선박, 선창(船艙), 컨테이너 또는 보관장소에의 유입(제1.2.3조)에 기인한 보험의 목적의 멸실 또는 손상을 담보하고 있는데, 해수 등의 유입의 대상물에서 리프트밴(liftvan)이 제외되어 있는 점이 신 ICC와 다르다.[5]

① 석탄의 담보위험으로는 중요한 황천(荒天 : heavy weather) 위험이 담보되어 있지 않다.

② Malicious Damage 및 해적행위가 담보되어 있지 않다. 다만 Malicious Damage는 Institute Malicious Damage 약관으로 특약 담보된다. 또한 해적행위는 석탄에 있어서는 특히 중요한 위험이 아니다.

③ 품질의 저하 또는 가치하락(depreciation)은 부담보이고 이 점은 신 협회냉동약관의 경우와 마찬가지이다.

3. 면책약관(제4조 일반면책약관)

4. In no case shall this insurance cover

4.1 loss damage or expense attributable to wilful misconduct of the Assured

4.2 ordinary leakage, ordinary loss in weight or volume, or ordinary wear and tear of the subject-matter insured

4.3 loss damage or expense proximately caused by delay, even though the delay be caused by a risk insured against(except expenses payable under Clause 2 above)

4.4 loss damage or expense arising from insolvency or fina-

---

5) 加藤 修, *op. cit.*, p. 176.

ncial default of the owners managers charterers or opera-
tors of the vessel

4.5 deliberate damage to or deliberate destruction of the
subject-matter insured or any part thereof by the wron-
gful act of any person or persons

4.6 loss damage or expense arising from the use of any weapon
of war employing atomic or nuclear fission and / or fusion
or other like reaction or radioactive force or matter.

4. 여하한 경우에도 이 보험은 다음의 손해를 담보하지 아니함.

4.1 피보험자의 고의적 비행에 기인한 멸실·손상 또는 비용

4.2 보험목적의 통상의 누손, 중량 또는 용적상의 통상의 손실 및 통상
의 자연소모

4.3 지연이 피보험위험으로 인하여 발생된 경우일지라도 지연을 근인으
로 하여 발생한 멸실·손상 또는 비용(상기 제2조에서 지급할 비용
은 제외함).

4.4 본선의 소유자, 관리자, 용선자 또는 운항자의 지불불능 또는 재정
상의 채무불이행으로부터 생긴 멸실·손상 또는 비용

4.5 보험의 목적 또는 그 일부에 대해 발생된 여하한 자의 불법행위에
의한 고의적인 손상 또는 고의적인 파괴

4.6 원자력 또는 핵의 분열 및 / 또는 융합 또는 기타 이와 유사한 반응
또는 방사능이나 방사성물질을 응용한 무기의 사용으로 인하여 발
생한 멸실·손상 또는 비용.

신 협회석탄약관의 제4조(일반면책약관)와 신 ICC의 (B)약관 및 (C)약
관의 제4조(일반면책약관)를 비교하면 ① 보험목적의 포장 또는 준비의 불
완전 또는 부적합에 기인하는 멸실·손상 또는 비용, ② 보험목적의 고유의
하자 또는 성질에 기인하여 발생하는 멸실·손상 또는 비용의 두 가지 항목

의 면책사항이 신 협회석탄약관에는 규정되어 있지 않다.

전기 ②의 보험목적의 고유의 하자, 성질에 의한 손해의 면책규정의 삭제는 제1조(위험약관)에서 석탄의 성질, 하자에 의한 경우라 하더라도 화재, 폭발, 발열에 의한 멸실·손상을 담보하고 있기 때문이다.

신 ICC와 마찬가지로 제6조에 전쟁면책약관, 제7조에 동맹파업면책약관이 있다.

또한 동맹파업위험담보에 대해서는 새로운 협회동맹파업약관(석탄용)이 제정되었다. 즉 해상위험을 담보하는 신 협회석탄약관의 운송약관에서 본선 적재 시부터 본선 양하 시까지를 기본적인 담보기간으로 정하고 있기 때문에 일반화물용의 협회동맹파업약관(운송약관은 창고간약관 담보를 규정하고 있음)으로는 부적절하므로 신 협회석탄약관의 운송약관과 동일취지의 운송약관(제5조)을 규정한 석탄용 협회동맹파업약관이 신설되었다.

4. 보험기간

신 협회석탄약관의 보험기간은 제8조(운송약관), 제9조(운송계약종료약관) 및 제14조(항해변경약관)로 구성되어 있는데 그 특징은 제8조 및 제9조에서 볼 수 있다.

(1) 제8조(운송약관)

8.8.1 This insurance attaches as the subject matter insured is loaded on board the oversea vessel at the port or place named herein for the commencement of the transit, continues during the ordinary course of transit and terminates as the subject-matter insured is discharged overside from the oversea vessel at the

        destination named herein.
8.2   This insurance shall remain in force(subject to termi-
      nation as provided for above and to the provisions of
      Clause 9 below) during delay beyond the control of the
      Assured, any deviation, forced discharge, reshipment
      of transhipment and during any variation of the adven-
      ture arising from the exercise of a liberty granted to shipo-
      wners of charterers under the contract of affreightment
8.1   이 보험은 보험의 목적이 운송개시를 위하여 이 보험증권에 기재된
      항구 또는 지역에서 외항선에 적재될 때 개시되고 통상의 운송과정
      중에 계속되며 보험의 목적이 이 보험증권에 기재된 도착지에서 외
      항선으로부터 양하될 때 종료함.
8.2   이 보험은(상기 보험 종료의 규정 및 하기 제9조의 규정에 따라)
      피보험자가 좌우할 수 없는 지연, 일체의 이로, 부득이한 양하, 재
      선적 또는 환적 및 해상운송계약상 선주 또는 용선자에게 부여된 자
      유재량권의 행사로부터 생기는 위험의 변경기간 중 유효하게 계속됨.

  이 약관 제8조(운송약관)에서는 「이 보험은 보험의 목적이 운송개시를
위하여 증권기재의 항구 또는 장소에서 외항선에 적재된 때부터 개시하고
통상의 운송과정 중에 계속되며 보험의 목적이 보험증권에 기재된 도착지에
서 보험의 목적이 외항선으로부터 양하된 때 종료한다.」(제8.1조)로 규정
되어 보험기간은 「본선에 적재된 때부터 양하된 때까지」라는 것을 명시하고
있다. 또한 「피보험자가 좌우할 수 없는 지연, 이로(離路), 부득이한 양하,
재선적 또는 환적 및 해상운송계약상 선주 또는 용선자에게 부여된 자유재
량권의 행사에 의한 위험의 각종 변경이 있어도 유효하게 계속된다」(8.2)는
취지도 아울러 규정하고 있다.
  제8조의 전반(前半)의 규정(제8.1조)은 매수인이 FOB 조건 또는 이와

유사한 조건(FCA조건)으로 석탄을 수입하는 경우에 적합하다.

예컨대 본선 적재까지의 부선(barge) 운송중의 위험(risk)을 부담하는 매수인이 피보험자라고 하면 협회석탄약관으로는 불충분하고 본선 적재 전의 부선운송구간을 특약 부보하여야 하고, 또한 경우에 따라서는 본선에서 양하된 후부터 최종목적지까지 내륙운송구간(육상 또는 해상)도 아울러 특약 부보할 필요가 있다.

이와 같이 협회석탄약관은 석탄 고유의 위험(risk)을 감안하여 본선 적재 시부터 본선 양하시까지를 그 기본적인 보험기간으로서 규정하고 그 전후(前後)의 운송구간의 담보는 특약취급하고 있다. 보험계약자는 보험계약을 신청할 때에 운송구간을 정확히 파악하여 특약취급이 되는 운송 구간에 대하여 적절하게 부보를 수배해야 한다.

(2) 제9조(운송계약 종료약관)

9. If owing to circumstances beyond the control of the Assured either the contract of affreightment is terminated at a port or place other than the destination named therein or the transit is otherwise terminated before discharge overside of the subject matter insured at the destination named herein as provided for in Clause 8 above. then this insurance shall also terminate unless prompt notice is given to the Underwriters and continuation of cover is requested when the insurance shall remain in force, subject to an additional premium if required by the Underwriters, either

9.1 until the subject-matter insured is sold and delivered at such port or place, or unless otherwise specially agreed. until the expiry of 15 days after arrival of the subject-matter insured at such port or place. whichever shall first occur,

or

9.2 if the subject-matter insured is forwarded within the said period of 15 days(or any agreed extension thereof) to the destination named herein or to any other destination, until terminated in accordance with the provisions of Clause 8 above.

9. 피보험자가 좌우할 수 없는 사정에 의하여 운송계약이 그 계약서에 기재된 목적지 이외의 항구 또는 지역에서 종료되거나 또는 기타의 사정으로 상기 제8조에 규정된 바의 보험증권에 명시된 도착지에서 보험의 목적이 양하 이전에 운송이 종료될 경우에는 이 보험도 종료됨. 단, 보험자에게 지체 없이 그 취지를 통지하고 담보의 계속을 요청할 경우에 보험자의 요구가 있으면 추가보험료를 지급하는 조건으로 이 보험은 다음의 시점까지 유효하게 계속됨.

9.1 보험의 목적이 상기의 항구 또는 지역에서 매각된 후 인도될 때 또는 별도의 합의가 없는 한 그러한 항구 또는 지역에 보험의 목적의 도착 후 15일이 경과한 때 중 어느 한쪽이 먼저 생길 때까지, 또는

9.2 만약 보험의 목적이 상기 15일의 기간(또는 합의에 의하여 15일의 기간을 연장한 기간) 내에 이 보험증권에 기재된 목적지 또는 기타의 목적지에 계반될 경우에는 상기 제8조의 규정에 따라 보험이 종료될 때까지

제9조(운송계약종료약관)의 운송계약이 종료된 중간항에서의 담보기간의 규정은 그 항구에의 본선 도착 후 15일간으로 되어 있다. 이 15일간의 일수는 신 ICC의 경우의 60일간과 신 협회냉동식품약관에서의 30일간보다 아주 짧다. 이 점은 석탄이 본선에 적재된 대로 중간항에서 대기하고 있는 사이의 자연발화 위험을 감안한 결과이다.

5. 기타 약관

신 협회석탄약관의 제2조(공동해손약관), 제3조(쌍방과실충돌약관), 제6조
(전쟁면책약관), 제7조(동맹파업면책약관), 제11조(피보험이익약관), 제12조
(계반비용약관), 제13조(추정전손약관), 제14조(증액약관), 제15조(보험이
익불공여약관), 제16조, 제17조, 제18조 및 제19조는 신 ICC와 같다.

제5조(불내항 및 부적합면책약관) 및 제10조(항해변경약관)는 신 ICC와
는 다르다.

IV. 신 협회천연고무약관(액상(液狀)라텍스 제외)
[Institute Natural Rubber Clauses
(excluding liquid latex)-1/1/84]

1. 신 약관의 제정경위

신 협회상품교역(Trade) 약관의 하나로서 1984년 1월 1일자로 신 협회
천연고무약관(액상생고무 제외)이 새로 제정되어 런던시장에서 이미 적용·
실시되고 있다. 구 협회상품교역(Trade) 약관(1971년 1월 1일)의 표제(標
題)는 다음과 같이 복잡하게 되어 있다. 즉 고무약관 및 증액보험증권용약관,
상자, 대(袋), 나포장의 고무용, 협인 런던고무무역협회, 런던보험업자협회,
Liverpool 보험업자협회, 로이드보험업자협회 CLAUSES FOR USE IN
"INCREASED VALUE POLICIES"(for use in connection with
rubber in cases and/or bales and/or bare back bales)이었다.6)

적용대상이 되는 화물이 동일한 천연고무이면서도 이번의 신 약관의 표제는 간소화되었다. 즉 당해 하주협회 및 관계 보험업자협회와의 승인하에 제정되었지만 특히 그 취지의 주기(注記)가 생략되어 있다.

2. 담보위험(제1조 위험약관)

1. This insurance covers, except as provided in Clauses 4, 5, 6 and 7 below,

1.1 loss of or damage to the subject-matter insured reasonably attributable to

1.1.1 fire or explosion

1.1.2 vessel or craft being stranded grounded sunk or capsized

1.1.3 overturning or derailment of land conveyance

1.1.4 collision or contact of vessel craft or conveyance with any external object other than water

1.1.5 discharge of cargo at a port of distress

1.1.6 earthquake volcanic eruption or lightning.

1.2 loss of or damage to the subject-matter insured caused by

1.2.1 general average sacrifice

1.2.2 jettison or washing overboard

1.2.3 water or condensation

1.2.4 hooks, spillings or leakage of any substance or liquid, other cargo(excluding rubber), or moisture from wet

---

6) 加藤 修, 貿易保險の實務, 同文館, 1988, p. 213.

       or damp dunnage

1.2.5 theft pilferage or non-delivery

1. 이 보험은 다음의 손해를 담보함. 단, 제4조, 제5조, 제6조 및 제7조의 면책조항에 규정된 손해는 제외함.

1.1 다음 위험에 정당하게 기인된 보험의 목적의 멸실 또는 손상

1.1.1 화재 또는 폭발

1.1.2 선박 또는 부선의 좌초, 교사, 침몰 또는 전복

1.1.3 육상 운송용구의 전복 또는 탈선

1.1.4 선박, 부선 또는 운송용구와 물 이외의 타 물체와의 충돌 또는 접촉

1.1.5 조난항에서의 적하의 양하

1.1.6 지진, 분화 또는 낙뢰

1.2 다음 위험으로 인한 보험의 목적의 멸실 또는 손상

1.2.1 공동해손희생

1.2.2 투하 또는 파도에 의한 갑판상의 유실

1.2.3 물(水) 또는 응결

1.2.4 갈고리, 어떤 물질이나 액체의 유출 또는 누출, 다른 화물(고무 제외), 또는 젖거나 축축한 화물 깔개로부터의 습기

1.2.5 도난, 발하(拔荷) 또는 불착

위의 규정 중에 제1.2.2조까지의 열거위험은 ICC(B) 약관의 제1에 열거하고 있는 위험의 대부분에 해당된다. 해수 등의 선박, 컨테이너 등에의 해수의 유입(신 ICC의 제1.2.3조) 및 제1.3조 하역작업 중 해수면으로 낙하하여 멸실되거나 추락하여 발생된 포장당 전손의 각 규정이 신 협회 천연고무약관 제1조 위험약관에는 없다.

그러나 신 협회천연고무약관에는 전기 제1.2.4조(갈고리, 깔개로부터의 습기) 및 제1.2.5조〔도난, 발하(拔荷) 또는 불착〕에 의해 천연고무에 발생하기 쉬운 각종 위험을 열거담보하여 고무약관으로서 특징을 형성하고 있다.[7)]

한편 구 협회천연고무약관의 제5조(해손약관 - 신 협회천연고무약관의 제1조에 해당함)를 보면 신 약관처럼 세 분류번호에 의한 간결한 규정으로 되어있지 않지만 전기 신 천연고무약관 제1조의 열거위험과 거의 같은 제위험과 손해가 열거되어 있다. 제5조의 조문은 다음과 같다.

제5조 이 보험은 분손을 지급하며, 또한 도난, 발하, 완전한 1개 단위 포장물의 불착, 폭발, 담수, 선창 밑부분의 응결, 구손(鉤損), 어떠한 물질 또는 액체의 흘림이나 누손, 타 화물(고무제외)에 의한 손해, 또한 젖고 습기 있는 깔개로부터 습기에 의한 손해의 위험 등을 담보함.

그러나 이 보험하에서 담보된 운송과정 중에 해수, 담수, 선창 밑 부분의 응결, 여하한 물질 및 액체의 흘림이나 누손, 혹은 젖고 습기 있는 선창깔개로부터의 습기와 개포(個包)와의 실질적인 접촉으로부터 발생하지 않는 한 곰팡이에 의한 화물의 멸실 또는 손상은 책임지지 않음.

이 보험은 여하한 경우에도 지연 또는 피보험목적물의 고유의 하자 또는 성질을 근인으로 해서 생기는 멸실·손상 또는 비용까지도 확장담보하는 것으로 간주해서는 안 됨.

이 보험증권하에서 회수될 수 있는 보상금은 손해율의 다과에 관계없이 지급됨.

또한 구 협회천연고무약관 제5조의 제2절에는 지연 또는 보험목적의 고유의 결함 또는 성질에 근인(近因)하는 멸실·손상을 부담보로 한다는 취지의 면책규정이 있다.

신 협회천연고무약관에서는 신 ICC의 경우와 마찬가지로 제4조(일반면책약관)에 지연 등의 면책을 별도로 일괄하여 규정하고 있다.

---

7) *Ibid.*, p. 214.

3. 각종 위험

(1) 수손해(Water Damage)

구 협회천연고무약관에서는 해상고유의 위험의 하나로서 「해수에 의한 누손(漏損)」이 담보되어 있는 것 외에 「담수(淡水)누손 및 선창(船艙)의 결로(結露)에 의한 누손」이 열거담보되어 있다.

한편 신 협회천연고무약관에서는 단순히 「물 또는 결로」(water or condensation)에 기인하는 멸실 또는 손상을 담보하는 취지를 규정하고 있다. 다시 말하면 구 약관의 「fresh water」의 fresh 및 「선장의 결로」의 「선창」의 한정문언(限定文言)이 신협회천연고무약관에서는 각각 삭제되었다. 또한 축축한(습기가 있는) 깔개로부터의 수분에 대한 규정은 신·구 양약관 모두 동일 문언으로 되어 있다. 따라서 신 협회천연고무약관이 water damage에 대해서는 구 약관보다도 약간 보상의 범위가 넓게 되어 있다고 해석되고 있다.

(2) 황천(Heavy Weather)

구 협회천연고무약관에서는 황천에 의한 손해는 제1조 첫머리의 「해손(海損) 담보」 및 구 Policy의 본문약관 중의 「해상고유의 위험」으로 담보되어 있다. 신 약관에서는 이러한 문언이 없어졌으므로 「황천」위험을 추가담보해야 하느냐의 여부는 개개의 보험계약상의 문제가 된다. 천연고무에 대해서는 적어도 컨테이너운송인 경우에는 황천에 의한 누손은 일반적으로 극히 적게 발생한다고 볼 수 있다.

(3) 곰팡이(Mould and Mildew)

구 협회천연고무약관 제5조 제1절 말미에 있는 곰팡이 손해에 대한 「담보제한규정」의 목적은 해수, 담수나 타 화물 등과 실제로 또는 직접으로 접촉한 결과 발생한 곰팡이만을 담보한다는 취지의 확인이다. 다시 말하면 물이나 타 물체와의 외래적 또는 우발적 접촉사고에 기인하는 곰팡이는 담보하지만, 예컨대 부대속의 천연고무가 겹쳐서 운송되는 동안 그 천연고무에 잠재하고 있던 곰팡이가 표면에서 발생한 것처럼 보이는 손해는 부담보로 한다는 취지이다.

그러나 신 협회천연고무약관에는 이러한 곰팡이에 대한 제한규정이 없어졌다. 그 주요 이유는 손해 원인의 입증문제도 있지만 천연고무의 컨테이너 운송의 장점 때문에 곰팡이 손해가 감소하였기 때문이다. 또한 원래 고무에 잠재하고 있는 곰팡이는 「고유의 하자」이고 신 협회천연고무약관의 일반면책약관으로 명시, 면책되므로 보험자가 담보하는 곰팡이 손해는 제1조에 열거된 각종 위험에 기인하는 곰팡이 손해에만 한정된다.

(4) 깔개에 의한 손해(Damage by Dunnage)

Dunnage(깔개)에 의한 손해에는 ①dunnage에 포함되어 있는 습기에 의한 곰팡이 손해 ②천연고무가 dunnage의 나뭇조각에 붙어 있어 목적지에서 이것을 제거하기 위한 비용손해 및 이에 따른 품질저하손해 등이 있다. 말할 필요도 없이 후자 ③의 비용이나 품질저하손해는 담보되지 않는다. 이 점은 신·구 약관이 모두 같다. 천연고무의 포장부대(bale)에는 활석분(滑石粉)을 발라 bale 및 bale을 겹쳐서 쌓아도 쉽게 분리되도록 하는데, 활석분을 충분히 바르지 않으면 bale이 떨어지지 않게 되어 이들을 떼어내는 비용도 상당한 액수에 달하는 경우도 있다. 이러한 종류의 비용손해도 전기의 dunnage의 나뭇조각 및 고무의 분리비용과 마찬가지로 신·구 약관에서도 부담보로 되어 있다. 따라서 이러한 종류의 비용손해를 담보하는 데는 개별적으로 특약할 필요가 있다.

(5) 포장 목상자의 손상

일반 적하보험의 경우와 마찬가지로 목상자(木箱子)의 포장 부분만의 손해를 담보하는 데는 특약이 필요하다. 예컨대 그레이프, 고무에는 특제 합

판재(合板材)의 목상자가 사용되는데 이러한 경우 목상자만의 손해는 담보되지 않으므로 이것을 담보하기 위한 특약이 필요하다.

또한 천연고무를 pallet로 운송하는 경우 목적지로 향하는 도중에 pallet가 파손되어 운송에 지장을 줄 경우 파손 pallet를 수선(修繕)해야 한다. 이 경우 수선비용은 통상 손해방지비용으로 보상된다.[8]

(6) 도난, 발하(拔荷) 및 불착

구 협회천연고무약관에서는 「도난 및 / 또는 발하, 화물 1개당 불착의 위험」을 담보한다고 규정되어 있는데, 신 협회천연고무약관에서는 「도난, 발하 또는 불착에 의한 멸실 · 손상」을 담보한다는 규정으로 변경되었다. 신 약관에서는 「화물 1개당」이라는 문언이 삭제되었다는 점에 주목해야 한다. 즉 불착손해에 대해서는 화물 1개가 pallet단위 또는 컨테이너 단위의 전체의 불착이라는 것을 특히 입증할 필요가 없게 되었다.

또한 1982년 12월 1일자 제정의 일반화물용의 협회도난, 발하 및 불착담보약관(Institute Theft, Pilferage and Non-Delivery Clause)에서 불착에 대해서는 「포장 1개당」(of an entire package)의 문언이 규정되어 있다.

4. 면책조항(제4조 일반면책약관)

4. In no case shall this insurance cover

4.1 loss damage or expense attributable to wilful mis-
    conduct of the Assured

4.2 ordinary loss in weight or volume, or ordinary wear

---

8) *Ibid.*, pp. 215-217.

and tear of the subject-matter insured

4.3 loss damage or expense caused by insufficiency or unsuitability of packing or preparation of the subject-matter insured(for the purpose of this Clause 4.3 "packing" shall be deemed to include stowage in a container or liftvan but only when such stowage is carried out prior to attachment of this insurance or by the Assured or their servants)

4.4 loss damage or expense caused by inherent vice or nature of the subject-matter insured

4.5 loss damage or expense proximately caused by delay, even though the delay be caused by a risk insured against(except expenses payable under Clause 2 above)

4.6 loss damage or expense caused by insolvency or financial default of the owners managers charterers or operators of the vessel where, at the time of loading of the subject-matter insured on board the vessel, the Assured are aware, or in the ordinary course of business should be aware, that such insolvency or financial default could prevent the normal prosecution of the voyage.
This exclusion shall not apply where this insurance has been assigned to the party claiming hereunder who has bought or agreed to buy the subject-matter insured in good faith under a binding contract.

4.7 loss damage or expense arising from the use of any weapon of war employing atomic or nuclear fission and/or fusion or other like reaction or radioactive force or matter.

4.   여하한 경우에도 이 보험은 다음의 손해를 담보하지 아니함.

4.1   피보험자의 고의적 비행에 기인한 멸실·손상 또는 비용

4.2   보험목적의 중량 또는 용적상의 통상의 손실 및 통상의 자연소모

4.3   보험목적의 포장 또는 준비의 불완전 또는 부적합으로 인하여 발생한 멸실·손상 또는 비용(본 조항 4.3에 있어서 '포장'이라 함은 "컨테이너" 또는 "리프트밴"에 적재하는 것을 포함하는 것으로 간주함. 단, 그와 같은 적재는 이 보험의 개시 전에 행하여지거나 또는 피보험자 또는 그 사용인에 의하여 행하여진 경우에 한함.)

4.4   보험목적의 고유의 하자 또는 성질로 인하여 발생한 멸실·손상 또는 비용.

4.5   지연이 피보험위험으로 인하여 발생된 경우일지라도 지연을 근인으로 하여 발생한 멸실·손상 또는 비용(상기 제2조에서 지급할 비용은 제외함.)

4.6   본선의 소유자, 관리자, 용선자 또는 운항자의 지불불능 또는 재정상의 채무불이행으로부터 생긴 멸실·손상 또는 비용. 단, 그러한 지불불능 또는 재정상의 채무불이행 이 정상적인 항해를 저해할 수도 있다는 사실을 보험의 목적이 선박에 적재되는 때에 피보험자가 알고 있거나 또는 통상의 무역거래과정 중 알 수 있는 경우에 한함. 구속계약(拘束契約)에 따라 선의적으로 보험의 목적을 구입하였거나 구입하기로 합의한 보험금청구 당사자에게 이 보험이 이미 양도된 경우에는 이 면책조항을 적용하지 아니함.

4.7   원자력 또는 핵의 분열 및/또는 융합 또는 기타 이와 유사한 반응 또는 방사능이나 방사성물질을 응용한 무기의 사용으로 인하여 발생한 멸실·손상 또는 비용

(1) 통상의 부족손해의 규정

신 협회고무약관은 드럼통 적입이나 산적(散積)된 액상(液狀) Latex를 대상으로 하고 있지 않으므로 「통상의 부족」(ordinary leakage) 손해의 면책은 규정되어 있지 않다.

(2) 선주(船主) 및 선주 이외의
자에 대한 지급불능 등의 신용위험 면책규정

신 협회천연고무약관 제4조 제6항의 제1절(선주 등이 지급불능 등 소위 도산위기 부담보의 규정)의 후단에는 선주 기타의 자의 지급불능 등의 신용위험면책에 대한 특별규정이 추가되어 있다.

따라서 신 ICC의 당해 면책규정에 비교하면 선주 등의 신용위험 면책규정은 약간 완화되어 있다.

또한 전기 추가문언은 1983년 9월 5일에 제정된 Institute Commodity Trades Clauses의 제4조 제6항의 선주도산위험 면책규정의 문언과 동일하다. 또한 이 문언 중에 있는 「그 통상의 업무 중 당연히 알아야 하는」 사항이라는 문언(in the ordinary course of buslness ought to be known)은 이미 설명한 바와 같이 보험계약 당사자의 고지, 표시에 관한 영국 해상보험법 제18조 및 제19조에 있는 문언의 일부에 해당한다.

(3) 컨테이너, 리프트밴, 육상운송용구의 부적합의 면책

5.1 In no case shall this insurance cover loss damage or
      expense arising from

5.1.1 unseaworthiness of vessel or craft or unfitness of vessel
      or craft for the safe carnage of the subject-matter insured,
      where the Assured are privy to such unseaworthiness or
      unfitness at the time the subject-matter insured is loaded

therein

5.1.2 unfitness of container liftvan or land conveyance for the safe carnage of the subject-matter insured, where loading therein is carried out prior to attachment of this insurance or by the Assured or their servants.

5.2 Where this insurance has been assigned to the party Claiming hereunder who has bought or agreed to buy the subject-matter insured in good faith under a binding contract, exclusion. 5.1.1 above shall not apply.

5.3 The Underwriters waive any breach of the implied warranties of seaworthiness of the ship and fitness of the ship to carry the subject-matter insured to destination.

5.1 여하한 경우에도 이 보험은 다음의 사유로부터 생긴 멸실·손상 또는 비용을 담보하지 아니함.

5.1.1 보험목적의 안전운송을 위한 선박이나 부선의 불내항 또는 선박이나 부선의 부적합. 단, 보험의 목적을 적재할 때에 피보험자가 그러한 불내항 또는 부적합을 알고 있을 경우에 한함.

5.1.2 보험목적의 안전운송을 위한 컨테이너, 리프트밴 또는 육상운송 용구의 부적합. 단, 적재가 이 보험의 개시 전에 행하여지거나, 피보험자 또는 그 사용인에 의하여 행하여진 경우에 한함.

5.2 구속계약(拘束契約)에 따라 선의적으로 보험의 목적을 구입하였거나, 구업하기로 합의한 보험금청구 당사자에게 이 보험이 이미 양도된 경우에는 상기 면책조항 5.1.1을 적용하지 아니함.

5.3 보험자는 선박의 내항 및 보험의 목적을 운송하기 위한 선박의 적합에 대한 묵시담보의 일체의 위반에 대하여 보험자의 권리를 포기함.

신 협회적하약관 제5조(불내항 및 부적합면책약관)의 제5.1.1조에서는 「선박이나 부선의 불내항 또는 보험목적의 안전운송에 대한 부적합에 의한 멸실·손상, 비용을 피보험자가 알고(관여하고) 있다면 부담보된다」는 취지를 규정하고 있다.

이러한 규정은 앞장에서 설명한 Institute Commodity Trades Clauses의 규정과 동일하고 천연고무에 대해서도 이 면책은 국제상품의 상거래 사정을 감안하여 Institute Commodity Trades Clauses와 동일하게 취급되고 있다.

(4) Innocent Consignee(수하인)의 보호

송하인(shipper)이 수배한 운송계약에 의거하여 화물적재선박의 불내항 및 부적합에 대해서는 CIF 또는 CFR조건에서의 수하인(consignee)처럼 이것에 전혀 관여하지 않는 innocent consignee(수하인)를 그 면책의 대상에서 제외한다는 취지가 Institute Commodity Trades Clauses 제5.2조에 규정되어 있다.

신 협회천연고무약관 제5.2조에서도 이와 마찬가지로 「구속계약에 따라 선의적으로 보험의 목적을 구입하였거나 구입하기로 합의한 보험금청구 당사자에게 이 보험이 이미 양도된 경우에는 전기 제6.1.1조(선박, 부선의 불내항 및 부적합의 면책규정)는 적용되지 아니한다」는 취지가 규정되어 있다.

5. 보험기간

신 협회천연고무약관의 보험기간의 규정은 제8조(운송약관), 제9조(운송계약종료약관) 및 제10조(항해변경약관)로 구성되어 있다. 특히 제8조는 구 약관의 제1조(운송약관)에 해당하고 양자의 내용은 동일하다. 다만 신 약관 제8조는 세분류번호를 붙인 형식을 취하고 있으며, 제8.1조에서 제8.4조로 나누어져 있고 구 약관의 제1조의 제4절의 내용에 각각 해당된다.

원래 신 협회천연고무약관의 운송약관은 일반의 ICC 제1조의 운송약관 (창고간약관을 흡수)과는 다르다.

신 협회천연고무약관 제8조(운송약관)는 다음과 같다.

8.1 This insurance attaches from the time the goods leave the warehouse or place of storage at the port of shipment named herein for the commencement of the transit and continues during the ordinary course of transit until the goods are delivered to a warehouse or place of storage at the port of destination named herein and, provided it is not a manufacturer's warehouse or place of storage, whilst there for a period not exceeding 30 days.

8.2 If the goods are to be forwarded to a place outside the limits of the said port of destination the insurance continues until the goods are loaded on to a vessel, craft or conveyance or until the expiry of 30 days from midnight of the day on which the discharge overside of the insured goods from the oversea vessel at the said port of destination is completed, whichever shall first occur.

8.3 By giving notice to the Underwriters before the insurance ceases the Assured may obtain an extension at a premium to be arranged to cover the goods beyond the limits in 8.1 and 8.2 above.

8.4 This insurance shall remain in force (subject to termination as provided for above and to the provisions of Clause 9 below) during delay beyond the control of the Assured, any deviation, forced discharge, reshipment or transhipment and during any variation of the adventure arising from the exercise of a liberty granted to shipowners or charterers under the contract of affreightment.

8.1 이 보험은 화물이 운송개시를 위하여 이 보험증권에 기재된 선적항의 창고 또는 보관장소를 떠날 때에 개시되고 통상의 운송과정 중 계속되며 화물이 이 보험증권에 기재된 목적항에서의 창고 또는 보관장소에 인도될 때 종료함. 단, 제조업자의 창고 또는 보관장소가 아닌 경우에는 그곳에서 30일을 초과하지 않는 기간동안 계속됨.

8.2 화물이 상기 목적항의 구역 밖의 장소로 운송되는 경우에는 화물이 선박, 부선 또는 운송용구에 적재되는 때 또는 상기 목적항에서 외항선으로부터 피보험 화물이 양하된 날의 자정부터 기산하여 30일이 경과하는 때 중 어느 것이든 먼저 생긴 때까지 이 보험은 계속됨.

8.3 피보험자는 보험이 종료되기 전에 보험자에게 통지함으로써 추후 협정되어야 할 보험료에 의하여 상기 8.1 및 8.2에서의 보험기간 이외에도 화물의 연장담보를 받을 수 있음.

8.4 이 보험은 (상기 보험종료의 규정 및 하기 제9조의 규정에 따라) 피보험자가 좌우할 수 없는 지연, 일체의 이로, 부득이한 양하, 재선적 또는 환적 및 해상운송계약상 선주 또는 용선자에게 부여된 자유재량권의 행사로부터 생기는 위험의 변경기간 중 유효하게 계속됨.

이상과 같이 신 협회천연고무약관(구 협회천연고무약관과 동일함)의 운송약관 내용, 특히 창고 간담보약관은 신 ICC의 운송약관과 상당히 다르다. 즉 그 특정을 요약하면 다음과 같다.

①목적지에 있어서 천연고무의 가공품제조업자의 창고가 최종창고로 간주되어 거기에 반입하면 보험은 종료한다. ②천연고무의 상거래사정을 감안하

여 목적지의 일반창고(즉 전기 ①의 제조업자의 창고 이외의 창고)에 화물
이 반입되어도 보험은 당장 종료되지 않고 30일간 한도까지 계속 담보된다.
③당초의 목적항 이외의 항구에 전송(轉送)되는 경우에는 전송선(轉送先)
과 다른 항구에의 운송을 위하여 선적될 때까지 또는 당초의 목적항에서 외
항선으로부터 양하 완료 후 30일이 경과할 때까지 중 어느 것이든 먼저 발
생할 때까지 계속 담보된다. ④전기의 담보기간은 어느 것도 보험자에의 사
전통지 및 할증보험료의 지급을 전제조건으로 연장할 수 있다.

다음으로 신 협회천연고무약관 제10조(항해변경약관)는 신 ICC 제10조
와 동일하며 「목적지」(destination)가 피보험자에 의하여 변경된 경우에
held covered의 원칙을 적용한다는 취지가 규정되어 있다. 또한 선박과
항해에 대한 오기(誤記), 탈루(脫漏)에 대한 held covered의 적용규정이
삭제되었다는 점도 신 ICC 규정과 동일하다.

6. 기타의 조항과 약관

(1) 중재약관(제15조)

15. In the event of a dispute between the Assured and
     the Underwriters' Surveyors as to the extent of the
     depreciation to be allowed on damaged rubber, samples
     shall be drawn by recognised samplers and forwarded
     together with the Survey Report to the Rubber Trade
     Association of London whose award Shall be final and
     binding on all parties so far as concerns the extent of
     depreciation.

15. 피보험자와 보험자의 감정인감에 손상된 고무에 적용할 감가범위에
     대하여 분쟁이 발생될 경우에는 공인된 표본검사인이 표본을 채취

하여 감정보고서와 함께 런던고무교역 협회에 송부토록 함. 감가범
위에 관한 한 이 협회의 판정은 결정적이며 또 한 각 당사자를 구
속하는 것임.

구 협회천연고무약관 제6조(중재약관)는 신 협회천연고무약관의 최종 약
관 제15조(중재약관)에 해당한다. 즉「손해를 입은 천연고무의 손해비율에
대하여 피보험자 및 보험자 측 감정인(surveyor)과의 사이에 분쟁이 발생
한 경우에는 권위 있는 표본검사인이 적출한 파손품(破損品)의 표본을 감정
보고서와 함께 런던의 고무거래업자협회에 송부한다. 동협회가 내린 손해의
비율에 관한 재정(裁定)은 최종의 것으로 당사자를 구속한다」는 취지가 규
정되어 있다.

(2) 신 협회동맹파업약관(천연고무용)
[Institute Strikes Clauses(Natural Rubber)]

신 협회천연고무약관 제7조(동맹파업 면책약관)에 대응하여 동맹파업위험
을 부활담보하는 경우에는 신 협회동맹파업약관(천연고무용－액상천연고무
를 제외함)을 적용한다.

동약관의 제1조(위험약관) 및 기타의 제약관은 신 ICC와 함께 사용하는
일반의 신 협회동맹파업과 동일하다. 다만 제5조(운송약관)는 보험기간 관
련조항으로서 신 협회천연고무 약관의 제8조(운송약관)와 통일한 내용으로
되어 있다.

또한 일반면책규정 중「통상의 부족」의 면책규정은 신협회천연고무약관과
마찬가지로 규정되어 있지 않다.

(3) 전쟁위험 담보약관

신 협회천연고무약관의 제6조(전쟁면책약관)에 대응하여 전쟁위험을 부활
담보하는 경우에는 구 협회천연고무약관의 경우처럼 천연고무전용의 전쟁약

관을 적용하지 않고 1983년 9월 5일자 제정의 신 협회전쟁약관(commo-
dity trade용)을 적용한다. 바꿔 말하면 신 협회천연고무약관의 제정을 계기
로 구 협회전쟁약관(천연고무용)은 폐지되고 천연고무에 대해서는 commo-
dity trade용의 전쟁약관을 편의상 적용하기로 되었다. 또한 그 효용(效
用)으로서는 신 협회천연고무약관의 경우와 마찬가지로 선주 등의 도산(倒
産)에 따른 선용위험 면책규정 및 선박, 부선의 불내항성 및 부적합성에 관
한 면책규정에 대하여 각각 약간 완화된 추가문언의 적용을 받게 되었다.9)

V. 신 협회황마약관
[Institute Jute Clauses - 1 / 1 / 84]

1. 신 약관의 제정경위

Institute Trades Clauses의 하나인 신 협회황마약관이 신 ICC와 관
련하여 1984년 1월 1일자로 개정되었다. 즉 런던시장에서는 1964년 6월 1
일자 협회황마약관 및 황마용 전쟁, 동맹파업약관을 폐지하고 1984년 1월
1일부터 신 협회황마약관 및 신 협회동맹파업약관(황마용)을 적용하고 있다.
다만 전쟁위험에 대해서는 종래처럼 황마 전용의 약관을 사용하지 않고 특정
국제상품 이외의 국제상품(코코아, 커피 차 원피 금속 기타)에 공통으로 적
용하는 협회전쟁약관(commodity trade용)을 사용하기로 되어 있다.10)

---

9) *Ibid.*, pp. 220-221.
10) R. H. Brown, *op. cit.*, Jute Clause, pp. J5-J6.

2. 담보위험(제1조 위험약관)

구 협회황마약관은 FPA조건(제5조)이었는데 신황마약관에서는 신 ICC 의 (C)약관의 담보위험 외에 (B)약관에서 담보되는 제 위험 중의 대부분 을 열거담보하고 있다.

그 내용은 다음과 같다

제1조 위험약관

1. This insurance covers, except as provided in Clauses 4, 5, 6 and 7 below,

1.1 loss of or damage to the subject-matter insured reasonably attributable to

1.1.1 fire or explosion

1.1.2 vessel or craft being stranded grounded sunk or capsized

1.1.3 overturning or derailment of land conveyance

1.1.4 collision or contact of vessel craft or conveyance with any external object other than water

1.1.5 discharge of cargo at a port of distress,

1.2 loss of or damage to the subject-matter insured caused by

1.2.1 general average sacrifice

1.2.2 jettison or washing overboard

1.2.3 entry of sea lake or river water into vessel craft hold conveyance container liftvan or place of storage,

1.3 total loss of any package lost overboard or dropped whilst loading on to, or unloading from, vessel or craft.

1. 이 보험은 다음의 손해를 담보함. 단, 제4조, 제5조, 제6조 및 제7

조의 면책조항에 규정된 손해는 제외함.

1.1 다음 위험에 정당하게 기인된 보험의 목적의 멸실 또는 손상

1.1.1 화재 또는 폭발

1.1.2 선박 또는 부선의 좌초, 교사, 침몰 또는 전복

1.1.3 육상운송용구와 전복 또는 탈선

1.1.4 선박, 부선 또는 운송용구와 물 이외의 타 물체와의 충돌 또는 접촉

1.1.5 조난항에서의 적하의 양하

1.2 다음 위험으로 인한 보험의 목적의 멸실 또는 손상

1.2.1 공동해손희생

1.2.2 투하 또는 파도에 의한 갑판상의 유실

1.2.3 선박, 부선, 선창, 운송용구, 컨테이너, 리프트밴 또는 보관장소
      에 해수, 호수 또는 하천수의 유입

1.3 선박 또는 부선에 선적 또는 양하작업 중 해수면으로 낙하하여 멸
     실되거나 추락하여 발생된 포장당 전손

따라서 신 ICC (B)약관의 열거위험 중 「지진, 분화, 낙뢰」의 제 위험만이
담보되어 있지 않고 구 ICC의 FPA조건보다도 담보의 범위가 약간 넓다.

3. 수손해(Water Damage)

원황마(raw jute)는 통상 1가마당 400파운드의 중량으로 압축포장되고
바깥쪽은 원황마로 만든 jute rope로 압축된다. 따라서 원황마의 경우에는
물이 스며들어 입은 누손은 극소하다.

그러나 섬유상(纖維狀)의 정제황마(精製黃麻: jute fibre)의 경우에는
해수(海水)에 젖으면 그 염분 때문에 섬유의 조직이 손상하여 강도(强度)
가 현저하게 떨어진다. 신 황마약관의 위험약관에서는 해수의 유입에 의한

손해가 담보되어 있으므로 정제황마의 해수 누손(조수 누손)에 대한 위험은
보험에서 충분히 담보된다.

황마가 들어있는 가마니(부대)는 물에 젖어 습기가 많아지면 발열(heat)
현상을 일으키므로 주의를 요한다. 가마니에 들어있는 황마를 물에 젖어 있
는 그대로 방치하면 발열하여 부패하거나 연기를 내뿜는다.

이러한 부패나 연해(煙害)는 물에 의한 손해의 결과로서 초래된 2차적인
손해이다. 따라서 신 황마약관으로 1차적 손해 또는 직접적인 물에 의한 손
해는 담보되지만 2차적 손해로서 부패나 연해에 의한 황마의 품질저하까지
는 담보되지 않는다는 점에 주의해야 한다.

또한 신 황마약관에서는 우담수누손(雨淡水漏損)은 비록 황천(荒天) 시
에 발생한 것이라 할지라도 담보되지 않고 앞에서 열거한 대로 「해수, 호
수, 하천수의 유입」에 의한 누손만이 담보된다.11)

4. 기타의 제 위험

(1) 자연발화

황마의 자연발화 위험도는 낮다. 전술한 대로 물에 젖어 발열, 발연하는
정도에 지나지 않지만 자연발화에 의한 화재위험을 담보하기 위해서는 구
황마약관의 경우와 마찬가지로 할증보험료를 전제로 한 특약이 필요하다.

(2) 황천(Heavy Weather)

신 ICC와 구 ICC의 기본적 상위점의 하나로서 황천위험의 취급이 있다.
구 ICC(FPA)에서는 본선이나 부선에 좌초, 침몰, 대화재(stranding,
sinking, burning, S. S. B)가 발생하면 비록 S. S. B.와 황천에 의한

---

11) 加藤 修, *op. cit.*, pp. 222-223.

손해와 직접적인 인과관계가 없어도, 예컨대 해수누손 또는 호수누손으로서의 황천에 의한 손해로 보상하였다. 그러나 S. S. B.와 황천에 의한 손해와의 사이에는 항상 직접적인 인과관계가 있다고 볼 수 없다. 신 ICC에서는 S. S. B.가 발생하면 그 이후의 황천에 의한 손해가 담보된다는 취지의 FPA warranty가 삭제되었다. 즉 황천손해가 본선 또는 부선의 좌초, 침몰, 대화재에 합리적으로 기인하여 발생한 손해라면 담보된다는 취지로 변경되었다. 말할 필요도 없이 신 협회황마약관도 이 신 ICC의 기본방침에 따르고 있다.

(3) 악의적 손해(Malicious Damage)

담보위험을 열거(한정) 규정하는 약관(예컨대 신 ICC (B)약관 또는 (C)약관)의 경우에는 의도적 손해 또는 의도적 파괴(deliberate damage or deliberated destruction)를 면책하는 규정이 설정되어 있는데 신 협회황마약관에는 관례에 반하여 이러한 면책규정이 있다. 그러나 면책규정이 없더라도 의도적 손해나 의도적 파괴 등의 악의적 손해가 자동적으로 담보된다고 해석할 수 없다.

의도적 행위(deliberate act)에 의하여 초래된 열거담보위험 중의 어느 하나의 위험에 합리적으로 기인하거나 또는 그 위험에 직접 기인하여 발생한 손해는 담보된다. 그 전형적인 예로서 화재가 있다. 화재위험이 열거담보되어 있으면, 예컨대 악의적, 의도적 또는 작위적으로 발생한 화재, 즉 방화(放火: arson)라도 담보된다고 해석된다.

황마의 보험에서는 의도적 손해 또는 파괴를 모두 담보하기 위해서는 Institute Malicious Damage Clause를 특약하여 담보할 필요가 있다.

(4) 해적 행위 (Piracy)

구 S. G. policy 및 구 ICC의 체제하에서는 먼저 policy의 본문약관에서 해적(piracy)이 담보되어 난외약관의 포획, 나포부담보약관에서 면책되고 구 협회전쟁약관에 의하여 다시 부활담보된다.

신 policy와 신 ICC (A), (B), (C)의 체제하에서 해적행위는 해상위험으로 취급되고 (B)약관 및 (C)약관에서는 의도적인 행위에 의한 손해가 면책되므로 해적에 의한 의도적인 파괴나 손해는 면책된다. 신 ICC (A)약관에서는 전쟁면책약관(제6.2조)에 있어서 해적행위가 전쟁위험에서 제외되어 있기 때문에 해적행위는 해상위험 중에 포함되어 All Risks조건하에 담보된다.

신 협회황마약관의 전쟁면책약관(제6.2조)에서도 해적행위가 전쟁위험에서 제외되어 있다. 따라서 해적행위에 의하여 발생한 열거담보위험에 합리적으로 기인하는 손해는 해상위험으로서 담보된다.

(5) 기 타

① 통상의 누손(Ordinary Leakage)

신 협회황마약관 제4.2조에서는 보험목적의 중량, 용적의 통상의 감소는 자연소모(消耗)와 함께 면책으로 되어 있는데, 통상의 누손은 규정되어 있지 않다.

② 동맹파업위험

황마전용의 신 협회동맹파업약관에서 담보되는데 그 보험기간은 신 협회황마약관의 보험기간과 동일하다.

③ 전쟁위험

종래는 황마전용의 협회전쟁약관이 사용되었는데, 신 황마약관에서는 전용의 전쟁약관이 없어졌고 앞에서 설명한 대로 소위 commodity trade용의 협회전쟁약관의 면책 조항에는 통상의 누손이 면책규정되어 있으므로 전기 ①의 신 협회황마약관의 면책규정 과의 정합성(整合性)이 결여되어 있지만 특별한 문제는 없는 것으로 해석된다.

④ 선박회사 도산과 불내항성의 면책조항

신 협회황마약관의 선주도산 면책조항과 불내항성 면책조항에는 모두 Institute Commodity Clause의 선박회사 도산과 선박 등의 불내항성에 관한 면책규정이 도입되어 있다.

5. 보험기간

(1) 본선 양하 후의 담보기간

구 협회황마약관에서는 특히 담보기간이 한정되어 있지 않았지만 신 협회황마약관에서는 양하 후 30일로 한정되어 있다. 30일로 실무상 지장이 없다고 해석되지만 필요하다면 연장담보를 특약할 수 있다.

(2) 매각(賣却) 대기 중의 담보

구 협회황마약관에서는 「증권기재의 목적지 이외의 목적지로 향하여 계반(繼搬) 되는 경우에는 계반선(繼搬船) 또는 운송용구에 인도되었을 때 보험은 종료한다」는 취지가 규정되어 있었다〔제1조(a)(ii)〕 또한 「매각 대기 중의 경우에는 본선 양하 후 15일간 담보」의 취지가 규정되어 있었다.

신 협회황마약관에서는 이들 규정이 없어졌지만 최근의 황마 매매거래 실태에 부합된 것으로서 특별한 지장은 없는 것으로 해석된다.

또한 신 협회황마약관에서는 본선 양하 후 증권에 기재한 최초의 목적지 이외의 목적지로 운송되는 경우에는 그 신규 목적지로 향하여 운송이 개시될 때까지의 사이에 무기한으로 계속 담보된다(제8조 2항).

신 협회황마약관의 보험기간에 관한 규정에는 신 ICC (A), (B), (C)의 제8조의 규정에 있는 「통상의 운송과정 중 보험이 계속된다」는 취지의 문언이 도입되어 있는 것 외에 「보관을 위하여」 또는 「화물의 할당, 분배를 위하여」 도중의 창고에 반입되면 그 시점에서 보험이 종료된다는 취지로 '.12)

(3) 운송계약 종료 후의 담보기간

구 협회황마약관에서는 이 경우의 담보기간은 무기한이었는데, 신 협회황마약관에서는 화물이 운송계약 종료의 항구 또는 장소에 도착한 후부터 15

---

12) *Ibid.*, pp. 225-227.

일간 한도까지 담보한다는 취지가 규정되어 있다(제9조). 제9조의 내용은
다음과 같다.

9. If owing to circumstances beyond the control of the
    Assured either the contract of carriage ls terminated at a
    port or place other than the destination named therein
    or the transit is otherwise terminated before delivery of
    the goods as provided for in Clause 8 above, then this
    Insurance shall also terminate unless prompt notice is
    given to the Under writers and continuation of cover is
    requested when the insurance shall remain in force,
    subject to an additional premium if required by the
    Underwriters, either

9.1 until the goods are sold and delivered at such port or
     place, or, unless otherwise specially agreed, until the
     expiry of 15 days after arrival of the goods hereby insured
     at such port or place, whichever shall first occur,
     or

9.2 if the goods are forwarded within the said period of
     15 days(or any agreed extension thereof) to the desti-
     nation named herein or to any other destination until
     terminated in accordance with the provisions of Clause
     8 above.

9. 피보험자가 좌우할 수 없는 사정에 의하여 운송계약이 그 계약서에
    기재된 목적지 이외의 항구 또는 지역에서 종료되거나 또는 기타의
    사정으로 상기 제8조에 규정된 화물의 인도 이전에 운송이 종료될
    경우에는 이 보험도 또한 종료됨. 단, 보험자에게 지체 없이 그 취지

를 통지하고 담보의 계속을 요청할 경우에 보험자의 요구가 있으면 추가보험료를 지급하는 조건으로 이 보험은 다음의 시점까지 유효하게 계속됨.

9.1 화물이 상기의 항구 또는 지역에서 매각된 후 인도될 때 별도의 합의가 없는 한 그러한 항구 또는 지역에 피보험화물의 도착 후 15일이 경과한 때 중 어느 한쪽이 먼저 생길 때까지 또는

9.2 만약 화물이 상기 15일의 기간(또는 합의하에 15일의 기간을 연장한 기간) 내에 이 보험증권에 기재된 목적지 또는 기타의 목적지에 계반될 경우에는 상기 제8조의 규정에 따라 보험이 종료될 때까지

또한 운송도중에 운송계약이 종료된 경우의 담보기간(종료의 항구 또는 장소에 도착한 후부터 담보기한)을 화물별로 비교하면 다음과 같다.

일반화물(신 ICC의 (A), (B), (C))	60일
냉동식품(신 협회냉동식품약관)	30일
산적오일(신 협회산적오일약관)	30일
천연고무(신 협회천연고무약관)	30일
석탄(신 협회석탄약관)	15일
황마(신 협회황마약관)	15일
우리나라 수입화물(10일 운송약관)	10일간

6. 컨테이너 조항

지금은 인도, 태국 등의 여러 항구에도 컨테이너선이 취항하고 있고 황마의 운송에도 컨테이너가 보급되고 있다. 따라서 신 ICC (A), (B), (C)의 일반면책약관과 마찬가지로 포장의 불완전에 의한 손해는 면책함과 동시에 피보험자 또는 그 사용인에 의하여 컨테이너 적입되는 경우 또는 보험기간

개시 전에 컨테이너에 적입되는 경우에 한하여 컨테이너 적입의 불비(不備)
에 의한 손해는 포장의 불완전으로 간주하여 면책한다고 규정되어 있다(제
4.3조).

저 자 소 개

― 정 성 훈 ―

동국대학교 대학원 무역학과 (Ph.D)
영국 Wales Univ. Law School(LLM)
동국대학교 경영관광대학 국제통상학과 조교수
경실련 e-비즈니스위원
국가검정무역영어 출제위원
국가균형발전위 신활력사업 자문(진안군)
한국무역학회, 국제지역학회, 국제통상학회, 국제e-비즈니스학회,
한국통상정보학회, 한국생산성학회 임원
안산공과대학 국제무역과 조교수
교육인적자원부 산업체연수교수
중소기업연수원, 한국여성경제인협회, 한국물류협회 등 강의

‖ 주요 연구 ‖

「The AlLocation of Risk between Seller and Buyer regarding Natural Deterioration of Goods in Transit」(IAGBT)
「유비쿼터스 컴퓨팅환경 하에서의 전자무역 보안쟁점」(한국통상정보학회)
「해상보험 클레임의 면책위험에 관한 고찰」(한국중재학회)
「국가이미지 문헌연구(1065-2003)에 관한 소고」(국제지역학회)
「기업의 내외부적 요인이 물류 EDI에 미치는 영향」(국제e-비즈니스학회)
「영국 Common Law 상 Hague-visby규칙 하의 운송인의 의무와 고유하자 면책의 대립에 관한 연구」(국제지역학회)
「국제무역매매계약& INCOTERMS 2000」(헤르메스북)
「필연적 내부적으로 발생하는 해상운송 손해와 보험자의 면책에 관한 고찰」(한국물류학회)
「Atomotive Distribution Channal Strategy and Structure to the U.K.」(KTRA) 외 다수

해상보험증권과 협회적하약관

• 초판 인쇄	2006년 12월 1일
• 초판 발행	2006년 12월 1일
• 지 은 이	정성훈
• 펴 낸 이	채종준
• 펴 낸 곳	한국학술정보㈜
	경기도 파주시 교하읍 문발리 526-2
	파주출판문화정보산업단지
	전화 031) 908-3181(대표) · 팩스 031) 908-3189
	홈페이지 http://www.kstudy.com
	e-mail(출판사업팀사업부) publish@kstudy.com
• 등 록	제일산-115호(2000. 6. 19)
• 가 격	30,000원

ISBN   89-534-6148-0 93320 (Paper Book)
        89-534-6149-9 98320 (e-Book)